更好地了解领导者与被领导者在领导活动中的心理活动
高效恰当利用领导者心理规避不良心理反应带来的伤害

领导心理学

LEADERSHIP PSYCHOLOGY

Better Understanding of
the Psychological Activities of
Leaders and Followers in Leading Activities

Efficient and Appropriate Use of
Leader Psychology to Avoid Harm Caused by
Adverse Psychological Reactions

聂舒 宋向嵘 主编

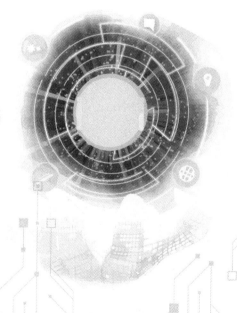

经济管理出版社
ECONOMY & MANAGEMENT PUBLISHING HOUSE

图书在版编目（CIP）数据

领导心理学 / 聂舒，宋向嵘主编 . —北京：经济管理出版社，2023. 11
ISBN 978-7-5096-9451-0

Ⅰ . ①领… Ⅱ . ①聂… ②宋… Ⅲ . ①领导心理学 Ⅳ . ①C933

中国国家版本馆 CIP 数据核字（2023）第 217936 号

组稿编辑：任爱清
责任编辑：任爱清
责任印制：张莉琼
责任校对：张晓燕

出版发行：经济管理出版社
　　　　　（北京市海淀区北蜂窝 8 号中雅大厦 A 座 11 层　　100038）
网　　　址：www. E-mp. com. cn
电　　　话：(010)51915602
印　　　刷：唐山昊达印刷有限公司
经　　　销：新华书店
开　　　本：787mm×1092mm /16
印　　　张：14. 75
字　　　数：322 千字
版　　　次：2023 年 11 月第 1 版　　2023 年 11 月第 1 次印刷
书　　　号：ISBN 978-7-5096-9451-0
定　　　价：88. 00 元

编写人员

主　编：聂　舒　宋向嵘

副主编：（按照姓名首字母顺序排序，单位均为内蒙古大学）

　　　　曹淑芹　姜雅婷　李政蓉　刘　成　王瑞雪

　　　　叶盛楠

参　编：（按照姓名首字母顺序排序，除单独标注外，单位均为内蒙古大学）

　　　　阿丽亚　毕　慧（西北工业大学）　　陈　曦

　　　　樊沁东　何　洋　姜　珊　焦思佳　李　枫

　　　　李　松　刘泽勋　孙竹珂　杨婧轩　杨孟琴

　　　　赵　婧　朱进欢

前　言

领导研究作为管理科学和心理科学中的热点领域，有着丰富的现实需求。管理者加强领导才能的需求是长期存在的，现代管理者越来越重视运用心理学知识增强领导工作的科学性和高效性。领导心理学作为现代领导科学研究领域的重要话题，理解认识领导者的认知活动、情感活动和意志活动，有助于提高领导者的心身健康发展水平，提升领导力，充分激发追随者的潜力，进而更好地实现组织目标。

《领导心理学》在"理论基础篇"对领导心理学的定义和研究内容进行了概述，介绍了领导研究涉及的研究方法，并回顾了领导心理学的理论基础和研究历史。"领导者的自我修养篇"结合心理学理论阐述了领导者在需要和动机方面如何影响他人，了解到领导者应具备怎样的认知、思维与核心胜任力，介绍了领导者个人的自我意识和常见的心身疾病，以期帮助领导者更好地了解自身心理活动过程，提升自身心理能力。"领导者的管理技能篇"解析了领导者和追随者之间的心理互动、组织内企业文化的意义及建设，提供了领导者在领导过程中面临组织决策、授权沟通、组织应激与冲突等方面的实践方法，探讨了应该采用什么措施构建强势团队，建设领导班子。

除此之外，《领导心理学》中附有典型案例，让领导者站在前人成功和失败的基础之上借鉴、警戒，从而提升自身素养及领导技能。《领导心理学》的编写目的在于使广大读者更好地了解领导者与被领导者在领导活动中的心理活动，并恰当、高效地利用这些心理达到组织的目的，规避不良心理反应带来的伤害。

本书各章编写分工如下：全书框架由聂舒、宋向嵘确定；第一章由聂舒、刘泽勋编写；第二章由宋向嵘、朱进欢编写；第三章由曹淑芹、赵婧编写；第四章由刘成编写；第五章由宋向嵘、陈曦编写；第六章由聂舒、焦思佳编写；第七章由聂舒、孙竹珂编写；第八章由聂舒、杨盂琴编写；第九章由王瑞雪、杨婧轩、何洋编写；第十章由姜雅婷、毕慧、姜珊编写；第十一章由李政蓉编写；第十二章由叶盛楠编写；第十三章由宋向嵘、李枫、樊沁东编写；第十四章由刘成、阿丽亚、李松编写。全书最后由聂舒、宋向嵘总纂定稿。

　　本书在编写过程中，参阅吸收了众多专家学者在领导心理学领域的相关教材、专著和论文，引用了其中的部分内容，在此向他们表示诚挚的谢意。但因编写人员能力有限，不足之处在所难免，恳请广大读者批评指正！

编者

2023 年 11 月

目　录

第一部分　理论基础篇

第一章　领导心理学概述 ………………………………………… 003

第一节　领导与领导心理学 ……………………………………… 003

一、领导的定义和角色 …………………………………………… 003

二、领导心理学的产生背景和发展历程 ………………………… 005

第二节　领导心理学的研究内容、方法和意义 ………………… 006

一、领导心理学的研究内容 ……………………………………… 006

二、领导心理学的研究方法 ……………………………………… 009

三、领导心理学的意义 …………………………………………… 010

第三节　领导心理学与公共管理的关联 ………………………… 011

一、公共管理的定义和范畴 ……………………………………… 011

二、领导心理学与公共管理的交叉点 …………………………… 012

三、领导心理学与公共管理的互补性 …………………………… 013

第四节　领导心理学在公共管理中的应用 ……………………… 014

一、领导心理学研究在公共管理领域的应用价值 ……………… 014

二、政府机构、非营利组织中的领导心理学应用案例 ………… 015

三、领导者培训、激励和团队建设的实际应用 ………………… 017

第二章　领导心理学基本理论 ………………………………… 022

第一节　领导特质理论 …………………………………………… 022

一、传统特质理论 ………………………………………………… 022

二、现代特质理论 ………………………………………………… 023

第二节　领导行为理论 …………………………………………… 023

一、领导行为二因素理论 ………………………………………… 024

二、领导行为三因素理论 ……………………………………………… 026

三、管理方格理论 ……………………………………………………… 027

第三节 领导风格理论 ………………………………………………… 028

一、领导方式理论 ……………………………………………………… 028

二、领导四系统模型 …………………………………………………… 028

三、"不成熟—成熟"连续流理论 ……………………………………… 029

四、领导方式的连续统一体理论 ……………………………………… 030

五、领导者—成员交换理论 …………………………………………… 030

第四节 领导权变理论 ………………………………………………… 031

一、费德勒权变理论 …………………………………………………… 031

二、情境领导理论 ……………………………………………………… 032

三、路径—目标理论 …………………………………………………… 033

四、领导者—参与模型 ………………………………………………… 034

第二部分 领导者的自我修养篇

第三章 领导者的需要和动机 ………………………………………… 039

第一节 领导者的需要心理 …………………………………………… 039

一、需要的概述 ………………………………………………………… 039

二、需要、动机与行为的关系 ………………………………………… 041

三、领导者的需要心理 ………………………………………………… 042

第二节 领导者的成就动机 …………………………………………… 045

一、成就动机概述 ……………………………………………………… 045

二、领导者的成就动机系统 …………………………………………… 047

三、领导者成就动机的激发 …………………………………………… 048

第四章 领导者的核心胜任力 ………………………………………… 053

第一节 领导者核心胜任力的基本概述 ……………………………… 053

一、领导者核心胜任力的定义 ………………………………………… 053

二、领导者核心胜任力的重要性 ……………………………………… 054

三、领导者核心胜任力的特征 ………………………………………… 055

第二节 领导者核心胜任力的关键要素 ……………………………… 056

一、政治素养与综合能力 ……………………………………………… 057

二、战略规划与创新能力 …………………………… 058

三、业务管理与岗位能力 …………………………… 058

四、组织协调与沟通能力 …………………………… 059

第三节 领导者核心胜任力的影响因素 …………………… 060

一、个人特征 …………………………………………… 060

二、工作经验 …………………………………………… 061

三、内部环境 …………………………………………… 062

四、外部环境 …………………………………………… 063

第四节 领导者核心胜任力的提升策略 …………………… 064

一、全方位提升领导者个人能力 …………………… 064

二、完善领导胜任力培训机制 ……………………… 064

三、强化领导干部胜任力建设的政策支持 ………… 065

第五章 领导者的认知与思维 …………………………………… 069

第一节 领导者的认知过程 …………………………………… 069

一、领导知觉的概述 ………………………………… 069

二、领导者的错误认知 ……………………………… 071

三、领导者的合理认知 ……………………………… 071

第二节 领导者的思维 ………………………………………… 073

一、领导思维概述 …………………………………… 074

二、领导的创新思维 ………………………………… 076

三、领导的系统思维 ………………………………… 078

四、领导思维的培养与优化 ………………………… 079

第六章 领导者的自我意识 ……………………………………… 084

第一节 自我意识与行为偏差概述 ………………………… 084

一、自我意识 …………………………………………… 084

二、行为偏差 …………………………………………… 087

第二节 领导者的自我意识与心理健康 …………………… 088

一、领导者自我意识的内涵 ………………………… 088

二、领导者自我意识的表现类型 …………………… 090

三、自我意识与领导者心理健康 …………………… 091

第三节 领导者提升自我意识的途径 ……………………… 094

一、认识自我 …………………………………………… 094

二、形成正确的价值取向 ·· 095

三、悦纳自我 ·· 095

四、管理自我 ·· 096

五、加强道德修养 ·· 096

第七章　领导者的心身疾病概述 ··· 100

第一节　领导者的心身疾病 ·· 100

一、领导者的心身疾病 ·· 100

二、影响领导者心身健康的因素 ··· 105

第二节　领导者保持心身健康的手段与途径 ·············· 105

一、树立正确的人生观和公仆意识 ··· 106

二、调整目标期望，避免产生过分失望情绪 ······················· 106

三、学会排泄不良情绪，减轻心理负担 ··································· 107

四、利用自我暗示，获得良好心境 ··· 107

五、认识自我与现实 ·· 107

六、养成良好的生活习惯 ··· 108

第三节　领导者心身健康的意义 ·· 108

一、领导者心身健康是适应社会环境的客观要求 ············· 108

二、领导者心身健康是保持认知水平和思维能力的必要条件 ·········· 109

三、心身健康是保证领导者事业成功的基本素质 ············· 109

第四节　公共管理中领导者如何预防心身疾病 ·········· 110

一、坚定立场，提高政治素养 ··· 110

二、爱岗敬业，明确责任使命 ··· 110

三、博览群书，提升业务素质 ··· 110

四、修养身心，提升心理素质 ··· 111

五、建立机制，及时评估修正 ··· 111

第三部分　领导者的管理技能篇

第八章　领导者与追随者的心理互动 ································· 117

第一节　领导者的心理职责 ·· 117

一、愿景和方向 ··· 117

二、接纳与认可 ··· 118

　　三、自我价值感和成就感 ………………………………… 119

　　四、合理与公平 …………………………………………… 120

　　五、团队心理安全感 ……………………………………… 120

第二节　追随者的归属感确认 ………………………………… 123

　　一、协调沟通 ……………………………………………… 123

　　二、培养组织文化 ………………………………………… 124

　　三、给予支持和鼓励 ……………………………………… 124

　　四、创造良好的工作氛围 ………………………………… 124

第三节　领导者与追随者的互相尊重与促进 ………………… 125

　　一、领导者和追随者的互尊互助的重要性 ……………… 126

　　二、互尊互助的实践建议 ………………………………… 126

第九章　组织文化建设 ………………………………………… 129

第一节　组织文化 ……………………………………………… 129

　　一、组织文化的概念 ……………………………………… 129

　　二、组织文化的形成与发展 ……………………………… 130

　　三、组织文化的作用 ……………………………………… 132

第二节　组织文化建设 ………………………………………… 134

　　一、组织文化建设的概念 ………………………………… 134

　　二、组织文化建设的依据 ………………………………… 135

　　三、组织文化建设的方法 ………………………………… 137

　　四、组织文化建设的几个阶段 …………………………… 138

第三节　组织文化建设中的领导者角色 ……………………… 139

　　一、组织文化建设初期的领导者角色 …………………… 139

　　二、组织文化建设中期的领导者角色 …………………… 140

　　三、组织文化建设后期的领导者角色 …………………… 140

第十章　领导与决策 …………………………………………… 145

第一节　领导决策概述 ………………………………………… 145

　　一、决策与领导决策 ……………………………………… 145

　　二、决策的类型 …………………………………………… 147

　　三、决策风格 ……………………………………………… 148

第二节　领导决策的程序 ……………………………………… 149

　　一、提出正确问题 ………………………………………… 149

二、选择正确方案 ······ 150

三、有效解决问题 ······ 150

第三节 领导决策的理论与方法 ······ 151

一、领导决策理论 ······ 151

二、领导决策方法 ······ 152

第四节 领导者的决策心理 ······ 155

一、影响领导者决策的心理因素 ······ 155

二、领导决策的心理偏差与消除 ······ 157

第十一章 如何构建强势团队 ······ 162

第一节 选人用人——慧眼识人知人善任 ······ 162

一、科学选人夯实团队人力资源 ······ 162

二、合理用人提升人力资源水平 ······ 164

三、管理人才人尽其用 ······ 165

第二节 领导激励——激活团队工作能量 ······ 167

一、外在激励——物质层面与精神层面 ······ 167

二、内在激励——让团队自发运作起来 ······ 168

第三节 增强执行力——提升团队运作能力 ······ 170

一、做优秀的精神领袖 ······ 170

二、维护组织制度的权威性 ······ 172

三、高效管理工作行为与时间 ······ 173

第十二章 领导者的授权与沟通 ······ 176

第一节 领导授权 ······ 176

一、领导授权的含义 ······ 176

二、领导授权的特点 ······ 177

三、领导授权的作用 ······ 177

四、领导授权的基本原则 ······ 178

五、领导授权的步骤和方法 ······ 178

六、领导授权的风险和管控 ······ 180

第二节 领导沟通 ······ 182

一、领导沟通的含义 ······ 182

二、加强领导沟通的重要意义 ······ 183

三、领导沟通的方法 ······ 184

第十三章 领导者对冲突和应激的管理 ……………………… 190

　第一节 领导者对冲突的管理 ………………………………… 190

　　一、冲突的定义 ……………………………………………… 190

　　二、冲突观念的变迁 ………………………………………… 191

　　三、冲突的层面 ……………………………………………… 192

　　四、功能正常和功能失调冲突 ……………………………… 196

　　五、人际冲突处理方式 ……………………………………… 197

　第二节 领导者对工作应激的管理 …………………………… 199

　　一、工作应激的本质 ………………………………………… 199

　　二、工作应激的效应 ………………………………………… 200

　　三、工作应激的来源 ………………………………………… 201

　　四、应激处理的个体差异 …………………………………… 202

　　五、应激管理策略 …………………………………………… 202

第十四章 如何建设领导班子 …………………………………… 206

　第一节 领导班子建设的意义和目标 ………………………… 206

　　一、领导班子建设的意义 …………………………………… 206

　　二、领导班子建设的目标 …………………………………… 208

　第二节 领导班子建设的内容 ………………………………… 209

　　一、政治建设 ………………………………………………… 209

　　二、思想建设 ………………………………………………… 210

　　三、组织建设 ………………………………………………… 210

　　四、作风建设 ………………………………………………… 211

　　五、执政能力建设 …………………………………………… 211

　第三节 领导班子建设的推进路径 …………………………… 212

　　一、强化领导班子的民主集中制建设 ……………………… 213

　　二、强化领导班子的自我监督机制 ………………………… 215

　　三、推动学习型领导班子建设 ……………………………… 217

后 记 ……………………………………………………………… 221

第一部分

理论基础篇

第一章　领导心理学概述

领导在各个领域和层级中扮演着关键的角色，他们不仅需要具备战略眼光和决策能力，还需要在复杂的环境中保持稳定的情绪和高效的人际关系处理能力。领导者的行为和决策往往受到内在心理过程的影响，其中包括认知、情感、动机等多个维度。领导心理学作为研究领导者内在心理状态和行为的学科，旨在深入探讨领导者的思维、情感和行为模式，为他们的有效领导提供理论支持和实际指导。

在领导者的心理状态和行为背后，隐藏着丰富的知识和洞察力。通过学习领导心理学，我们能够更全面地认识领导者的内在驱动和外在表现，为个人和组织发展注入新的动力。让我们一同踏上领导心理学的探索之旅，深入探讨领导者的心理世界，为塑造更优秀的领导者贡献一份力量。

第一节　领导与领导心理学

一、领导的定义和角色

领导是指一种能力和行为，涵盖了影响、引导和激励他人，以达到共同目标的过程。领导者通过发挥个人的影响力、指导方向以及激发团队成员的积极性，实现组织或团队的使命和愿景。领导不仅是地位和权力的象征，更是一种能够启发他人的价值观、行为和决策的力量。领导可以分为正式领导和非正式领导。正式领导通常是指在组织或团队中拥有权力和地位的人，如经理、主管或领导层成员。非正式领导则是指在团队中尽管没有明确权力地位，但能够以个人魅力、专业知识和影响力来影响他人的人。

领导在组织和社会中发挥多重作用，既通过设定和传达明确的目标，以实现组织的战略目标和业务成果，又激励团队成员努力，协调团队成员的工作，确保资源的合理利用，同时还需要在决策时权衡各种因素，作出明智的选择。领导者的价值观和行为模式更会对组织文化产生深远影响，他们能够塑造组织的价值观、行为准则和工作氛围。此外，领导者能够通过赋予责任、认可和奖励，激发个人的工作动力，而在面对变革时，能够引导团队适应新的情境和要求，同时也能够主导组织的变革和创新。

总之，领导是一种多维度的概念，涵盖了影响、目标导向、决策、沟通、人际关系等多个方面。[①] 领导者的作用不仅局限于权力和地位，也在于如何通过个人能力和行为来影响和引导他人，实现共同的愿景和目标。

领导作为组织和团队中的核心成员，扮演着多重角色，以实现共同目标并保持组织的有效运作。[②] 这些角色既包括传统的管理职能，又涵盖了激励、协调、沟通和变革推动等，主要体现在以下九个方面：

(一) 目标设定者和愿景传达者

领导者扮演着设定明确目标和愿景的角色，为团队成员提供清晰的方向。他们能够将组织的愿景和战略传达给团队，帮助每个成员理解自己的贡献对整体目标的重要性。

(二) 决策者

领导者在面临各种挑战和机遇时，需要做出关键决策。他们应该能够权衡各种因素，分析局势并做出明智的选择，确保组织朝着正确的方向发展。

(三) 激励者

领导者需要与团队成员建立良好的人际关系，激励他们发挥最佳水平。通过认可、奖励和支持，领导者能够激发员工的积极性、创造力和合作意愿。

(四) 协调者和资源管理者

领导者在组织内部协调不同职能部门的工作，确保资源的合理分配和利用。他们需要平衡不同部门之间的需求，以实现整体协同效应。

(五) 沟通者

领导者在组织内外扮演着重要的沟通角色。他们能够有效地传达信息、愿景和目标，确保团队成员理解并产生共鸣。同时，领导者也需要倾听团队成员的反馈和意见。

(六) 变革推动者

在不断变化的环境中，领导者需要引领组织和团队适应新的情境。他们能够促进变革、创新和持续改进，以保持组织的竞争力。

(七) 教练和导师

领导者扮演着培养和发展团队成员的角色，提供指导、培训和支持，帮助员工提升能力和职业发展。

(八) 战略规划者

领导者需要在长期内制定战略规划，预测未来趋势和挑战，为组织制定长远发展方向。

① 张芳. 局级领导者群体整体效能的心理学研究 [D]. 华东师范大学博士学位论文，2006.
② 梁立军. 你，能当 会当 善当领导吗？——学点领导心理学 [J]. 科学新闻，2000(29)：22.

（九）品牌代言人

对外界而言，领导者也是组织的代言人，他们的形象和言行代表着整个团队或组织的价值观和形象。

总之，领导者扮演着多重角色，需要在不同情境中灵活运用各种技能和能力。他们不仅需要管理和组织，还要激励、引导和促进团队成员的成长和发展，以实现共同的目标。

二、领导心理学的产生背景和发展历程

领导心理学作为一个独立的学科领域，其产生背景与社会、组织和心理学的发展紧密相关。领导心理学的产生背景可以追溯到 20 世纪初期，当时工业革命和组织的快速扩张带来了新的管理和领导挑战。① 传统的管理理论主要关注组织的结构和流程，忽视了领导者个体特质和行为的重要性。随着组织规模的不断扩大，人们开始认识到领导在组织中的关键作用，这促使人们对领导者的心理特点和行为进行更深入的研究。在此背景下，一些早期的管理学家开始关注领导者的行为和效能。然而，这些早期的管理理论更多关注组织的运作和绩效，而忽视了领导者个体心理的影响。②

总的来说，领导心理学的产生背景可以归结为以下三个方面：①工业革命和组织扩张带来的领导挑战；②心理学和管理学的发展，促使人们更深入地理解领导者的心理特点和行为；③社会和组织环境的变化，要求领导者具备更多的跨文化、跨团队的管理能力。这些因素共同推动了领导心理学的产生和发展，使其成为组织管理和领导力发展中不可或缺的一部分。领导心理学的发展历程，经历了四个阶段的演变和丰富：

（一）初期管理和行为研究阶段：20 世纪初期至 40 年代

领导心理学的发展始于 20 世纪初期，当时管理学家开始关注领导者的行为和效能。弗雷德里克·温斯洛·泰勒（1911）提出科学管理理论，试图通过优化工作流程来提高效率；管理层次理论的思想是将组织管理划分为不同层次，每个层次有其特定的职责和功能，以实现有效的组织协调和决策制定，为早期的领导研究奠定了基础。然而，这些理论更多关注领导者的行为和组织运作，忽视了领导者个体心理的重要性。

（二）个人特质与行为研究阶段：20 世纪 50~70 年代

随着心理学的发展，人们开始关注领导者的个人特质、动机和行为。③ 在这一阶段，研究者提出许多领导者的人格特征和行为模型。例如，罗伯特·布莱克（1964）和简·莫顿（1964）提出"管理者格点"模型，将领导者的行为分为两个主要维度：任务导向和关系导向；亨利·明茨伯格（1979）提出管理网格模型，将管理角色划分为三个主要类别：互动角

---

① 张海钟，赵文进，张维英. 现当代管理心理学领导行为与领导风格研究成果综述[J]. 兰州石化职业技术学院学报，2006，6（4）：56-60.

② 张海钟. 管理心理学理论与当前城市人力资源管理实践问题辨析[J]. 天水师范学院学报，2015，35（5）：68-74.

③ 王沛. 当代领导心理学的理论与研究述评[J]. 西北师大学报（社会科学版），2001（3）：86-92.

色、信息处理角色和决策角色，并使用一个网格状的图示来表示角色之间的交互关系。这些理论为领导者个体特质和行为的研究提供了基础。

(三) 情境与变革型领导研究阶段：20 世纪 80~90 年代

随着组织环境的不断变化，研究者开始关注领导者在不同情境下的适应性和变化。保罗·赫尔茨伯格(1969)和肯尼思·布兰查德(1969)最早提出情境领导理论，并在他们合著的《管理的时间》一书中首次系统阐述，该理论强调领导者应根据员工的成熟度和任务的性质来调整其领导风格，以实现最佳的组织绩效；詹姆斯·麦克格雷戈·伯恩斯(1978)首次提出转型型领导理论，该理论认为转型型领导者通过激发员工的内在动机和潜力，能够影响员工，使他们追求更高的绩效水平和更大的个人成长。

(四) 跨文化领导与全球化阶段：21 世纪至今

随着全球化的加速和多元文化的融合，领导心理学开始关注领导者在跨文化环境下的行为和特点。研究者开始探讨不同文化背景下的领导行为差异，提出文化智力和跨文化领导的概念。此外，随着数字化和技术的发展，研究者开始探讨虚拟领导和数字化领导的特点和挑战。

综上所述，领导心理学的发展经历了从初期管理和行为研究到个人特质与行为研究，再到情境与变革型领导研究，最终演变为跨文化领导与全球化阶段研究。这些阶段的演变反映社会和组织环境的变化，同时也为领导者的个体特质、行为和情境适应提供更深入的理解。领导心理学的不断发展和演进，为领导力发展和组织管理提供了有力的理论支持。

第二节　领导心理学的研究内容、方法和意义

一、领导心理学的研究内容

领导，作为组织中至关重要的一环，一直以来都备受关注和深入研究。无论是在商业、政治、教育还是其他领域，领导者的作用都会对组织的成就和发展产生巨大影响。领导心理是一个多维度、复杂而丰富的领域，它包含领导特质、领导决策、领导影响和领导沟通等多个方面，每个方面都对领导者的成功和组织的成功具有独特的意义。[①] 本书将深入研究这些关键领域，探讨领导者如何运用其特质来激发团队的潜力，如何做出关键决策来引领组织前进，如何通过影响力来达成共识和目标，以及如何通过沟通建立有效的沟通

---

① 郭元军，李普涛. 探索领导者心灵奥秘的科学——领导心理学[J]. 领导科学，1987(1)：28-29，36.

渠道。① 通过深入探讨领导心理的各个方面，我们将有机会从不同角度理解领导心理，并从中汲取宝贵的经验和洞见，以提升领导者的影响力，推动组织取得卓越成就。

（一）领导特质

领导特质的研究是领导心理学领域的重要分支，它关注领导者个人的特质和性格特点，探究领导特质与领导效能之间的关系。领导特质的研究旨在寻找那些与卓越领导能力和绩效相关的关键特质，以便为领导者的选拔、培养和发展提供科学依据。在领导特质的研究中，有五个主要的特质被广泛研究和讨论：①个人的智力和智慧。领导者通常需要具备高水平的智力，能够迅速理解复杂问题并作出明智的决策。②情商和社交智慧。领导者需要具备良好的情绪管理能力和人际沟通技巧。③自信和积极性。领导者需要具备自信心，能够在困难和挑战面前保持乐观和坚定。积极的态度有助于激励团队成员，增强团队的凝聚力和士气。④决策能力。领导者需要具备快速的决策能力，能够在压力下做出明智的判断。⑤适应性。领导者应能够适应不断变化的环境和情境，灵活应对各种挑战和变革。

然而，领导特质的研究也存在一些挑战和争议。一方面，特质并不是唯一决定领导效能的因素，领导行为、情境因素等也起到重要作用；另一方面，特质的作用可能因文化和环境差异而异，不同文化和背景下的领导特质可能会有所不同。

领导特质的研究在领导心理学领域中扮演着重要的角色，为我们深入了解卓越领导的要素和机制提供了视角。领导特质的研究关注领导者的个人特质和性格特点，探寻这些特质与领导效能之间的关系。虽然领导特质不是唯一的决定因素，但它们在一定程度上影响着领导者的行为和决策。深入研究领导特质有助于我们更好地了解领导者的优势和局限性，为领导者的选拔和培养提供科学依据。

（二）领导决策

领导决策的心理机制是指领导者在面对不同情境和选择时，所采用的思维方式、认知过程和情感因素以及这些因素如何影响他们最终的决策结果。领导决策是组织中至关重要的活动，其质量直接影响着组织的绩效和发展方向。因此，了解领导决策的心理机制对于揭示领导者行为和效能的内在机制，以及为提升领导决策能力提供有益的指导具有重要意义。

在领导决策的心理机制中，认知偏差是常见的影响决策效果的心理效应。领导者在面对信息不完全或不确定性的情况下，往往容易受到认知偏差的影响，从而导致决策出现偏差。例如，过度乐观和过度自信的倾向可能导致领导者高估自身能力和决策的成功概率，而忽略潜在风险和不确定性。决策中的情感因素也不容忽视。领导者的情绪状态和情感体验可能会影响他们对问题的看法和决策的选择。例如，一个情绪愉快的领导者更可能采取冒险性决策，而情绪消极的领导者可能更趋向于保守决策。另一个影响领导决策的因素是

---

① 王春福. 领导心理学刍议[J]. 长白学刊，1986(2)：38-40.

风险态度。领导者的风险态度可能会影响他们对决策结果的评估和选择。一些领导者更倾向于追求高回报和高风险的决策，而另一些领导者则更趋向于避免风险。这种风险态度可能受到领导者个人特质、经验和组织文化等因素的影响。

领导决策的心理机制还包括信息加工和判断过程。领导者在决策时需要对大量的信息进行加工和分析，从而作出准确的判断。然而，由于信息的选择和加工可能受到注意偏向、信息过载和信息筛选等因素的影响。因此，领导者可能更容易关注与他们现有信念和态度一致的信息，忽略那些与之相悖的信息，从而导致决策的偏颇。综上所述，领导决策的心理机制涵盖认知偏差、情感因素、风险态度、信息加工和判断过程等多个方面。深入了解这些心理机制有助于我们理解领导者在决策过程中的思维和行为，为提升领导决策能力提供有益的指导。

(三) 领导影响

领导影响的心理机制是指领导者通过言行和行为，对下属、团队或组织产生影响的内在心理过程和机制。领导影响在组织中具有重要作用，它能够塑造员工的态度、行为和绩效，影响组织的文化、氛围和整体绩效。了解领导影响的心理机制有助于揭示领导者如何实现影响力，以及影响力的产生和传递的内在机制。

领导影响的心理机制包括以下五个方面：

(1) 权威性和魅力。领导者的权威性和魅力是影响力的重要因素。权威性是指领导者由于其地位、职务或专业能力而具有的影响力，员工可能会因为尊重和信任领导者的能力而受其影响。魅力是指领导者个人魅力和亲和力，领导者与员工之间的良好关系和情感连接可能会促使员工愿意接受其影响。

(2) 说服和说服技巧。领导者通过说服和说服技巧来影响员工的意见和态度。他们可能会运用逻辑、情感和道德等手段来说服员工支持某种观点或行为。说服技巧包括亲和力、权威性、社会认同、诱因等，这些技巧能够增强领导者的影响力和可信度。

(3) 模仿和角色建模。领导者的行为和态度往往会被员工模仿和学习，这种模仿和角色建模的过程能够产生强大的影响。员工可能会模仿领导者的行为和价值观，将其视为自己的行为准则和标杆。

(4) 情绪共鸣和情感传递。领导者的情绪和情感能够在团队或组织中产生情绪共鸣和情感传递。领导者的情绪能够通过情感传递机制，影响员工的情绪状态和情感体验，从而影响其行为和绩效。

(5) 个人认同和社会认同。领导者的行为和价值观是否与员工的个人认同和社会认同相一致，也会影响领导影响的效果。员工可能更容易受到那些与自身价值观和认同相符的领导者的影响。

(四) 领导沟通

领导沟通的心理机制是指领导者在组织中与下属、团队成员或其他相关方进行沟通时所涉及的内在心理过程。有效的沟通在领导过程中起着至关重要的作用，它能够帮助领导者传达信息、建立信任、激励团队以及促进组织的合作和协调。了解领导沟通的心理机制，有助于揭示领导者如何在沟通中产生影响以及影响力的传递和产生的内在机制。领导沟通的心理机制包括以下六个方面：

（1）沟通目标和意图。领导者在沟通时通常会有明确的目标和意图，他们会根据不同的情境和目的来选择合适的沟通方式和内容。领导者可能会通过沟通来传达指示、解释决策、建立关系、提供反馈等。

（2）语言和非语言沟通。领导者通过语言和非语言的方式来进行沟通。语言沟通包括口头表达和书面沟通，而非语言沟通则包括面部表情、身体语言、眼神交流等。领导者的语言和非语言沟通都能传递他们的态度、情感和意图。

（3）信任建立。领导者通过沟通来建立信任，信任是有效沟通的基础。领导者的诚信、透明度、承诺兑现等行为能够建立员工对其的信任，从而使沟通更加顺畅和有效。

（4）信息传递和解读。当领导者传达信息时，需要注意信息的清晰性、准确性和一致性。同时，员工也会对领导者传递的信息进行解读和理解，他们会根据自己的经验、背景和期望来解读信息，从而影响沟通的效果。

（5）听取和反馈。领导者在沟通中不仅需要传达信息，还需要倾听下属的意见和反馈。领导者的倾听能力和对下属反馈的回应能够增强沟通的双向性和互动性。

（6）情绪管理。领导者的情绪能够在沟通中产生影响。情绪的传递和管理对沟通效果有着重要影响，领导者需要在沟通中保持积极、冷静的情绪状态以及适当的情感表达。

领导决策、影响和沟通的心理机制是领导者在组织中发挥作用的关键要素，它们相互交织，共同构成领导者的核心能力。通过对领导决策、影响和沟通的心理机制的研究，我们可以更好地培养和发展领导者，提高他们的决策水平、影响力和沟通技能。在不断变化的社会和组织环境中，领导者需要不断学习和适应，以更好地应对挑战并实现组织的目标。

二、领导心理学的研究方法

在领导心理学领域，研究方法的选择和应用至关重要，它们为我们揭示了领导者行为、特质和心理机制的深层内涵。通过不同的研究方法，我们能够更全面、准确地理解领导者的内在驱动力和外在表现。本节将探讨三种重要的研究方法，包括案例分析、心理测量以及文献回顾，从而深入探讨领导心理学的多样性和丰富性。[①] 这些方法不仅有助于建构我们的理论，还能为实际领导实践提供有价值的参考和指导。通过对这些研究方法的深入了解，我们将会更好地揭示领导的本质和特点，为领导者的培养和发展提供更科学、有效的支持。

---

① 季乃礼．政治领导心理学辨析［J］．宜宾学院学报，2015，15（3）：66-72.

（一）案例分析

案例分析是一种深入挖掘特定领导者在特定情境下行为和思考过程的方法。通过详细分析个案，我们可以更深入地理解领导者如何应对挑战、取得成功以及在团队中发挥影响。案例分析可以帮助我们把握领导者的个性特点、价值观和沟通方式，为实际领导实践提供具体的指导和启示。

（二）心理测量

心理测量是通过测量和评估个体的心理特征和态度来揭示领导者的内在心理机制的方法。通过心理测量工具，如问卷调查、心理测试等，我们可以了解领导者的人格特质、情绪状态、领导风格等方面的情况。心理测量可以提供定量化的数据，帮助我们更客观地了解领导者的内在心理状态和特点。

（三）文献回顾

文献回顾是旨在系统地收集、评估和综合已有文献，以了解特定领导心理学领域的研究进展、理论、方法和发现的研究方法。研究者通过确定领导心理学领域的特定主题或问题，使用学术数据库、图书馆资源、在线期刊等途径来检索与研究主题相关的已发表文献，对收集到的文献进行筛选，提取关键信息，并综合和分析文献中的信息，最终编写文献回顾报告或论文，总结发现并提供对领导心理学领域的深入见解。此外，在完成文献回顾后，可能会评估文献回顾的质量和可信度，并反思研究过程中的挑战和局限性。该种方法有助于研究者了解领导研究领域的最新动向、重要理论、方法创新和未来研究方向，为领导心理学研究提供了坚实的理论基础，并有助于推动领导实践和组织管理的发展。

这三种研究方法各有其优势和应用场景，它们的结合可以使我们更全面地把握领导者的复杂性和多样性，为实际领导实践和领导者发展提供理论指导和实践支持。总之，研究方法在领导心理学中具有重要作用，它们为我们揭示领导者的行为、特质和心理机制，从而为实际领导实践和领导者发展提供理论基础。通过采用不同的研究方法，我们可以更深入地了解领导者的内在世界，为提升领导效能和组织绩效做出贡献。

三、领导心理学的意义

首先，领导心理学对组织绩效产生显著影响。领导者在组织中扮演着重要的角色，他们的行为和决策直接影响着组织的整体绩效。研究发现，有效的领导者能够激发团队成员的工作动力，提高团队的工作效率和产出。通过正确的领导风格和激励措施，领导者能够将员工的潜力最大化，从而提升组织的绩效水平。另外，领导者的示范效应也会影响到员工，激励员工积极投入工作，进而促进整个组织的发展。

其次，领导心理学对员工满意度产生积极影响。良好的领导者能够创造积极的工作环境和氛围，使员工感到受尊重、受重视，并且能够充分发挥个人才能。研究表明，员工满意度与领导者的支持、沟通和关怀程度密切相关。领导者的有效沟通和支持可以增强员工的归属感和忠诚度，减少员工的工作压力和流失率，从而提高员工的满意度。

最后，领导心理学对创新能力的培养和推动也具有重要意义。领导者在组织中不仅需要管理日常事务，还需要引导团队进行创新和变革。研究发现，具有积极领导心理特质的领导者更倾向于鼓励员工提出新想法、尝试新方法，从而促进创新的发生。领导者通过积极的激励和鼓励，可以创造积极的创新氛围，激发员工的创造力和创新能力，进而推动组织的创新和发展。

综上所述，领导心理学在组织绩效、员工满意度以及创新等方面发挥着重要作用。[①]通过深入研究和应用领导心理学的相关理论和方法，可以帮助组织建立高效的领导团队，促进员工的发展和满意度，推动创新和变革，从而实现组织的持续成功和发展。领导心理学的意义不仅在于揭示领导者的心理机制，更在于如何应用这些理论来提升组织绩效、员工满意度和创新能力。在实际管理中，了解领导心理学的原理可以帮助领导者更好地与团队沟通、激励和引导，创造更积极的工作氛围。同时，优化领导者的决策过程和影响技巧，有助于提高组织的绩效水平，并推动创新和变革的发生。

第三节 领导心理学与公共管理的关联

一、公共管理的定义和范畴

公共管理是一个广泛且复杂的概念，通常可以被概括为一种组织和协调社会资源以实现公共利益的过程。[②] 公共管理可以理解为对公共事务的组织、规划、实施和监督，以满足社会各界的需求和期望，促进公共利益的最大化。它涉及政府、非营利组织和私营部门等各种机构，旨在有效管理社会资源，提供公共服务，并推动社会的可持续发展。[③] 在公共管理的定义中，五个关键要点值得强调：

（一）公共事务导向

公共管理强调对社会公共事务的管理，关注社会福利、公共利益和社会正义。它涉及到政府机构在政策制定、实施和监管方面的角色。

（二）资源管理和分配

公共管理涉及对有限资源的合理配置和管理，以满足社会的多样需求。这包括人力资源、财政预算、技术、信息等方面的管理。

---

① 刘越．行政领导者决策心理存在的问题与对策研究[D]．黑龙江大学硕士学位论文，2019.
② 张康之，张乾友．考察公共管理概念的多重内涵[J]．天府新论，2012(5)：75-83.
③ 蓝志勇．公共管理学科的理论基础与基础理论[J]．学海，2020(1)：30-37.

（三）效率与效果

公共管理追求高效率和良好的执行效果，以确保公共服务的质量和可及性。同时，它强调在资源有限的情况下如何最大化社会利益。

（四）治理和领导

公共管理需要有效的治理机制和领导力，以确保决策的合法性、透明度和民主性。领导者在公共管理中具有推动变革和实现目标的关键作用。

（五）协作和合作

公共管理强调不同部门、机构和利益相关者之间的协作和合作，以实现共同目标。它凸显了横向和纵向合作关系的重要性。

综上所述，我们可以看到公共管理作为一个多学科交叉的领域，其定义和范畴具有广泛的含义和复杂性。[①] 尽管在不同的国家和文化背景下，公共管理的理解和实践可能存在差异，但其核心目标始终是有效地组织、协调和管理社会资源，以提供公共服务，促进社会的可持续发展。在探讨公共管理的定义时，我们强调了其关注公共事务、资源管理、效率与效果、治理和领导、协作与合作等核心要点。这些要点共同揭示了公共管理的复杂性和多样性，以及其在现代社会中的重要性和不可替代性。领导心理学应关注并深入探讨公共管理领域的各种问题和挑战，以寻求创新的解决方案，为满足公众的需求，提升社会的福祉贡献力量。

二、领导心理学与公共管理的交叉点

领导心理学与公共管理是两个紧密交织且相互影响的领域，它们在现代社会的治理和组织中发挥着重要作用。[②] 领导心理学关注个体在领导和管理过程中的心理特征和行为，而公共管理则涉及协调社会资源、制定政策以及提供公共服务等方面。这两个领域的交叉点和互补性为我们理解和探索有效的领导和高效的公共管理提供了新的视角和方法。在本节中，我们将深入探讨领导心理学与公共管理之间的紧密联系，并探讨它们如何相互补充，为社会治理和组织管理提供更好的解决方案。

领导心理学与公共管理是两个相互交叉的领域，它们在现代社会的治理和组织中发挥着重要作用。两者的交叉点在于以下四个方面：

（一）领导者的心理特征对公共管理的影响

领导心理学研究领导者的个性、情绪、动机以及决策过程等方面的特征。这些心理特征会影响领导者在公共管理中的决策、政策制定和执行。例如，领导者的决策风格、情绪稳定性等都会影响政策的制定和执行效果。

---

① 阎宏斌. 新公共管理的特点与范式[J]. 求索，2005(6)：89-91.

② 李婷婷. 基于管理心理学视角的高新技术企业领导行为探讨[J]. 现代企业教育，2009(4)：113-114.

（二）领导者的行为对公共管理的影响

领导者的行为在公共管理中发挥着至关重要的作用。领导心理学研究领导者在组织中的沟通、激励、决策等行为，这些行为对组织的运行和绩效产生重要影响。在公共管理中，领导者的行为可以影响政策的实施效果、组织的效率和员工的工作动力。

（三）领导者的角色在公共管理中的体现

领导者在公共管理中担任着重要的角色，他们不仅需要管理组织内部的运作，还需要与政府、民众、社会团体等多个利益相关方进行有效的沟通和协调。领导心理学研究领导者在不同情境下的角色认同和角色行为，有助于理解领导者在公共管理中的作用。

（四）领导心理学对公共管理的启示

领导心理学的研究成果可以为公共管理提供新的视角和方法。通过了解领导者的心理特征和行为，可以更好地指导领导者在政策制定、决策和资源分配等方面的行为，从而提升公共管理的效能。

三、领导心理学与公共管理的互补性

领导心理学与公共管理在许多方面存在着互补性，它们相互交融，并有效地为领导和优质的公共管理提供丰富的理论和实践基础。[①] 以下是领导心理学与公共管理互补性的五个方面：

（一）领导者的心理特征与组织绩效

领导心理学研究领导者的个人特质、态度和行为，这些特征与领导者的决策、激励和沟通等行为紧密相关，而这些行为又会直接影响组织的绩效和成果。公共管理旨在实现组织的公共目标，领导者的心理特征对于塑造组织文化、激发员工积极性等方面具有重要意义。

（二）领导者的决策和政策制定

领导心理学研究领导者的决策风格、思维方式和决策过程。公共管理涉及政策制定、资源配置等决策过程，领导者的决策风格和能力会直接影响政策的合理性和效果。领导心理学的理论可以为公共管理提供决策的指导和优化路径。

（三）领导者的沟通和协调

领导心理学强调领导者的沟通和协调能力，而公共管理需要领导者与不同利益相关方进行有效的沟通和协调，包括政府、社会组织、民众等。领导心理学的研究成果可以帮助公共管理领域的领导者更好地理解和应对不同群体的需求和期望，提升沟通和协调的效能。

---

① 张霓. 从管理心理学角度分析领导者的管理艺术[J]. 产业与科技论坛，2015（2）：237-238.

(四)领导者的激励与员工绩效

领导心理学关注领导者的激励方法和策略,而在公共管理中,领导者需要激发员工的工作热情和创造力,从而提升绩效。领导心理学的研究成果可以为公共管理提供有效的激励模式和方法。

(五)领导者的变革与创新

领导心理学关注领导者在变革和创新过程中的作用,而公共管理常常需要面对社会变革和创新。领导心理学可以帮助领导者更好地应对组织和社会的变革,推动创新发展。

在领导心理学与公共管理的交叉点和互补性中,我们看到两者之间紧密的联系和相互促进的关系。领导心理学为公共管理提供深刻的洞察力,帮助我们更好地理解领导者的心理特征、决策行为、沟通能力等方面。这些理论和研究成果为公共管理提供实践指导,有助于优化领导者的角色,提升组织和社会的绩效。公共管理作为一门涵盖广泛领域的学科,需要领导者在复杂多变的环境中做出明智的决策、有效的沟通以及全面的协调。而领导心理学为领导者提供了关键的心理特质和行为准则,使他们能够更好地应对各种挑战和变化。在现代社会,公共管理不仅是政府的事务,还涉及多个利益相关方,包括民众、企业、社会组织等。领导心理学的概念和原则为领导者提供与这些群体更好互动的工具和方法,实现更加开放和民主的治理方式。

第四节 领导心理学在公共管理中的应用

一、领导心理学研究在公共管理领域的应用价值

领导心理学作为一门专注于研究领导者心理特征、行为和影响力的学科,在公共管理领域具有深远的应用价值和影响力。随着社会变革和治理方式的不断演进,领导心理学的研究成果日益受到公共管理实践的重视和应用。这一领域的知识不仅为领导者提供了指导,也为整个社会治理体系的发展带来了新的思考和启示,以应对日益复杂和多变的社会治理挑战。以下五个方面是领导心理学在公共管理中的应用价值:[①]

(一)领导者素质的提升

领导心理学的研究可以帮助领导者更好地了解自己的个性、价值观、情绪管理等方面,从而提升自身的领导素质。在公共管理中,领导者的能力和影响力直接影响着政策制定、执行和社会治理的效果。通过深入研究领导者的心理特征,可以帮助他们更好地应对

---

① 郑伟,卢擎华. 从心理学角度分析管理层的领导艺术[J]. 领导科学论坛,2020(1):39-41.

挑战，更有效地引领团队实现目标。

(二)团队建设与激励

领导心理学的应用也关注如何有效地激励和管理团队成员。在公共管理中，领导者需要协调不同部门和利益相关者，团队的凝聚力和合作性至关重要。领导心理学研究可以帮助领导者了解如何更好地激发团队成员的积极性，提高工作效率和质量。

(三)决策制定与危机处理

公共管理中常常需要领导者在复杂的环境中做出重要的决策，有时还需要应对危机事件。领导心理学研究可以为领导者提供更好的决策分析和风险评估工具，帮助他们更准确地预测可能的结果并作出明智的选择。

(四)领导者影响力的提升

领导心理学研究关注领导者如何有效地影响和沟通，从而更好地推动变革和实现目标。在公共管理中，领导者需要通过合适的沟通方式来传达政策、理念和决策。领导心理学的应用可以帮助领导者提高影响力，更好地与团队、群众和利益相关者沟通。

(五)组织文化和价值观的塑造

领导者在公共管理中扮演着塑造组织文化和价值观的角色。领导心理学研究可以帮助领导者更好地理解如何塑造积极的工作环境、促进员工发展和维护道德操守。

领导心理学研究在公共管理领域的应用价值无疑是重要而广泛的。领导心理学不仅为领导者提供提升个人素质和领导能力的途径，也为团队建设、危机应对、决策制定等关键领域提供解决方案。在当今复杂多变的社会环境中，公共管理面临着日益严峻的挑战和机遇。通过将领导心理学的理论与实践有机融合，可以更好地应对这些挑战，推动治理模式的创新和改进。领导者的素质和行为方式直接影响着整个组织的运行和发展，因此，在公共管理中充分应用领导心理学的研究成果，可以实现治理的民主化、效率化和创新化。然而，要充分发挥领导心理学在公共管理中的应用价值，仍然需要跨学科的合作和持续的努力。不同的领域和学科可以互相借鉴，共同探讨如何更好地应用领导心理学的理论来解决实际问题。通过不断的实践和反思，我们可以不断优化和完善领导心理学在公共管理中的应用模式，从而为社会治理提供更加可持续和优质的解决方案。

二、政府机构、非营利组织中的领导心理学应用案例

在现代社会中，政府机构和非营利组织在维护社会稳定、推动发展和服务公众等方面发挥着至关重要的作用。这些组织的领导者需要面对复杂多变的环境，处理各种复杂的问题和挑战。在这样的背景下，领导心理学的应用变得尤为重要。领导心理学不仅关注领导者个体的心理特征，也关注领导者如何运用心理学原理来有效地管理和领导团队，实现组织的使命和目标。在下面的讨论中，我们将以政府机构和非营利组织为例，探讨领导心理

学在这些组织中的应用以及如何通过科学的方法提升领导者的素质和组织绩效。

政府机构作为公共管理的核心实体，其领导者在日常运作中需要面对复杂的政策制定、资源分配、危机管理等任务。领导心理学的应用在政府机构中具有重要意义，可以帮助领导者更好地应对挑战，提升团队协作和决策效果。①

【案例一】某市政府的市长在面对日益严重的环境污染问题时，需要采取一系列措施来改善环境状况，保障市民的生态环境和健康。市长意识到，为了成功推动环境治理工作，需要在政府内部形成一个紧密合作的团队，同时与社会各界建立有效的沟通和合作。在这个案例中，市长可以应用领导心理学的原理来推动环境治理工作。首先，市长可以运用激励理论，通过奖励和认可来激励政府部门的工作人员积极参与环境治理工作。其次，市长可以运用团队领导理论，建立一个跨部门合作的团队，使不同领域的专业人员共同协作解决环境问题。此外，市长还可以运用变革领导理论，引导政府机构进行改革和创新，寻找新的环境治理方法和技术。通过领导心理学的应用，市长成功地推动了环境治理工作。政府部门之间的协作更加紧密，有效地解决了环境问题。这个案例启示我们，在政府机构中，领导者可以通过运用领导心理学的原理，激发团队的积极性，促进合作，推动改革和创新，从而提升政府的治理效能和服务质量。

案例来源：湖南省生态环境厅.2022年污染防治攻坚战"夏季攻势"市级十佳典型案例：坚持生态立市 坚守政治责任 岳阳突出生态环境问题整改跑出"加速度"[EB/OL]. http://sthjt.hunan.gov.cn/ztzl/wrfz2018/szxd/202211/t20221110_29122323.html.

非营利组织在社会中也扮演着重要角色，其领导者需要在资源有限、目标多元的环境中进行有效管理和决策。② 领导心理学的应用可以帮助非营利组织的领导者更好地领导团队，实现组织的使命和目标。

【案例二】某慈善基金会的执行主任面临一个挑战，即如何更好地筹集资金，为社会弱势群体提供帮助。基金会的使命是改善社会福利，但由于竞争激烈和社会问题复杂，资金筹集和项目实施存在困难。在这个案例中，执行主任可以应用领导心理学的原理来提升基金会的效益。首先，可以采用情绪智力理论，帮助领导者更好地理解团队成员的情感和需求，从而更好地激励和管理团队。其次，可以运用赋权理论，授权给团队成员更多的决策权，提升他们的参与感和责任感，从而更好地推动项目实施。此外，还可以运用变革领导理论，鼓励组织创新和持续改进，寻找更有效的资金筹集和项目实施方法。通过领导心理学的应用，执行主任成功地提升了基金会的效益和影响力。团队成员更有动力和创意地参与工作，资金筹集和项目实施取得了更好的效果。这个案例启示我们，在非营利组织中，领导者可以通过应用领导心理学的原理，更好地管理团队，促进创新和改进，实现组织的使命和目标。

---

① 王子.新形势下领导权威的挑战与转型——基于心理学视角的问题研究[J].贵阳市委党校学报，2017(5)：38-42.

② 马明忠.心理学在企业领导活动中的重要作用[J].中外企业家，2009(10)：58-60.

案例来源：浙江民政.慈善事业优秀案例 | 德清县幸福阜溪公益基金会　以第三次分配助力共同富裕
[EB/OL]. https：//mp.weixin.qq.com/s?__biz=MzA3MzExNDMwMg==&mid=2649573413&idx=3&sn=ce56822
70d3e305f1af2b68803e90c90&chksm=870a1ff4b07d96e2963472aa185080f14333bcc74eb977202afd496dd404d19
0c2f374a5a372&scene=27.

通过以上案例，我们可以看到领导心理学在政府机构和非营利组织中的应用对于提升
管理效能、实现目标、促进合作等方面具有重要价值。领导者可以运用不同的领导理论和
技能，根据具体情况来解决问题，实现组织的长期发展和成功。在政府机构中，领导者可
以通过激发团队的创新能力和执行力，推动政策的制定和实施，为社会提供更优质的公共
服务。在非营利组织中，领导者可以通过有效的领导方法，提升组织的影响力和效益，更
好地服务社会弱势群体。同时，领导者也需要关注团队成员的情感和需求，营造良好的工
作环境，提升团队的凝聚力和士气。在实际应用中，领导者也会面临各种挑战和困难。他
们需要灵活运用不同的领导理论和技能，根据不同情况制定适当的管理策略。

三、领导者培训、激励和团队建设的实际应用

在当今竞争激烈的社会和组织环境中，领导者的培训、激励和团队建设显得愈发重
要。[1] 有效的领导者不仅需要具备卓越的领导技能，还需要善于激发团队成员的潜能，促
进合作和创新，从而推动组织的成功和发展。领导者培训、激励和团队建设是建立稳健的
领导力基础的关键一环，如何通过这些方法来培养出优秀的领导者，激发团队的活力，以
及打造高效合作的工作环境，是领导者实际工作内容中的重中之重。

在领导心理学中的研究过程中，领导者的培训、激励和团队建设任务是具有广泛重要
性的主题，它不仅关乎个体领导者的发展，还关乎整个组织的成功。[2] 在后续章节中，将
更深入地探讨这些关键概念。我们将研究领导者培训的不同方法和策略以及如何为领导者
提供有针对性的支持和发展计划；还将深入了解激励理论，探讨如何根据员工的需求和动
机制定有效的激励策略；[3] 此外，我们将研究团队建设的最佳实践，包括如何创建具有高
度协作精神的工作团队，以推动创新和成功。[4] 在这些后续讨论中，将提供实际案例研究
和成功经验，以便读者更好地理解这些原则如何在实际组织中应用；还将讨论当前领导心
理学领域的最新趋势和未来发展方向，以帮助读者保持在这个不断演变的领域中的领先地
位。因此，请继续深入学习后续章节的内容，深入了解如何运用领导者培训、激励和团队
建设的最佳实践，以实现领导和组织的卓越表现，这些知识将有助于更好地理解领导心理
学的核心原则，并在实践中取得更大的成功。

---

① 吴爱民.两种领导模式的心理学分析[J].郑州工业大学学报(社会科学版)，2001，19(3)：45-47.
② 牧人.积极心理学视角下变革型领导对工作投入影响的研究[J].知识经济，2014(17)：6-7.
③ 刘芳，李吟，汪国银.心理学视域下交易型领导影响员工工作绩效的实证研究——以文化产业员工为例[J].
宿州学院学报，2016，31(1)：35-39.
④ 李燕娥.基于管理心理学的视角论领导者在企业管理中的作用[J].经营者，2013，27(4)：15-16.

课后思考题

1. 领导心理学在认知、社会和组织心理学等领域有着深厚的根基，你认为这些领域对于领导者研究的贡献是什么？

2. 除个体层面的特质和行为以外，领导心理学是否涉及团队动力学和组织文化等方面的研究？为什么这些因素对领导者研究具有重要意义？

3. 对领导者进行心理测评时，研究者通常采用哪些工具和测量标准？这些评测对于揭示领导者的关键特质有何帮助？

4. 在政府机构和非营利组织中，领导心理学的研究成果如何帮助领导者更好地理解和应对复杂的组织挑战？

5. 公共管理中的组织文化和领导者的心理特质如何相互关联？这种关联对于组织绩效和公共服务的质量有何影响？

 **案例 1-1**

领导心理学在跨文化团队领导中的应用①

在一家国际性的科技公司，团队成员来自不同国家，有不同的文化背景，负责开发一个重要的软件项目。团队成员的多样性为合作带来了机遇，同时也带来了跨文化交流和领导挑战。

团队成员包括来自美国、中国、印度和巴西等国家的软件工程师，他们在语言、价值观和工作习惯方面存在差异。团队合作初期，团队成员之间出现文化差异导致的沟通问题。不同的沟通风格、价值观和工作习惯使信息传递变得复杂，甚至导致误解和冲突。在团队会议中，有些成员倾向于直接表达意见，有些成员则更喜欢间接表达或者避免直接表达不同意见。

团队领导意识到跨文化团队的领导不仅需要管理技能，还需要运用领导心理学的知识解决团队合作中的问题。他首先了解每位团队成员的文化背景和个人特点，倾听他们的想法、关注点和需求，以便更好地理解和管理团队的情绪和期望。通过与团队成员建立良好的关系，更准确地把握他们的情绪和心态，从而更好地引导团队合作。他还运用领导心理学的策略来改善团队的跨文化沟通。他在团队会议中鼓励成员分享自己的想法，同时也尊重不同意见的存在。引入多元化的沟通方法，使每位团队成员都能以自己习惯的方式表达意见，从而促进更加开放和有效的交流。在团队成员之间出现冲突或者紧张情绪时，采取领导心理学的情绪管理措施，鼓励成员表达情绪，同时也提供积极的反馈和支持，组织团

① 刘进，袁玎，揭筱纹. 产业环境、企业家战略领导能力与民营企业绩效——基于认知心理学视角[J]. 科技进步与对策，2017，34（6）：75-80.

队建设活动，通过共同的参与和合作来减轻紧张氛围，增强团队的凝聚力。

通过运用领导心理学的方法，团队合作逐渐改善，团队成员之间的跨文化沟通变得更加顺畅，误解和冲突减少。团队成员开始更加理解彼此，合作更加紧密。软件项目的开发进展顺利，取得了显著的成果。

 案例 1-1 思考题

1. 在面对团队成员之间的文化差异导致的沟通问题时，如何运用领导心理学的策略来改善沟通和协作？

2. 如何运用领导心理学的情境感知来理解团队成员的文化背景和个人特点，以便更好地管理团队的情绪和期望？

3. 通过采用领导心理学的方法，如何在团队中营造一个信任和互助的文化、促进团队成员之间的合作和共同发展？

 **案例 1-2**

领导心理学在团队冲突解决中的应用①

在一家创新科技公司，张××是一位年轻而充满活力的项目经理，他一直致力于领导团队开发最新的智能手机应用。但除去在探索科研技术过程当中遇到的难题和瓶颈之外，还产生其他各种各样的团队管理问题，使项目开发的完成度出现一定程度的阻碍和停滞。例如，由于项目的紧迫性和复杂性，张××发现自己时常陷入时间管理困境，无法有效分配时间来处理各种任务和团队成员的需求；项目的高压环境也使张××经常感到焦虑和压力，这可能会影响他的决策能力和与团队成员的互动；此外，尽管他在技术方面有专长，但他逐渐意识到自己在建立强大、协作紧密的团队方面还有不足之处，从而导致一些沟通和合作问题。以上出现种种团队管理的问题，加之项目的复杂性和竞争激烈的市场压力，使项目进展得并不顺利。团队成员和同事的反馈也帮助他认识到自己的不足之处，并启发他主动寻求提升管理技能的途径。有鉴于此，为了实现职业发展的远大目标，他开始意识到需要更好地了解自己，只有不断提升自己的领导管理技能，以更有效的方法和措施引领团队，才能更好地实现公司的创新使命和科技开发目标。因此，张××积极参加领导力培训课程。在课程中，他被引导进行自我反思，了解自己的价值观、优势和发展领域。他开始认识到自己在决策时倾向于太过追求完美，有时过于强调细节，导致项目进展缓慢。他还发现自己在团队沟通中的主动性有待提升，很少主动寻求团队成员的意见和建议。于是，张××决定制订个人发展计划，以提升自己的领导技能。他确定两个主要目标：一是提高决策的

① 苏晋萍. 管理心理学视角下"当代领导有效性理论"的应用分析——以陈欧成功创办聚美优品为例[J]. 农村经济与科技，2017，28(16)：250-251.

效率，更注重整体目标而非过度关注细节；二是加强沟通和倾听技能，以便更好地与团队合作。他在项目中开始实践自己设定的目标。他学会更有信心地做出决策，并在必要时委托任务给团队成员。他还积极参与团队讨论，鼓励成员分享意见，增强团队的合作氛围。他逐渐获得同事们的尊重和信任。在项目进行的过程中，张××不断反思和改进自己的领导行为。他开始定期与团队成员进行反馈和交流，了解团队中的问题和需求，从而更好地满足他们的期望。他也积极参与更多的领导培训和交流活动，不断提升自己的领导技能。

随着时间的推移，他的领导技能得到显著提升。他更加自信地引领团队，通过优化决策和沟通，项目的进展更加顺利。团队其他成员也感受到他的改变，更愿意与他合作并分享想法。张××的个人发展和自我认知的提升，不仅影响了他自己，也在团队中创造了更好的工作氛围和卓越的业绩。

 案例1-2 思考题

1. 领导者如何设定个人发展目标，并在实践中持续改进？提供一些方法或策略，帮助领导者在不同阶段提升自己的领导能力。

2. 自我认知在领导者发展中的作用是什么？为什么领导者需要深刻了解自己的价值观、优势和盲点？

3. 总结领导者发展和自我认知的重要性，从长远角度来看，领导者如何通过不断的自我提升和学习，对组织的可持续发展做出贡献？

参考文献

[1]郭元军，李普涛. 探索领导者心灵奥秘的科学——领导心理学[J]. 领导科学，1987(1)：28-29，36.

[2]季乃礼. 政治领导心理学辨析[J]. 宜宾学院学报，2015，15(3)：66-72.

[3]梁立军. 你，能当 会当 善当领导吗？——学点领导心理学[J]. 科学新闻，2000(29)：22.

[4]刘越. 行政领导者决策心理存在的问题与对策研究[D]. 黑龙江大学硕士学位论文，2020.

[5]蓝志勇. 公共管理学科的理论基础与基础理论[J]. 学海，2020(1)：30-37.

[6]李婷婷. 基于管理心理学视角的高新技术企业领导行为探讨[J]. 现代企业教育，2009(4)：113-114.

[7]刘芳，李吟，汪国银. 心理学视域下交易型领导影响员工工作绩效的实证研究——以文化产业员工为例[J]. 宿州学院学报，2016，31(1)：35-39.

［8］李燕娥．基于管理心理学的视角论领导者在企业管理中的作用［J］.经营者，2013，27（4）：15-16.

［9］刘进，袁玎，揭筱纹．产业环境、企业家战略领导能力与民营企业绩效——基于认知心理学视角［J］.科技进步与对策，2017，34（6）：75-80.

［10］马明忠．心理学在企业领导活动中的重要作用［J］.中外企业家，2009（10）：58-60.

［11］牧人．积极心理学视角下变革型领导对工作投入影响的研究［J］.知识经济，2014（17）：6-7.

［12］苏晋萍．管理心理学视角下"当代领导有效性理论"的应用分析 ——以陈欧成功创办聚美优品为例［J］.农村经济与科技，2017，28（16）：250-251.

［13］王沛．当代领导心理学的理论与研究述评［J］.西北师大学报（社会科学版），2001（3）：86-92.

［14］王春福．领导心理学刍议［J］.长白学刊，1986（2）：38-40.

［15］王子．新形势下领导权威的挑战与转型——基于心理学视角的问题研究［J］.贵阳市委党校学报，2017（5）：38-42.

［16］吴爱民．两种领导模式的心理学分析［J］.郑州工业大学学报（社会科学版），2001，19（3）：45-47.

［17］阎宏斌．新公共管理的特点与范式［J］.求索，2005（6）：89-91.

［18］张芳．局级领导者群体整体效能的心理学研究［D］.华东师范大学博士学位论文，2006.

［19］张海钟，赵文进，张维英．现当代管理心理学领导行为与领导风格研究成果综述［J］.兰州石化职业技术学院学报，2006，6（4）：56-60.

［20］张海钟．管理心理学理论与当前城市人力资源管理实践问题辨析［J］.天水师范学院学报，2015，35（5）：68-74.

［21］张康之，张乾友．考察公共管理概念的多重内涵［J］.天府新论，2012（5）：75-83.

［22］张霓．从管理心理学角度分析领导者的管理艺术［J］.产业与科技论坛，2015（2）：237-238.

［23］郑伟，卢擎华．从心理学角度分析管理层的领导艺术［J］.领导科学论坛，2020（1）：39-41.

第二章 领导心理学基本理论

第一节 领导特质理论

作为领导理论发展的第一个阶段的领导特质理论，长期以来都是领导心理学关注的重点。该理论产生于 20 世纪初期，重点关注领导者独特的特质与下属绩效提升的关系，试图分析和描绘领导者成功或失败的影响因素。

一、传统特质理论

亚里士多德说"人从出生之日起就已经注定了他是治人还是治于人的命运"，苏格兰哲学家克莱尔(Carlyle)也称"世界史无非是伟人的自传"，领导特质理论继承了古希腊的古典哲学，所以传统领导特质理论是建立在"领导特质是与生俱来的，不具备天生领导特质的人就不能当领导"的假设上，强调领导者是天生的、一定数量的、独特的，并且能与他人区别开来的品质与特质对领导有效性的影响。于是，一场关于伟人的研究就此展开，探讨特定的领导者特质成为当时的热门话题。

特质理论的创始人阿尔伯特(G. W. Allport)及其同事们在对 1 万多个形容词进行分析后，提取了一系列的特质，如外向性、神经质、精神质等。阿尔伯特认为，特质是个体固定的、相对稳定的特点，不受环境的短期变化和外部刺激的影响，它们在不同情境下表现出来，并且对个体的行为和思维方式产生影响。因此，特质被视为个体行为的内在因素，它们对于个体的思维、情绪和行动产生重要的影响。这种特质与行为的对应关系使特质理论能够解释和预测个体的行为方式，为人们了解自己和他人的行为提供了理论依据。

美国领导学学者斯托格迪尔(R. M. Stogdill)在 1948 年发表的《与领导有关的个人因素：文献调查》一文中分析了 1904~1947 年的领导特质研究，将其归纳为：①能力包括智力、敏感性、表达能力、创造力、判断力等；②成就包括学术成就、知识、体育成绩等；③责任心包括可靠性、首创精神、进取心、自信心、雄心等；④参与包括积极主动、社交活动、团队合作、适应性、幽默感等；⑤地位包括社会地位、经济地位、个人影响力等；

⑥个人情况包括心理水平、技能水平、追随者、成就目标等。在之后的 1974 年，斯托格迪尔又出版《领导手册》一书，进一步拓展领导者应该具备的 10 项特质，包括才能、强烈的责任心与强大的内驱力、追求目标坚持不懈、首创精神、自信心、合作力、对结果负责、百折不挠、社交能力与影响他人的能力和高效处理事务的能力。

此外，还有一些学者基于行为学和心理学等研究对领导者应该具备的品质加以论述。如美国心理学家吉伯（C. A. Gibb）于 1969 年提出天才的领导者应该具有以下品质：善于言辞与交涉，长相俊朗、英俊潇洒，高于常人的智力，自信，心理健康，具有支配他人的能力与意愿，外向且敏锐。

二、现代特质理论

传统特质理论强调领导者先天所具有的特质，这显然忽视了后天的教育、环境、情境的影响。现代特质理论的发展进步在于，它承认人们具有在后天的学习中成长为合格的领导者的潜力，这就否认了"天生英雄"的观点（文晓立、陈春花，2014）[1]。

美国心理学家爱德温·吉色列（Edwin E. Chiselli，1971）在其《管理才能探索》一文中采用语义差别量表法，选取来自交通运输业、财政金融业等 90 个不同的组织共 306 名管理人员进行研究，这些管理人员 90% 为大学学历，且年龄都分布在 26 ~ 42 岁，横跨中基层管理者。最终，吉色列将领导特质分为三大类、十三因子：第一类特质为能力特质，包括管理能力、智力、创造力三个因子；第二类特质为个性特质，包括自觉性、决策、成熟性、对待下属的亲和力、男性的坚毅或女性的柔和五个因子；第三类特质为激励特质，包括成就的需要、自我价值实现的需要、权力的需要、物质激励的需要、工作安全需要五个因子。

此后，唐纳德·柯克帕特里克（Donald Kirkpatrick）识别出与领导有效性相关的特质，包括追求目标的内驱力、具有使用社会化权力影响他人的领导动机、具有可信赖性以及行动力、实现目标的自信心、处理信息的计算力、具有能做出决策的商业知识、具有情境敏感性及环境适应力。

加里·尤克尔（Garry Yukl，1998）认为，可以提高绩效的领导品质包括具有较强的精力与对恶劣环境的忍耐力、实现目标的自行、自控力、情绪控制力、可信赖、具有权力动机、较高的成就需求、较低的社交需求。

第二节　领导行为理论

有效的领导除了需要领导者具备一定的领导特质外，还需要领导者采取有效的行动，

---

①　文晓立，陈春花. 领导特质理论的第三次研究高峰[J]. 领导科学，2014(35)：33-35.

领导行为理论是基于对领导者有效行为的探讨所生成的理论，具有代表性的领导行为理论有以下三种：

一、领导行为二因素理论

(一) 俄亥俄州立大学的研究

俄亥俄州立大学以亨普希尔(Hemphill)为代表的研究小组进行了领导行为二因素的研究，并编制著名的领导行为描述问卷(LBDQ)来探索领导行为的影响因素，该问卷包含150个题项来描述领导行为的不同方面。后来斯托格迪尔(Stogdill)又编制100个题项组成的领导行为描述问卷缩减版(LBDQ-Ⅻ)，该问卷在领导行为评价过程中被广泛使用。通过领导行为描述的分析研究发现，众多领导行为的反应主要集中在两种最基本的行为模式上，即开拓(结构)行为与关怀行为。[①]

开拓(结构)行为(initiating structure behavior)：这类行为的领导者更加关注组织任务和目标的实现。他们明确下属的工作任务、职责和目标，让下属知道什么应该做、什么不应该做。他们清楚地确定领导者和下属的角色关系，坚持任务和工作的评价标准或质量标准，并不轻易妥协或拖延。

关怀行为(consideration behavior)：这类领导者更注重与下属建立和谐的工作关系。他们平等地对待下属，维护下属的自尊，重视下属的福利和利益。他们愿意听取下属的建议，并在做出重要决策之前征求下属的意见。他们强调友好关系、相互尊重和相互信任。

开拓行为与关怀行为并非一个统一连续体的两端，而是两个既相互独立又相互关联的连续体。也正因为两者的独立性，研究人员将其视为领导行为的基本构成元素，也就构成领导行为的"二维"。但事实上，两者具有一定的关联性，既需要领导者关注组织绩效，也需要领导者关怀员工，尤其是针对从事高压力、长时间的工作的下属。因此，许多研究者试图将两者整合起来。1945年，俄亥俄州立大学的斯多基尔、沙特尔在调查研究基础上提出了领导行为四分图理论，也是早期的领导风格理论。他们将结构和关怀两个维度组合成为四种情况，用二维空间的四分图来表示(如图2-1所示)。

(二) 密歇根大学的研究

密歇根大学的研究者通过研究领导者在小团体中的行为表现以区分管理者的产出高低，提出存在两种主要的领导行为：生产导向和员工导向(Likert，1979)。[②]

生产导向(production orientation)：也叫任务导向，这类领导者关注任务的完成以及指标、绩效、效率等。纯粹任务导向型的领导者极力避免与下属产生额外关系与羁绊，基本

---

① Schriesheim, C. A., Bird, B. J. Contributions of the Ohio State Studies to the Field of Leader-ship[J]. Journal of Management, 1979, 5(2): 135-145.

② Likert, R. From production and Employee-Centeredness to System1-4[J]. Journal of Management, 1979, 5(2): 147-156.

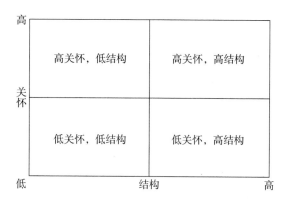

图 2-1　开拓行为和关怀行为

对应了有限的社交需求。当下属表现为效率低下时，可能会伴随毫无人情的问责，这类领导者一般不关心过程的艰难，只看结果是否达成，并按照结果来考核员工。成功的生产导向型领导通过工作流程的梳理，设定组织目标，把控任务与人员等方式来提高团队的效率，员工各司其职，提高生产力。

员工导向(employee orientation)：也叫关系导向，这类领导者更倾向于与员工建立社会关系和情感联系，使其下属不仅有正式的制度约束，在情感上也具有较强的相关性。他们关系员工的待遇与工作环境，通过关心下属、工作后的聚会等方式拉近彼此的心理距离，但有时也会因为过近的关系而丧失权威感，侵蚀正式制度的约束。成功的员工导向型领导可以通过关系连结，授权给下属，使下属能够自主发挥工作积极性。

(三)大阪大学的研究

日本大阪大学教授三隅二不二(以下简称三隅)在 1963 年开始进行 15 年大规模的领导行为调查(凌文辁等，1987)，[①] 编制了描述领导行为的 PM 量表，调研对象涉及工矿、冶金、运输、化工、银行、政府等十多个领域共 15 万余名员工，三隅同样认为有两种领导行为：

业绩导向(perfermance)：也叫 P 型职能。P 型职能主要是为了完成团体目标，对下属有严格的任务规定、期限限制等，过于强烈的 P 型领导将会给员工带来过大的压力，导致员工的对抗，甚至影响效率。

维系导向(maintenance)：也叫 M 型职能。M 型职能主要强调维系和强化团体关系，通过对下级的关心问候、奖励激励等行为，缓和工作中因上下职级间造成的对立与对抗，增强成员之间的凝聚力与和谐感，维护组织的正常运行。

三隅所调查的员工处于业绩导向或维系导向的领导者领导下，其满意度也有所不同。具体来说，PM 型(P 与 M 均在中位数以上)领导者所受到的赞成和追随是最多的，P 型(仅 P 在中位数以上)领导者的绩效要高于 M 型(仅 M 在中位数以上)，PM 型(P 与 M 均

---

① 凌文辁，陈龙，王登.CPM 领导行为评价量表的构建 [J]. 心理学报，1987，19(2)：199-207.

在中位数以下)的领导者效率最差。

二、领导行为三因素理论

(一)雷定的三维构面理论

20世纪70年代，在其他管理学家还在研究领导行为"关心事"和"关心人"时，美国管理学家雷定(William J. Reddin)已经将二维构面理论向三维推进，主要关注任务导向(Task oriented)、关系导向(Relationships-oriented)与领导效能(Leadership effectiveness)三个维度。雷定的创新之处在于领导效能，他首先将领导方式简要地分为四种：①密切者，是指这种领导者重视人际关系，但不重视工作和任务；②分立者，这种领导者既不重视工作，也不重视人际关系；③尽职者，这种领导只重视任务的完成；④整合者，这种领导能兼顾群体需求及任务完成，通过群体合作的形式达到目标，故属于整合性质。但是，雷定并不认为以上四种领导方式中有哪一种最具有效率，都既有可能有效率，也有可能无效率，因此雷定将效率构面单独分离出来，成为第三个因素。自此，每一种领导方式都新增两个名称，分别表示有效率与无效率(如图2-2所示)。

低效率	领导方式	高效率
传教者	密切者	培育者
折中者	整合者	有效执行者
冷漠者	分立者	官僚者
专制者	尽职者	开明专制者

图2-2 三维构面理论领导方式

(二)凌文辁的CPM领导行为三因素结构模型

我国学者凌文辁(1983)在PM理论的基础上提出一种新的领导职能分类框架。他指出，领导者不仅要具备P(任务导向)和M(员工导向)职能，还需要关注C(人品)职能，即个人品质。这三种职能分别在领导行为中发挥不同的作用(凌文辁等，1987)[1]。P职能主要关注工作和绩效，表现为制订周密的任务计划，熟悉专业知识，制定规章制度，协调各项工作等。M职能则侧重于员工管理，表现为对下属的关心和关注，建立信任和尊重的关系，激励和支持下属，以减少上下级关系中不必要的紧张和对立情绪，增强组织的内部凝聚力。C职能则着重于领导者自身的品德素质。领导者需要展现诚实、正

---

[1] 凌文辁，陈龙，王登. CPM领导行为评价量表的构建 [J]. 心理学报，1987，19(2)：199-207.

直、公平、廉洁、无私的品德,并以身作则。这样的品德表现能够使下属对领导者的高尚品质产生认同,并将其内化为自己的行为。同时,领导者的高尚品德也能起到示范和引领的作用,进一步提升领导效能和促进领导者的自我发展。因此,C 职能被称为发展导向,因为其关注的是领导者个人品德的发展。在中国尤其是政府部门,特别强调领导者在道德方面的建树,很多企业也强调道德方面的价值观,可以说 C 职能在中国相当重要。

三、管理方格理论

美国学者罗伯特·布莱克(Robert R. Blake)和简·莫顿(Jane S. Mouton)于 1964 年出版的《管理方格》一书中提出管理方格理论,[①] 通过横坐标与纵坐标分别表示关心人与关心事的程度,最终形成 81 个方格,每一个方格都表示两种因素按不同程度结合形成的领导风格,这改变了以往各种理论中"非此即彼"的观点,即要么是以生产为中心,要么是以员工为中心的观点。最终形成 81 个领导风格,5 个典型领导风格(如图 2-3 所示)。

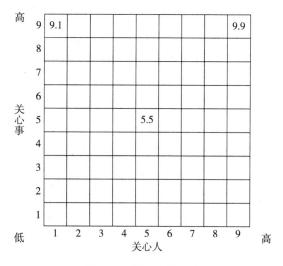

图 2-3　管理方格理论

在图 2-3 中,"1.1"方格表示对人和工作都很少关心,既无法提高效率也很难得到下属的支持,因此效率较低。"9.1"方格将重心置于工作上,对人的关心不够,因此日常工作中一般是领导者指挥下属工作,下属很少有主动权与积极性。"1.9"方格则相反,将中心工作放在满足员工间的关系需要上,对于工作安排、绩效、成果的关心则不够。"9.9"方格表示对人和工作都很关心,是一种理想的领导方式,能够使员工乐于遵循组织规划生产,提高生产力。除了这些基本的定向外,还存在一些并不典型的组合。例如,"5.1"方

---

① R. R. 布莱克. 领导难题方格解法:管理方格新论[M]. 孔令济译. 北京:中国社会科学出版社,1999.

格表示准生产中心型管理，比较关心生产，不大关心人；"1.5"方格表示准人中心型管理，比较关心人，不大关心生产；"9.5"方格表示以生产为中心的准理想型管理，重点抓生产，也比较关心人；"5.9"方格表示以人为中心的准理想型管理，重点在于关心人，也比较关心生产。

第三节　领导风格理论

领导风格理论是在领导行为理论基础上提出的，该理论主要关注领导对被领导者及管理事务的态度和行为，并归纳总结出不同的领导风格类型。领导风格是领导者在长期实践中形成的，具有较为鲜明的个性化色彩。具有代表性的领导风格理论有以下五种：

一、领导方式理论

美国管理学家罗夫·怀特（Ralph K. Wbite）与罗纳德·李安持（Ronald Lippet）提出三种领导风格，即独裁型领导、民主型领导和自由放任型领导（谭劲松、陈国治，2007）。[①]

独裁型领导主要表现为与工作有关的政策、流程、内容、做法等都由领导者决定，常常使用发号施令的方式布置工作而不是商量，各部门的工作分配、组合等也都由独裁者决定，领导者与下属间很少接触，几乎没有私人社交关系。

民主型领导主要表现为主要政策由组织成员集体讨论来决定，领导者擅长采用鼓励的方式，协助员工进行工作，民主型领导者更善于授权，领导者与下属间关系更加亲密，存在非正式关系，员工也更乐于与领导者交流，能够发挥主动性。

自由放任型领导主要表现为组织成员或群体有完全的决策权，领导者放任自流，且不参与，也不主动涉及员工的工作，偶尔表达意见。工作的进行几乎完全依赖组织成员，各人自行负责。

在三种领导方式中，一般认为民主型领导最具效率，而自由放任型领导最无效率。

二、领导四系统模型

支持关系理论的创始人伦西斯·利克特（Rensis Likert），于1967年提出领导的四系统模型，该模型把领导方式分成四类[②]：①剥削式的集权领导，主管人员发布指示，决策中没有下属参与，主要使用命令和处分的方式，有时也偶尔用奖赏去激励人们，惯于由上而

---

① 谭劲松，陈国治. 现代领导方法与领导艺术［M］. 杭州：浙江大学出版社，2007.
② 关力. 利克特和支持关系理论［J］. 管理现代化，1991（2）：46-47.

下地传达信息，把决策权局限于最高层(关力，1991)；②仁慈式的集权领导，用奖赏兼某些恐吓及处罚的方法去鼓励下属，允许自下而上传递信息，向下属征求一些想法与意见，并允许把某些决策权授予下属，但加以严格的政策控制；③洽商式的民主领导，主管人员在做决策时征求、接受和采用下属的建议，通常试图酌情利用下属的想法与意见，运用奖赏、处罚的办法和让员工参与管理的办法来激励下属，既使下情上达，又使上情下达，由上级主管部门制定主要的政策和运用于一般情况的决定，但让较低一级的主管部门去作出具体的决定，并采用其他一些方法商量着办事；④参与式的民主领导，主管人员向下属提出挑战性目标，并对他们能够达到目标表示出信心，在诸如制定目标与评价目标所取得的进展方面，让群众参与其事并给予物质奖赏，既使上下级之间的信息畅通，又使同级人员之间的信息畅通，鼓励各级组织作出决定，或者将他们自己与其下属合起来作为一个群体从事活动。

三、"不成熟—成熟"连续流理论

阿吉里斯的"不成熟—成熟"理论认为，① 组织行为是由个人和正式组织组合而成的，组织中的个人作为一个健康的有机体，无可避免地要经历从不成熟到成熟的成长过程，在这个成长过程中主要有七个方面的变化(如表2-1所示)。

表2-1　"不成熟—成熟"连续流

不成熟的特点	成熟的特点
被动性	能动性
依赖性	独立性
办事方法少	办事方法多
兴趣浅薄	兴趣浓厚
鼠目寸光	目光远大
从属	自主
缺乏自知之明	能自我控制

阿吉里斯指出，人们需要从婴儿的"不成熟状态"转向成人的"成熟状态"，因为组织由人组成，所以组织也不可避免地需要经历"不成熟—成熟"连续流的变化。但组织作为一个以提升效率为目标的机器，本身希望抹平人与人之间的性格差异，这就与"成熟状态"的人产生矛盾，因此，阿吉里斯认为这是组织绩效低下、漠视规则或人情等的原因。而领导者的任务之一就是减少这种不协调，创造健康的组织环境，在健康的组织中培育健康的个

---

① Blanchard. 行为管理学——人力资源的利用[M]. 王琼玲译. 北京：大中国图书公司，1982.

人，协调组织和个人的需要。

四、领导方式的连续统一体理论

1958 年，坦南鲍姆（R. Tannenbaum）和沃伦·施密特（Warren H. Schmidt）提出领导行为连续统一体理论。[①] 他们的研究核心在于帮助管理者们来决定自己的领导风格，能够认识到自己在处理某些问题时应该自己做出决定还是授权给下属（如图 2-4 所示）。

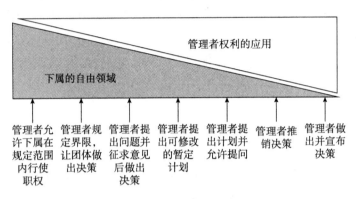

图 2-4 领导方式的连续统一体理论

图 2-4 连续统一体的最右端表示几乎没有下属的自由空间，全部由领导来做出决策，是最专制的领导，相应地，连续统一体的最左端表示领导很少运用自己的权力，十分信任下属并进行授权，属于民主型领导。在管理工作中，领导者使用的权威和下属拥有的自由度之间是一方扩大另一方缩小的关系。管理者"推销"决策则意味着领导仍然自己做出决策，但认识到下属的反对或质疑，因此需要说服下属来"购买"决策；管理者提出计划并允许提问表示领导者自己做出决策，但希望得到下属的支持，因此会详细地告知下属自己的决策计划，并接受提问与质疑来促进团队的理解；管理者提出可修改的暂定计划，留给下属的自由空间更大，下属可以在管理者提出决策的基础上进行更改；管理者提出问题征求意见做出决策，自此，管理者不再提前做好决策，而是在了解下属的需求后再进行决策；管理者划分界限由下属决策，在这种模式中，领导已将决策职能交于下属。值得注意的是，坦南鲍姆并不认为哪种领导行为是最具有效率的，成功的领导者应该综合时间、地点、条件等因素来考量选用哪种领导风格。

五、领导者—成员交换理论

领导者—成员交换理论（Leader-Member Exchange）最早由戴维·戈尔德曼（David

---

① Tannenbaum, R Schmidt, Warren H. How to Choose a Leadership Pattern[J]. Harvard Business Review, 1957, 36 (2): 95-101.

L. Graen)和罗伯特·斯卡内尔(Robert J. Scandura)在 1975 年提出,[①] 旨在解释领导者与下属之间的交互关系和影响力。该理论认为,领导者与下属之间形成的关系可分为两种类型:内圈关系(In-group)和外圈关系(Out-group)。

内圈关系是指领导者与少数核心下属之间建立的高度信任和互依的关系。这些核心下属被视为在组织中更有潜力、更能创造价值的成员,领导者与他们分享信息、提供更多机会和支持,与他们建立密切的工作关系。内圈成员通常获得更多的资源、培训和晋升机会,得到更多的支持和权责,他们也对组织和领导者更忠诚、绩效更突出。

外圈关系则是指领导者与其他下属之间的正常工作关系,缺乏密切的互动和信任。这些下属与领导者的互动较少,资源和支持也较为有限,领导者对他们的关注程度相对较低。他们通常被视为组织中的普通员工,相对较少受到重视和特殊对待。

戈尔德曼认为,内圈关系对于组织绩效和员工发展至关重要。通过与核心下属建立深入的工作关系,领导者可以更好地了解他们的能力和需求,赋予他们更多的责任与资源,进一步激发他们的创造力和承诺。同时,内圈成员也倾向于更积极地参与组织活动,表现出更高的工作动机和满意度。这种高度的信任和互动有助于形成良好的工作氛围和团队合作,进而提升组织的绩效。纵然如此,该理论并不鼓励对下属的不公平对待,尽管内圈成员可能享受更多的资源和支持,但领导者应确保对所有下属提供公平和公正的待遇,让其有机会发展和提升。此外,该理论还强调,领导者和下属之间的关系是一种双向互动的过程。下属也要积极主动地参与,展现出价值和潜力,以赢得领导者的信任和支持。

第四节　领导权变理论

对于领导行为是否有效的探讨不仅能集中于领导者本身,还受到领导情境的影响,这就需要用权变的观点和理论来加以解释。本节介绍几种代表性的权变理论。

一、费德勒权变理论

费德勒权变模型是由管理学家理查德·费德勒(Richard E. Fiedler)于 20 世纪 60 年代提出的,[②] 旨在解释领导效能与领导风格之间的关系。该模型强调领导者与情境之间的匹配程度对于领导绩效的影响。根据费德勒权变模型,领导风格可以分为任务导向型和关系导向型。任务导向型领导者注重完成任务,强调目标达成和效率;关系导向型领导者则更

---

①　Graen, G., Schiemann, W. Leader-member agreement: A vertical dyad linkage approach[J]. Journal of Applied Psychology, 1978(63): 206-212.

②　Fiedler, F. E. A theory of leadership effectiveness[M]. New York: McGraw-Hill, 1967.

注重员工与员工之间的合作关系和沟通。该模型认为，领导风格的匹配度既取决于领导者的个人特点，也受到情境因素的影响。费德勒的权变模型提出"领导者—成员关系"（leader-member relations）、"任务结构"（task structure）和"权力位置"（position power）三个关键因素。领导者—成员关系指的是领导者与下属之间的互动和关系质量；任务结构指的是任务的明确程度和目标的具体性；权力位置指的是领导者在组织中的地位和权力水平。当情境与领导者的风格相匹配时，领导效能会更高。

根据这些因素的匹配情况，费德勒将情境分为三种类型：有利情境、恶劣情境和中性情境。在有利情境下，领导者的影响力大，关系良好，任务明确，领导效能较高。在恶劣情境下，领导者的影响力小，关系不佳，任务不明确，领导效能较低。在中性情境下，情况介于两者之间。费德勒权变模型的价值在于提醒领导者要根据情境因素调整领导风格，以提高领导效能。通过了解自己的领导风格及情境特点，领导者可以采取相应的行动来增强组织绩效和员工满意度。

二、情境领导理论

情境领导理论（Situational Leadership Theory）是领导生命周期理论的延续与发展，是由管理学家保罗·赫塞（Paul Hersey）和肯·布兰切德（Ken Blanchard）提出的，[①] 核心概念是领导者行为和员工发展水平之间的匹配度，对于帮助领导者理解和应对不同情境下的领导挑战具有重要意义。该理论强调领导者的行为应根据员工的能力和动机水平以及任务情境的要求进行调整，以实现最佳的领导效果。在该理论中，将领导行为划分为任务导向型和关系导向型两个维度。任务导向型是指关注任务完成、目标达成和绩效，强调工作执行和结果取得的领导行为；而关系导向型则强调与员工的关系、支持和发展，注重建立积极的人际关系和促进员工的个人发展。

根据情境领导理论，员工的发展水平可分为四个阶段：

（1）D1-低成熟度。员工缺乏技能和经验，需要领导者提供具体的指导和支持。

（2）D2-部分成熟度。员工具备一定的技能，但仍需要领导者的指导和支持以增强信心和能力。

（3）D3-相对成熟度。员工具备较高的技能和经验水平，但可能缺乏自信或动力，领导者需要提供支持和鼓励来调动潜力。

（4）D4-高成熟度。员工具备丰富的技能和经验，能够自主完成任务，领导者的角色主要是提供支持和认可。

根据员工的发展水平和任务情境的要求，领导者的行为应作出相应调整：

（1）S1-高任务导向+低关系导向。在员工处于低成熟度阶段时，领导者需要提供具体

---

① Hersey, P., Blanchard, K. Management of Organizational Behavior, 2nd ed[M]. Englewood Cliffs：Prentice-Hall, 1972.

指导和密切的支持，以确保任务的准确完成，这种领导模式也称为指挥式。

（2）S2-高任务导向+高关系导向。在员工部分成熟但仍需要支持的阶段，领导者需要给予鼓励和支持，同时提供清晰的指导，帮助员工发展，这种领导模式也称为教练式。

（3）S3-低任务导向+高关系导向。在员工相对成熟但可能缺乏自信和动力时，领导者的角色是为员工提供支持和激励，激发其潜力，这种领导模式也称为支持式。

（4）S4-低任务导向+低关系导向。在员工高度成熟且能够独立完成任务时，领导者的角色是给予员工积极的支持和认可，这种领导模式也称为授权式。

情境领导理论强调领导行为的灵活性，领导者应根据员工的发展水平和任务情境的要求灵活调整领导风格。且该理论提出最有效的领导者是能够适应不同情境而灵活调整自己行为的领导者。

三、路径—目标理论

路径—目标理论是由管理学家罗伯特·豪斯（Robert House）于 20 世纪 70 年代提出的一种领导理论。[①] 该理论强调领导者通过设定明确的目标和提供适当的路径来影响员工的行为和绩效。根据路径—目标理论，领导者的主要任务是为员工设定明确的工作目标，并提供达成这些目标所需的路径和支持。这些路径可以包括提供工作指导、资源支持、培训和反馈等。通过设定明确的目标和提供有效的路径，领导者可以激发员工的动机，引导他们朝着目标努力，并提高他们的绩效。路径—目标理论认为，领导者可以采取不同的领导行为来适应不同的情境和员工特点。根据理论，领导行为可以分为四种类型：

（1）指导性领导行为。领导者明确告诉员工工作目标和期望，并提供具体的工作指导和反馈。

（2）支持性领导行为。领导者关心员工的需求和福祉，提供情感支持和关怀，建立良好的工作关系。

（3）参与性领导行为。领导者与员工合作制定工作目标和决策，鼓励员工参与决策过程，增强员工的参与感和责任感。

（4）成就导向型领导行为。领导者鼓励员工追求卓越和成就，设定具有挑战性的目标，提供奖励和认可。

路径—目标理论认为，不同的领导行为对于不同的员工和情境具有不同的效果。领导者应根据员工的能力、动机和工作情境来选择适当的领导行为。例如，对于能力较强且具有内在动机的员工，领导者可以采取参与性领导行为，激发他们的创造力和主动性。而对于能力较低或缺乏动机的员工，领导者可以采取指导性领导行为，提供明确的指导和支持。综合来看，豪斯的路径—目标理论强调领导者通过设定明确的目标和提供适当的路径来影响员工的行为和绩效。通过选择适当的领导行为，领导者可以激发员工的动机，引导

---

① House，R. J. A Path Goal Theory of Leader Effectiveness[J]. Administrative Science Quarterly，1971，16（3）：321.

他们朝着目标努力，并提高组织的绩效。

四、领导者—参与模型

领导者—参与模型（Leader-participation model）是由维克多·弗鲁姆（Victor H. Vroom）和菲利普·约特（Philip W. Yetton）于 1973 年提出的一种将领导行为与参与决策联系在一起的模型。[①] 该模型旨在帮助领导者在不同情境下做出适当的决策，并促进下属的参与感和满意度。这一模型主要基于协商决策的思想，强调领导者在决策过程中不同程度的下属参与。模型考虑两个关键因素，即决策有效性和下属接受度。决策有效性指的是决策的质量和可接受程度，而下属接受度指的是下属对决策过程和结果的接受程度。

根据领导者—参与模型，领导者在决策时可以采取不同的参与方式，共分为五种类型：

（1）领导者独立决策（Autocratic decision）。领导者独自做出决策，不需征求下属的意见和建议。这种决策方式适用于紧急情况或下属对决策的投入程度较低的情况。

（2）领导者收集信息独立决策（Autocratic decision with information gathering）。领导者仍然独立做出决策，但在决策前征求下属的意见和建议。这种决策方式适用于领导者需要更好地了解问题和情况。

（3）领导者个别下属咨询后决策（Consultative decision individual）。领导者在决策时，向个别下属进行咨询，征求他们的意见和建议，但领导者最终负责做出决策。这种决策方式适用于领导者需要考虑多种观点和意见的情况。

（4）领导者群体咨询后决策（Consultative decision group）。领导者在决策时，与团队中的下属进行咨询，征求他们的意见和建议，但领导者最终负责做出决策。这种决策方式适用于领导者需要获得团队的支持和参与的情况。

（5）下属参与决策（Group decision）。领导者与下属一起参与决策过程，共同制定决策。这种决策方式适用于领导者认为下属对决策有更多信息和经验，并希望培养他们的决策能力。

 课后思考题

1. 举例说明任务导向型领导的关键行为是什么？
2. 试述路径—目标理论的内涵。
3. 论述领导情境理论的适用场景。

---

① Vroom, V. H., Yetton, P. W. Leadership and decision - making [M]. Pittsburgh: University of Pittsburgh Press, 1973.

 案例 2-1

把握识人用人育人之道①

习近平总书记指出，"管干部用干部的干部，要有'瞻山识璞、临川知珠'的识人慧眼，要有'劝君参透短长理，自有人才涌似云'的用人之道"。选贤任能要在识人、用人、育人等方面下功夫，推动形成优秀干部不断涌现、创新创造活力竞相迸发的生动局面。

慧眼识人，在小事上察德辨才，在大事上看德识才。"经世之道，识人为先。"知人深、识人准，才能选准人、用好人。要着重看政治品格，充分挖掘政治标准的深刻内涵、具体表现和量化形式，结合多维度、指标化的信息采集和量化评分，让政治标准具体化、有界定、能评判；着重看日常表现，通过经常性、近距离接触干部，既听其言又观其行，既察其表又析其里，既看一时又看一贯，为干部精准"画像"；着重看职业操守，重点考察干部关键时刻能否坚守底线、不触红线，选出那些坚持事业为上，表里如一的"老实人"、言行一致的"明白人"。

大胆用人，努力做到用当其时。"夏至不刨蒜，蒜在泥里烂""霜降不刨葱，越长越心空"，干部使用也是一样的道理。要善于抓住干部使用的最佳时机，让干部在干事创业的"黄金期"甩开膀子、挑起担子、干出样子。对正处于成长期的年轻干部，要多墩苗，有计划地安排其沉到基层、冲到前线，在急难险重的基层实践中锤炼意志能力；对能力出众、达到"火候"的干部，要大胆使用，既严守干部使用的标准条件、程序要求，又实行严格监督、动态管理，始终保持"一池活水"；对大器晚成的"老干部"，要不唯年龄唯能力，发挥好其处理复杂问题、驾驭复杂局面的经验和能力优势，最大限度地挖掘干部队伍的工作潜力。

悉心育人，防止急拿现用。干部培养使用是一项系统工程，不能搞临阵磨枪、大水漫灌，更不能任其自然生长。要加大干部培养力度，把理想信念教育放在首位，及时补钙壮骨、浇水施肥，以习近平新时代中国特色社会主义思想把舵定向、立心铸魂，始终保持政治定力、战略定力。立足岗位需求和发展需要，充分考量干部工作实绩、履职经历、专业特长、发展潜力等，有针对性地提出培养措施。强化实践磨炼，让"好苗子"多经"风吹浪打"、多捧"烫手山芋"，在改革发展主战场、乡村振兴第一线、服务群众最前沿砥砺品质、练好内功、增强本领，真正成为可堪大用、能担重任的栋梁之材。

 案例 2-1 思考题

1. 用领导特质理论辩证地解释以上材料重视"识人之道"。

2. 结合以上材料探索我国领导者应该具备哪些特质。

---

① 张冉. 把握识人用人育人之道［EB/OL］.（2022-08-10）［2023-09-25］. http://renshi.people.com.cn/gb/n1/2022/0810/c139617-32499052.html.

参考文献

［1］Fiedler, F. E. A Theory of Leadership Effectiveness［M］. New York：McGraw-Hill, 1967.

［2］Graen, G., Schiemann, W. Leader-member Agreement：A Vertical Dyad linkage Approach［J］. Journal of Applied Psychology, 1978(63)：206-212.

［3］Hersey, P., Blanchard, K. Management of Organizational Behavior, Second edit［M］. Englewood Cliffs：Prentice-Hall, 1972.

［4］House, R. J. A Path Goal Theory of Leader Effectiveness［J］. Administrative Science Quarterly, 1971, 16(3)：321.

［5］Likert, R. From Production and Employee-Centeredness to System1-4［J］. Journal of Management, 1979, 5(2)：147-156.

［6］Schriesheim, C. A., Bird, B. J. Contributions of the Ohio State Studies to the Filed of Leader-ship［J］. Journal of Management, 1979, 5(2)：135-145.

［7］Tannenbaum, R., Schmidt, W. H. How to Choose a Leadership Pattern［J］. Harvard Business Review, 1957, 51(3)：162-180.

［8］Vroom, V. H., Yetton, P. W. Leadership and Decision-making［M］. Pittsburgh：University of Pittsburgh Press, 1973.

［9］Blanchard. 行为管理学——人力资源的利用［M］. 北京：大中国图书公司, 1982.

［10］关力. 利克特和支持关系理论［J］. 管理现代化, 1991(2)：46-47.

［11］凌文辁, 陈龙, 王登. CPM领导行为评价量表的构建［J］. 心理学报, 1987, 19(2)：199-207.

［12］R. R. 布莱克, A. A. 麦坎斯. 领导难题·方格解法：管理方格新论［M］. 孔令济, 等译. 北京：中国社会科学出版社, 1999.

［13］谭劲松, 陈国治. 现代领导方法与领导艺术［M］. 杭州：浙江大学出版社, 2007.

［14］文晓立, 陈春花. 领导特质理论的第三次研究高峰［J］. 领导科学, 2014(35)：33-35.

［15］张冉. 把握识人用人育人之道［EB/OL］. (2022-08-10)［2023-09-25］. http：//renshi. people. com. cn/gb/n1/2022/0810/c139617-32499052. html.

第二部分

领导者的
自我修养篇

第三章　领导者的需要和动机

第一节　领导者的需要心理

需要是人做出各种行为、进行各类活动的基本动力，推动人们从衣食住行满足到物质生活资料的生产、文艺作品的创作以及科技的发明创造。对于领导者而言，在开展工作的过程中需要心理决定着其工作动机，影响其工作的积极性。因此，了解领导者的需要心理，在整个领导工作中具有关键作用，关系到整体工作绩效的高低。本节在结合需要相关内容的基础上对领导者的需要心理进行分析。

一、需要的概述

需要一般来说是人们在内外环境下对满足生存发展欲望的某种要求，是由匮乏状态引起的。这种要求大致分为自身的要求和周围环境的要求。例如，饥饿需要吃饭，这种需要是由人自身内部的要求引起的；父母对子女过高的期望则是由周围的竞争环境所引起的。当这些要求被人们所感知到，就会引起人们内心不平衡的状态，进而转化成一种具体的需要。人的需要由人的社会属性决定，具有社会性，与动物的需要有着本质的区别，因此也具有自身的特点。

(一)需要的特点

(1)需要具有针对性。即每个人的需要都有特定的目标和需要对象，并且追求的是目标实现的对象得到满足。例如，人们的首要需求是要吃饱和穿暖，在满足基本需求后，为了提升自己的能力要学习和工作、为了有稳定的住所要购房等一系列的需要都有特定的客体。因此，人的需要总是具有针对性，针对特定的客体，人的需要主要是对具体的事物或者目标的需要，离开了需要指向的客体就不存在人的需要。

(2)需要具有可变性。人的需要是会根据人自身的状态、时间以及需要对象的变化而变化。例如，人在吃饱饭后，短时间内不会再产生相同的需求，睡觉也是一样，这类需要往往具有重复性。与此同时，也有的需要在满足之后又产生新的需要。

（3）需要具有层次性。需要是从低级到高级，从物质需要到精神需要不断进阶的。当人的基本需要被满足之后，就会逐渐产生更深层次的需要，每种需要的产生都是个人主观与客观互动的结果。

（二）需要的分类①

1. 根据需要的起源划分

（1）生理需要，即自然需要，或者本能需要，是指人类为了维持生命和延续后代的需要。例如，人类为了基本的生存和生理所必须的喝水、吃饭、排泄、睡眠以及性等需要。与动物的自然需要相比，本质差别在于人类的自然需要具有社会性，受到社会生活条件的制约。除此之外，两者生理需要的对象和方式也存在根本区别，人类会通过社会劳动去逐渐发现自己的需要并且通过自己的努力去满足，不断提高自身的生理需要。而动物只是以周围环境中存在的事物作为需要的对象，并且满足生理需要的方式是被动等待来自自然界的馈赠。

（2）社会需要。社会需要是人类在一定的社会环境中形成的，表现为生产、社交、求知等需要，为了人类自身的生存和社会的进步而产生的需要。社会需要的产生是以生理需要的满足为基础的，并且在社会环境的影响下，表现为各种需要。作为人类特有的需要，在不同的时代、制度背景下会发展变化。交往需要是一种重要的社会需要，是指一个人愿意和他人进行沟通、交流、合作的需要，它是每个人成长过程中十分关键的环节，对个人心理的正常发展起着非常重要的作用。

2. 根据需要的不同对象划分

（1）物质需要。物质需要是人们对日常生活中衣、食、住、行所需用品的需要以及社会文化用品的需要。它由生理需要和社会需要组成，物质需要的满足是指人们对物质产品的占有，并且以占有这些产品为满足，例如，对居住和出行的条件的需要、对工作条件的需要以及对生活必需品的需要等。现代经济不断发展，社会生活水平也在提高，人们的物质需要也在逐渐变化和升级。

（2）精神需要。精神需要作为人类特有的需要，是指人们对知识的需要、美的需要以及道德品质的需要等一系列需要的总称。精神需要是满足人的心理和精神活动的需要，是人们在精神上的欲望和追求。例如，人的自尊、发挥自己的潜能、精神上的娱乐等需要，具体表现为尊重、友谊、爱情、审美、道德、求知、理想等方面，是人类生活特有的和不可缺少的。与物质需要相比，精神需要是更高层次的需要。

（三）需要的理论

美国著名心理学家马斯洛在 1943 年发表的《人类动机的理论》一书中提出需求层次论。这种理论的构成根据三个基本假设：人要生存，他的需要能够影响他的行为；只有未满足的需要能够影响行为；已满足的需要不能充当激励工具。

---

① 胡月星. 现代管理心理学[M]. 太原：山西经济出版社，2005：59.

当人的某一级的需要得到最低限度满足后，才会追求高一级的需要，如此逐级上升，成为推动继续努力的内在动力。马斯洛理论把需求由较低层次到较高层次分成生理需求、安全需求、社会需求、尊重需求和自我实现需求五类。

美国哈佛大学教授戴维·麦克利兰（David C. McClelland），从 20 世纪 40~50 年代起就开始对人的需求和动机进行研究，提出著名的"三种需要"理论。麦克利兰把人的高层次需求归纳为对成就、权力和亲和的需求。他对这三种需求，特别是成就需求做了深入的研究。成就需求是争取成功希望做得最好的需求。个体的成就需求与他们所处的经济、文化、社会、政府的发展程度有关，社会风气也制约着人们的成就需求。权力需求是影响或控制他人且不受他人控制的需求。权力需求较高的人对影响和控制别人表现出很大的兴趣，喜欢对别人"发号施令"，注重争取地位和影响力。权力需求是管理成功的基本要素之一。亲和需求就是寻求被他人喜爱和接纳的一种愿望。高亲和动机的人更倾向于与他人进行交往，喜欢合作而不是竞争的工作环境。亲和需求是保持社会交往和人际关系和谐的重要条件。

美国耶鲁大学的克雷顿·奥尔德弗（Clayton. Alderfer）在马斯洛提出的需要层次理论的基础上进行了更接近实际经验的研究，提出一种新的人本主义需要理论。奥尔德弗认为，人们共存在三种核心的需要，即生存（Existence）的需要、相互关系（Relatedness）的需要和成长发展（Growth）的需要，因而这一理论被称为"ERG"理论。

第一种需要是生存的需要，与人们基本的物质生存需要有关，它包括马斯洛提出的生理和安全需要。第二种需要是相互关系的需要，即指人们对于保持重要的人际关系的要求。这种社会和地位需要的满足是在与其他需要相互作用中达成的，它们与马斯洛的"归属和爱的需要"和尊重需要分类中的外在部分是相对应的。最后，奥尔德弗把第三种需要——成长发展的需要独立出来，它表示个人谋求发展的内在愿望，包括马斯洛的尊重需要分类中的内在部分和自我实现层次中所包含的特征。与马斯洛的需要层次理论不同的是，奥尔德弗的"ERG"理论还表明：人在同一时间可能有不止一种需要起作用；如果较高层次需要的满足受到抑制的话，那么人们对较低层次的需要的渴望会变得更加强烈。

马斯洛的感情上的需求、麦克利兰的亲和需求与奥尔德弗的关系需求基本相同。马斯洛从一般规律的角度探讨需要的内容，奥尔德弗从现实经验出发，强调个体差异，而麦克利兰侧重于人的高层次需求。

二、需要、动机与行为的关系

（一）动机

何谓动机？心理学家认为，动机是由一种目标或对象所引导、激发和维持个体活动的内在心理过程或动力。通俗来讲，当人在主观上产生某种需要，在客观上也存在满足需要的条件时，人们就会产生想要实现这一目标的念头，这个念头就是"动机"，它会促使人们采取实际行动，直至人们满足自己的需要。

1. 动机的形成

动机的形成包含动机产生的内在条件和外部诱因两部分。动机产生的内在条件是指当人们迫切缺乏某种东西时而产生的一种需要，这种紧急的需要会驱使动机的产生。外部诱因是指作为动力最终产生的直接刺激因素。两者相结合才能进一步转化为动机，并在外部环境下呈现出实际的行为。

2. 动机的功能

动机具有引发、指向和调节功能。引发功能是指动机会引发人类的各种活动，是人类活动的原始动力；指向功能是指动机能够指引人类朝着设定的目标前进。动机与目标紧密相连，目标是动机的对象，没有目标就没有动机。调节功能是指对人类活动的强化和维持，以达到最终的目标。当动机调节行为达到良好的效果时，它会继续强化这一行为，当效果不显著时，则会停止。

(二) 行为

行为是人类在内外部各种刺激下产生的活动，是人类在社会生活中一切活动的总称。不同的学派对行为模式有着不同的定义，最符合人类特质以及发展规律的解释是人本主义学派提出的人本观行为模式。

(三) 需要、动机与行为之间的关系

首先，需要是动机的出发点和基础，动机是促使人们做出行为的直接原因；其次，需要和动机密切相关，但又有所区别。需要是人们内心的一种体验，而动机是一种做出行为的意志或驱动力，它是人们为了满足需要而采取行动的一种驱动力；最后，需要转化为动机需要和特定的目标相结合，并且要表现出外在的可见行为。不是所有的需要都能转化为动机，只有符合需要的以下两个条件才能进行转化：①需要要有一定的强度，它必须成为人们迫切想要实现的目标；②需要转化为动机要有适当的客观环境，即要有诱因的刺激。

三、领导者的需要心理

领导者掌握着较大的公共权力，他们的需要心理会比非领导者更易表现出来。以下是领导者的四种需要心理类型和需要心理特点。

(一) 领导者的需要心理的类型①

1. 领导者的成就需要

成就需要是一种内在需要，是指有人愿意去做自认为有意义或有价值的工作，并且追

---

① 胡月星. 现代管理心理学[M]. 太原：山西经济出版社，2005：66.

求成功的一种需要。领导者承担着规划任务、委派任务、监督、沟通信息等职能。从领导特质来看，领导者一般有强烈的成就需要，要求自己在能力和职责范围内将事情圆满完成，获得成功；领导者十分关注事情的结果，希望立即得到反馈，了解自己工作的成效；他们设定的目标是与自己能力相当的，且对风险采取的是一种现实主义的预期态度。

研究发现，成就需要高的人，不一定能够成为带领群众前进的领导者，原因是成就需要强烈的人不需要别人的帮助，而是习惯于独立思考问题。领导者的主要任务是如何影响别人，激励下属取得成功，不是只顾自己的成就。同时，成就需要与权力需要有区别，成就需要对应的是事业心、创业精神，而权力需要对应的是被领导者，显然，对权力的需要也是领导者的核心特征之一。

2. 领导者的权力需要

权力需要是指导行为达到控制、影响别人而带来满足感的意向。权力需要者会表现出对他人施加影响的欲望，希望得到他人对自己的服从。领导者的权力需要是其所有需要中最突出的，因为领导者与被领导者在群体活动中的区别是所处的组织、指挥和控制的位置不同。被领导者需要根据领导者的目标去开展工作。从本质上说，是领导者拥有一定的权力，而被领导者没有。领导者会凭借手中的权力所产生的影响力和控制力对下属进行约束。

领导者在工作中追求正当的领导权力需要是完全被允许的，这也是做好领导工作的动力。但是在领导活动的过程中，要保持好权力需要的限度，不能让其无限度地扩张。在不同的时代可能都会有一些领导者盲目追求权力而误入歧途。这就警惕领导者也要注意避免权力需要的误区：一是在权力上有优势的领导者总是想利用自己的地位左右下属的思想和行为；二是在权力上有优势的领导者不太愿意将自己的权力授权给下属；三是信奉"有权就有一切"思想。

3. 领导者的尊重需要

尊重需要包括自我尊重与他人对自己的尊重，作为领导者既需要自我尊重，更需要他人对自己的尊重。领导者的工作成绩得到他人的肯定且重视时，会产生一种受到尊重的满足感。该需要的满足还会给领导者带来正向的反馈和感受，如有价值、自信、有能力等。这使领导者有动力去做出更加主动的领导行为，开启新一轮的"需要满足"循环。如果领导者因为自身条件或者客观原因，他的行为表现得不到下属和他人的尊重，那么尊重需要就会受到挫伤，领导者会产生脆弱、自卑的心理状态，不能够客观公正地接受批评，这种心理状态也可能以消极的方式作用到下属身上，更为严重的话，领导者可能利用职务之便对下属实施报复行为。因此，领导者及时发现自身存在的问题，调整情绪，避免陷入"需要受挫—行为偏颇"的恶性循环中，是非常有必要的。

4. 领导者的人际需要

每个人都不是独立的个体，都需要与他人进行交往和沟通。交往是人类生理需要、安全需要满足后所产生的基本需要，也是尊重需要和自我实现需要的条件。交往既是每个社会成员日常生活中的心理需要，又是社会生产生活必不可少的一部分。一方面交往能够满足劳动过程中的互助与合作，避免能力不足和孤独感；另一方面交往能够使知识的传递与继承更加方便。总之，交往不仅能满足个体成员的心理需要，也能协调人与人之间的行动。

对于领导者而言，人际交往的意义和作用尤为重要。因为大部分领导活动中的领导者需要花费大量的时间去沟通交流、协调事项、联络感情，以此来实现领导意图。领导者的交往大致可分为三种类型：一是"上行式"交往，指领导者与上级领导者之间的交往。这种交往的表现形式通常为向上级汇报自己的工作、反映自己的诉求、请求上级的指导等。二是"下行式"交往，指领导者和下属之间的交流，主要通过领导者对下属传达信息、指示，了解情况、听取汇报等形式进行。三是"平行式"交往，即领导者与其他有关部门和单位的领导者之间的交往，通过业务联系、友好合作等形式来实现。在这三种交往形式中，"上行式"交往和"平行式"交往在领导活动中运行良好，因为领导者与上级领导的沟通十分重要，与同级部门的协调对于工作的开展也至关重要。而领导者对于"下行式"交往应该给予更多的重视，也应正视自己的地位，不能认为成为了领导就"高高在上"，不主动与下属沟通。这种单向的沟通怎么能达到预期的工作效果呢？

由于领导者和下属的角色有所不同，在工作中难免就事情的看法产生分歧。作为领导者应该与下属平等交往，使矛盾和纠纷尽快化解，并且及时将上级的思想、组织的规定传达给下属，从而统一思想，规范工作行为，更好地完成组织的目标。

(二) 领导者的需要心理特点

1. 需要结构

在马斯洛的需要层次理论中，需要层次按照强度由低到高分别为生理需要、安全需要、归属于爱的需要、尊重需要以及自我价值实现的需要。与之相对应，我们发现，领导者的需要结构由基本需要、减压需要、安全需要、人际需要、尊重需要、发展需要六部分组成。其中基本需要涉及对基本工资、工作福利和工作环境的需要；减压需要是因为生活和工作压力的增加，对减轻压力、增加休息放松和睡眠实践的需要；安全需要主要是针对养老保险、医疗保险等社会基本保障的需要，以及工作后接受再培训学习，以适应社会发展进步的需要；人际需要主要指期望同身边的人，例如，家人、朋友、同事、上下级等建立良好和谐的社会关系的需要；尊重需要主要包括自信、胜任、实力、成就、优势等能够提高自尊和赢得他人尊重的需要；发展需要指不断提高自身，兑现个人潜力的需要。

2. 需要强度

经过调查研究，可以得出这样的结果：对于现在的党政领导干部来说，首先是安全需要和人际需要最为强烈，其次是尊重需要，再次是基本需要和解压需要，最后是发展需要。

之所以会产生这样的结果，主要是因为当今社会对个人能力的要求越来越高，社会竞争愈演愈烈，理性较感性更被看重，人们积累的工作和生活的双重压力越来越大，情感释放空间缩小；党政领导者拥有较大权力，处理复杂问题，他人的关心和支持变得很重要，使人际需要成为领导者的首要需要。

同时，领导者也需要不断提升自己，吸取新的技能和知识，跟上社会的步伐，希望老有所依、病有所养，所以安全需要也是领导者的重要需求。在市场经济条件下，领导者个体的能力和主观能动性越来越受到重视，极大地提高了个体意识，对尊重的需要也与日俱增。

一般来说，党政领导干部往往已成为社会中等收入群体，收入、福利等相对较好，生活压力也相对较小，因而基本需要和减压需要也有所减弱。发展需要对于领导者来说是因人而异的，被测试者的发展需要同年龄和职位高低、工作特点、制度政策等多个因素相关，年轻且职位较低的领导者发展需要比较强烈，年龄较大且职位较高的领导者发展需要相对减弱。

第二节　领导者的成就动机

领导者的成就动机是领导者的一种内在心理过程，是他们想要达到某种目标的内在动因。它能够使领导者在追求某种理想境界的过程中感受到自身价值的实现和心理的愉悦，并且锻炼了领导者的心理素质和领导技能。因此，本节所讨论的领导者的成就动机是领导心理学的重要内容，也是领导者队伍建设的重要环节。

一、成就动机概述

(一) 成就动机的概念

成就动机(Achievement motivation)是指个人对自己认为重要的或有价值的工作，不仅乐意去做，且力求达到更高标准的内在心理过程。[①] 简而言之，成就动机就是要求获得卓越成就的欲望。它是人类所特有的，在社会生活中不断学习而形成的，会受到不同因素的影响，例如，成就需要、成就目标、外部环境等。成就动机还存在个体差异和群体差异，个体差异由个人的知识、能力等主观因素影响；群体差异由家庭环境、群体氛围、社会文件等因素影响，是一种多成分、多维度、复杂的心理结构。阿特金森(Atkinson，1987)认为，个体的成就动机由两种成分组成，即趋向成功与避免失败，如果个体处在一个成就导向的情境中，两种倾向可以同时被唤起，而此时个体导向目标的趋势就是成就动机。强烈要求成功的个体表现出趋向于目标的行为，他们积极进取且工作效率较高；害怕失败的个

---

① Atkinson J W. Michigan studies of fear of failure. In：Halisch F，Kuhl J ed. Motivation，Intention，and Volition ［M］. Berlin：Springer-Verlag Berlin Heidelberg Press，1987：47-59.

体会逃避目标，会做出消极退缩的行为。成就动机会随着社会的发展而表现出一定的个体差异性、具体特征差异，因为它是在社会生活中不断形成的，具有很强的社会意义。

(二)影响和制约领导者成就动机的因素[①]

1. 领导者的价值取向

领导者的成就动机与其已经在工作生活中形成的价值取向有着紧密关系。不同价值取向的领导者在面对理想与现实、奉献与索取、个人与集体等冲突时会做出不同的选择，形成不同的成就动机。道德情操高的领导者会将自己的成就动机建立在人类进步和社会发展的基础上，探索真理，在为社会做出贡献的同时实现人生价值，使人生价值和成就动机完美统一。古今中外有许多领导者为了社会的进步而献出自己宝贵的生命，这也印证了人生价值和成就动机的有机统一。而那些将成就动机建立在一己私欲基础上的领导者只是片面地追求自我价值的实现，还有甚者以权谋私。因此，领导者树立正确的价值取向非常重要。

2. 领导者的成就需要

个体的一切动机源自需要，领导者的成就动机受到领导者成就需要的影响，即领导者自我实现的需要。这种成就需要在工作中的具体表现就是，领导者以自己的能力带领团队开展具有挑战性的工作，实现组织的目标，为社会贡献精神财富和物质财富，获得他人的尊重和社会的认同。一般来说，性格刚毅、年轻有为的领导者大多有较强的成就需要，他们乐于接受富有挑战性的工作，一言一行都展现出极高的责任感和强烈的事业心，而且很少被外在压力所左右；凡年龄偏大、经历坎坷、性格懦弱、能力较差的领导者，常常表现为安于现状、不求上进，处理工作畏手畏尾、墨守成规，面对困难和挫折就畏缩不前、推卸责任，其成就需要就比较弱。因此，成就需要是产生成就动机的重要源泉。

3. 领导者的抱负水平

领导者的抱负水平是领导者在进入工作活动之前就预先确立自己的目标，并且不断为此付出努力。在确立目标的过程中领导者首先要清晰地认识到自己的优势和劣势，以此为依据来判断自己能完成什么、不能完成什么。抱负水平还会受到领导者在其实践中的经验影响，有的领导者在成功后骄傲自满，之后将抱负水平无限降低；有的领导者在经历失败以后重新振作起来，有了超过他人的决心，从而提高了抱负水平。因此，抱负水平也会对领导者的成就动机进行影响和制约。

(三)领导者成就动机的重要作用

1. 成就动机的形成有利于提高领导的自身修养

领导者自身的知识储备、办事能力、个人品质等内在原因是决定其能否成功的因素。成就需要是源于个体尊重的需要和自我实现的需要，因此是促使个体提高自身修养的内驱动力。只有对自己要求严格，有紧迫感和自觉性，对名利、权力有清晰正确的认识的领导

---

① 胡月星. 现代管理心理学[M]. 太原：山西经济出版社，2005：77.

者才能形成高水平的成就动机，并且促使自己不断进步。

2. 成就动机是领导者追求事业成功的行为的直接动因

个体做出行为的动因是首先有迫切的需要，在需要的基础上有了行为的动机，动机会直接引发行为并使个体进入积极的状态。领导者想要取得成就，创造出他人认可的成绩，就要开展一系列有挑战性和创造性的工作。他们在成就需要的基础上产生较高的成就动机，而这种成就动机是领导者发挥才智、迎接挑战、开展工作的直接动因。只有不忘初心、不断进取才能谋求事业发展，如果没有最初的成就动机作为推力一直支撑领导者，成功显然是不太可能的。

二、领导者的成就动机系统①

个体的动机由需要决定，动机是满足需要的驱动力。领导者的动机多且杂，构成了一个动机系统，其中占主导地位的是社会性动机，它们受到社会生产方式的制约，具有社会历史性。下面我们将领导者的成就动机系统划分为兴趣、意图和信念三个层次：

(一) 兴趣

兴趣是个体情绪表现的一种内在动力，能够激发人们做出某种行为、开展某种活动。领导者在领导活动中也会受到兴趣的推动去开展关于企业生产、人际关系等方面的活动，探寻满足自身兴趣需要的方法与途径。在现实生活中，领导者对周围发生的一切小事、大事都会感兴趣，他们会深入基层了解问题，从而寻找问题的症结所在。由此可见，兴趣是推动领导者思想认识上进行深化的动力。当然也有一些领导者漠视周围发生的一切，既不会深入调研，也不想解决已经出现的问题。他们是典型缺乏兴趣动机的领导者，有可能会发展成有害事业的官僚主义者。

(二) 意图

领导意图也是领导做出行为的动机，它会在较长的时间内激发领导者工作的积极性。领导意图是领导者对生存与发展的需要，这种需要是要经过专门的组织机构的帮助才能得到满足。例如，一个单位的领导者意图开发一种新产品，那么它需要开展一系列的活动来完成这项任务。首先它需要成立一个研发小组，其次进行市场调查、制订工作计划、确定目标方案，再次按照计划进行，最后进行测试才能走向市场。领导意图又分为以下三种形式：

1. 理想

理想是指在自己的内心有一个已经需要达到的理想状态，它也作为领导者想要达到的一种需要。在我国，任何单位的领导者都应将实现社会主义与共产主义作为崇高理想，保持清醒的头脑，杜绝以权谋私、见利忘义等不良作风。

---

① 俞文钊. 现代领导心理学[M]. 上海：上海教育出版社，2004：411.

2. 幻想

幻想是通过个体想象出来的一种希望能够达到的景象。作为领导者，在做出一项计划之前首先要在脑海中将事情预期达到的目标以及具体工作布局有一个完整的规划，并且也要联想到可能遇到的问题。想象力丰富的领导者更容易带领团队完成有挑战性、有创新性的工作，给团队注入活力；相反墨守成规的领导者的思想是企业转型升级发展路上的一大阻碍，一味守旧会使组织停滞不前，无法进步。

3. 追求

追求作为一种动机也可以表现为一种需要，它会在一段时间内成为引导人们前进的思想和方向，具有一种神圣的力量。领导者作为组织的领航者，更应该在思想上有强烈的追求与向往，要将这种追求目标的精神传递给组织中的每一位成员，动员所有人为了这一个目标努力。在强烈的追求动机驱动下，组织目标的实现也会比没有驱使的情况下更加顺利和快速。

(三) 信念

领导者的世界观和人生观是能从其信念中体现出来的，这是领导者动机系统中最高级的社会动机。领导者会将自己人生观、世界观中的认识来组建高层次的需要动机系统，用它来观察、影响周围的世界。以信念的形式所表现出来的内容不仅包括自然界，也包括周围的社会环境。领导人的世界观也是在不同的生活、工作经历中形成的具有内在结构的观点体系。由此，不同阶级的领导者由不同的世界观和人生观体现出的信念也是具有阶级性的。但所有领导者信念的出发点都应该是一样的，要以共产主义的世界观和方法论为原则，在此基础上形成自己的信念体系，指导组织的长远发展。

现实生活中的成功领导者究其根源他们的信念动机都是正确的，都符合社会发展前进的方向；反之一个变坏的领导者往往不是以共产主义的世界观来指导组织的行为，而是倾向于以极端的资本主义的个人主义来指导行为。

以上谈到的领导者的动机系统——兴趣、意图、信念，都需要领导者明确地意识到，因为领导者已经在内心明确了自己的需要，在成就动机系统的驱使下就可以带领下属开展行动了。

三、领导者成就动机的激发

(一) 培育领导者的成就动机[①]

1. 组织层面的建议

(1) 积极正面的评价。要保证符合时代精神和社会道德规范的价值观的确立，对于领导者符合这种价值观的行为赋予正面的评价、认可。

(2) 配套的政策。需要制定并且实行具有现实针对性、较强可操作性的政策，保障领

---

① 胡月星. 现代管理心理学[M]. 太原：山西经济出版社，2005：81.

导者在培养、选拔、奖励等各个方面有据可依，鼓励和推动领导者敢于争先、敢于冒尖，不断寻求挑战，追逐成功，实现对现阶段工作的超越和突破。

（3）充分的竞争。公平、公开、公正的竞争机制是革除"论资排辈""任人唯亲"等各种陋习和弊端的重要手段，也是不断激发领导者实现突破、展示能力的重要动力，是领导者激发成就动机的重要保障。

（4）优化的环境。一个令人感到舒适、人际关系和谐、基础保障完备的工作环境是激发领导者全身心投入工作的基础，只有身处这样的工作环境里，领导者才能后顾无忧地激发成就动机，完全发挥自身能力，不断进步和迅速成长。

2. 对领导者自身的建议

（1）培养健全的心理素质。一个才华出众、智力超群的社会精英可能会因为工作中遇到的挫折和困难，或者是因为自身的性格缺陷，而变得一蹶不振、一事无成。这说明，健全的心理素质是一个成功的领导者所必不可少的条件，是适度保持成就动机的重要保证。所以说，领导者一定要不断提高个性修养，努力健全心理素质和自身性格，对自身保持清醒的认识，保持稳定的情绪状态，为领导活动的成功打下良好的心理基础。

（2）保持适度的动机水平。通过心理学研究我们可以发现，影响人成就动机的因素，不仅有个人的主观因素，还包括外部客观因素。领导者在进入角色之前，往往都会有"为官一任，造福一方"的美好愿望和责任感，在进入角色之后，还应根据个人主观因素和外部客观实际情况，适度调节成就动机。过高的成就动机往往会使领导者急于追求政绩，而忽略了本单位的实际利益，容易出现弄虚作假、虚报浮夸的情况。如果成就动机过低，那么就容易导致领导者安于现状、墨守成规、无所作为，失去进取精神。所以要保持适度的成就动机。

（3）增强成就动机的效果反馈。领导者要善于将自己的成就动机转化为本地区、本单位的工作目标和群众的自觉行动，而且要十分注意增强成就动机的效应反馈，并据此来适时调节动机水平。当群众对工作目标反应程度较低、较为冷淡甚至抵制和反感时，领导者应及时调整成就动机，分析原因，找出对策；而当群众对工作目标反应热烈时，领导者应增强成就动机，带领大家实现既定目标。

（4）领导者要做到胜不骄、败不馁。在领导行动的过程中，无论是遇到哪种结果，收到正反馈也好，负反馈也好，领导者都要放平心态，这样才能在失败时减轻心理障碍，及时发现问题，制定对策；在成功时，充分利用正反馈，修正和强化自己的成就动机。

（二）完善领导者培养机制

1. 建立领导者成长内在动力机制

（1）要强化教育引导机制，重视理想信念教育，坚定社会主义伟大理想信念，使领导者将自身实际工作与共产主义远大理想相结合。更为重要的是要树立正确的世界观、人生观、价值观，真正理解人生的意义和价值，明确为社会和人民做贡献，从而激发工作的积极性和主动性。领导者作为人民的公仆要将为人民服务视为工作的基本宗旨，出现在人民需要的地方，解决人民群众面临的问题，让人民群众在服务的过程中能够放心、满意，最终能够赢得民心。

（2）要完善目标加压机制。对领导者的培养使用要建立明确的目标奖励制度，要以促发展争一流为目的，将实施目标责任制确立为基本形式，把公平严格的考核制度和奖惩制度作为手段，并把两者紧密结合起来，始终践行以真才实干和有效政绩作为衡量干部德才的原则，与实际情况相结合，运用加压促进抓两头带中间的科学的干部管理办法，充分调动广大干部群众建功立业的积极性、主动性和创造性，努力工作，强国富民。目标加压要求制定目标在不脱离实际的情况下，还要保证高标准、严要求、争先进、创一流的态度，同时运用正、负激励两种手段，例如，表扬、奖励、晋级或批评、处分、降免职等，不仅给各级干部前进的动力，也给予一定的压力，从而形成百舸争流、竞争奋进的局面。

2. 在实践中提升领导者的能力水平

当领导者在领导岗位上实践工作时，会遇到很多不曾见过或者并不熟悉的难题和挫折，这些问题会加大领导者对于提高自身领导能力、综合素养的需求。这些方面是领导者提高自身能力和素质的主攻方向，也应当成为培养部门开展工作的重点。多方面发展正是借助有意识的定向、定点培养方式，推动领导者业已显化的能力特征逐步内化为素质。因此，对照领导者们各种各样的指标特征，培养部门应采取具有针对性、实践性强的培养方法，将长期进修与短期培训相结合，将课堂教学与实地考察相结合，将案例示范与模拟教学相结合，将理论学习与实际锻炼相结合，将外部教育与自我学习相结合使其达到激活思维、变革观念、增强意识、改善行为的目的，最终提高能力素质。

领导者进行深造主要体现在以下三种方式：首先，提高领导者自身的知识储备。高层领导者要注重学习领导科学知识这种宏观、抽象的基础知识，要掌握宏观控制的知识和经验；而对于技术性强的工作领导者，他们要具备扎实的专业基础知识和操作能力，掌握微观技能。其次，领导领导能力素质。领导者要有创造性的思维和活动，学会用归纳、演绎、批判等方法思考问题；要培养领导者从感性认识上升到理性认识，由基础知识上升到实际操作层面，提高领导者掌握大局、统一思想、团结协作的能力。最后，强化道德品质和性格。作为优秀的领导者，他们的道德标准必须是在一般标准之上，使自己的道德品质得到他人的认可成为下属的榜样。另外，还要塑造能被大家所接受的性格。

综上所述，一方面，作为领导者，在树立世界观、人生观、价值观上要保持正确的方向，正确看待和使用自己拥有的权力，将权力用到实处，要自觉抵制权力运行过程中的一些诱惑，做到清正廉洁、淡泊名利，全心全意为人民服务。另一方面，要规范领导者的行为，时刻对他们进行监督，一旦发现违规违法行为要进行严格处罚。这就要求明确领导者的职责，明晰其权力界限，要适当进行分权，避免权力都集中于一个领导者手中。同时最重要的是拓宽监督的方式，既要加强内部监督，也要完善舆论监督和群众监督等外部监督，形成一个严密的监督网络，从根本上使我们的领导者不敢、不愿干坏事。将自律与他律相结合，规范和促使领导者做出负责任的行为。

课后思考题

1. 请简述领导者的需要心理类型。
2. 影响领导者成就动机的因素。
3. 如何激发领导者的成就动机?

 案例 3-1

领导者的权力动机、成就动机与领导行为[①]

Z 市坐落在中部地区,是隶属于 A 市的县级市,为省直管县。Z 市矿产资源丰富,依靠制造业实现快速发展,其综合经济实力连续多年位居省内县域首位,并连续多年跻身全国百强县。亮眼的综合经济表现使 Z 市市委书记在追求职业发展的"政治锦标赛"中处于领先位置,历任 Z 市市委书记多在 A 市或其他地级市担任重要岗位。在以"经济发展为中心"的考核体系下,Z 市的领导职位就是"香饽饽"。鉴于此,Z 市主政负责人形成了推动制造业发展的"稳定战略",而对于处理由于制造业排污系统不达标造成的环境问题较为消极。

随着中央针对环境领域开展"精准治理",Z 市政府陷入"进退维谷"的处境:以制造业为代表的粗放经济发展模式与环境精准治理的目标相悖。环境治理遏制了 Z 市经济的高速增长势头,Z 市在 2010 年丢掉了省内县域经济领头羊的位置,并在 2015 年陷入最低谷。这使 Z 市政府负责人在同级考评中处于劣势。

创建全国文明城市成为 Z 市政府负责人在该阶段谋求职业发展的新重点。鉴于创建全国文明城市符合"低风险、高收益、短耗时"的特征,属于"发展窗口"。全国文明城市的评选范围扩大到县级市,Z 市政府负责人赶上了好时机。面对经济增长乏力的困境,全国文明城市的名片为 Z 市的经济发展提供了新思路:通过文明城市打出品牌,实现从制造业城市向旅游城市的转变。作为该省综合实力最强的县级市,创建全国文明城市某种程度上是 Z 市主要领导只许成功不许失败的"政治任务"。最终,Z 市以全省第一位的优异成绩入选全国文明城市。

 案例 3-1 思考题

1. 领导者的权力动机与成就动机的关系。
2. 领导者的成就动机如何影响领导者的行为?

---

① 凌争."为官不为"的组织学解释及其治理策略[J].公共行政评论,2023,16(1):106-124,199.

参考文献

［1］Atkinson J. W. Michigan Studies of Fear of Failure. In：Halisch，F.，Kuhl，J.（eds）Motivation，Intention and Volition［M］.Springer，Berlin，Heilelberg Press，1987：47-59.

［2］胡月星.现代管理心理学［M］.太原：山西经济出版社，2005：66，77，81.

［3］俞文钊.现代领导心理学［M］.上海：上海教育出版社，2004：411.

第四章　领导者的核心胜任力

近年来，随着中国经济的高质量发展和社会结构的持续调整，各级政府机构及相关行政从业人员面临着全新的职能要求、考核标准以及服务效能等挑战。作为政府机构与社会公众之间的实际纽带，公务员，特别是各级领导干部，不仅是政策措施的执行者，也是引领社会大众参与经济建设和社会进步的核心力量。他们的素质和能力水平直接决定政策执行的成效和经济社会发展的稳定程度。提升政府部门领导干部的素质和能力，加强干部队伍的管理与培养，对于中国经济的持续发展和社会的进步至关重要，具有极为重大的战略意义。与此同时，公共管理的独特性质，包括多元性、政治性和公共性，赋予了公共管理者特殊而复杂的角色，使他们的胜任程度、素质和能力对政府的核心竞争力和国家的整体实力产生深远影响。因此，建立适用于公共管理领导者的胜任力模型具有十分重要的理论和实践意义，可以更好地推动新时代公共管理的高效、科学运行。

第一节　领导者核心胜任力的基本概述

一、领导者核心胜任力的定义

胜任力，也可称为胜任特征，代表一个人在特定工作或职业领域中所需的综合素质，涵盖技术能力、知识结构、职业道德、价值观、性格特点和心理特征等多个方面(王建民、杨木春，2012)[①]。胜任特征模型被视为有效完成某项工作所必需的知识、技能和价值观的独特组合。它是能够区分出绩效卓越者和普通从业者之间的潜在而深层次的个人特点。值得注意的是，不同的职业领域和不同层次的职务对胜任特征有着各自独特的要求和维度，因此，胜任特征的具体内容会因工作性质和层级而异。这些特质在跨越不同职业领域、不同层次的工作中发挥作用，为个体在工作中的突出表现提供了基础。

对于胜任力的研究可以追溯到管理学的奠基人之一——弗雷德里克·泰勒。泰勒于20世纪初提出科学管理理论，强调提高工作效率不仅需要科学分解任务和工具的运用，还需

[①]　王建民，杨木春. 胜任力研究的历史演进与总体走向[J]. 改革，2012(12)：138-144.

要科学挑选和培训工人，以确保他们的能力与工作要求相适应（泰勒，1984）[①]。尽管泰勒的理论奠定了管理学的基础，但他未考虑到员工的主观因素。直到1973年，美国心理学家麦克利兰首次引入胜任力的概念。他认为传统的成绩评估和智商测试无法全面科学地评估个体的潜力和未来表现，因此提出使用胜任力来进行评估（Mc Clelland，1973）[②]。这一理念的提出标志着胜任力思想的诞生。从那时起，西方国家开始对胜任力进行深入研究，认为胜任力理论能更全面地反映个体在工作中的表现，逐渐被广泛接受和采用。此外，一些咨询公司也开始专注于提供胜任力模型的服务，促使各种不同的胜任力模型应运而生，以适应不同领域和组织的需求。这一领域的研究和理论也在不断发展与完善。

自从麦克利兰将胜任力定义为那些能够在特定工作岗位和组织环境中区分个体绩效水平的个人特质开始，此后的一些学者进一步扩展了胜任力的概念。例如，斯宾塞等（1993）认为，胜任特征包括个体的特质、动机、自我概念、社会角色、价值观、知识和技能等各个方面，而这些特征能够明确地区分高绩效和普通绩效的个体[③]。也有学者认为胜任力界定为在工作中让个体脱颖而出的实际行为，还有学者则将胜任力明确为那些在工作中表现出色者所具备的特质。这些不同的定义反映了胜任特征研究领域的多样性和发展历程。总的来说，国外的胜任力研究通常以发掘在特定职位上取得卓越绩效的个体所拥有的卓越条件为出发点，追寻着在工作中脱颖而出和表现卓越的特质（梁钰婷、帅建华，2021）[④]。国内对胜任力的研究最初侧重于分析个体是否能够在特定职位中"承受"和"担当"。时勘（2006）提取了管理人员基本的胜任特征，包括个人特征和工作组织两个方面，前者包括成就动机、主动性和概括性思维，而后者则由影响他人、形成团队意识和群体领导等特征构成[⑤]。胡月星等（2009）则基于基层党政领导干部的实证研究，发现我国基层党政领导干部的胜任特征包括关键心理品质要素和核心能力要素两大方面[⑥]。樊翠娟（2019）的研究以村级河长为研究对象，她将村级河长的胜任力划分为知识、技能和品质三个维度，共包括14项胜任力要素[⑦]。

二、领导者核心胜任力的重要性

自1973年麦克利兰首次提出胜任力概念以来，这一理念不仅在企业管理领域得到广

① ［美］弗雷德里克·泰勒. 科学管理原理［M］. 胡隆昶，洗子恩，曹丽顺，译. 北京：中国社会科学出版社，1984.

② Mc Clelland D. C. Testing for Competence Rather Than for "Intelligence"［J］. American Psychologist，1973（28）：1-14.

③ Spencer J. R，L M & Spencer S M. Competence at Work Models for Superior Performance ［M］. New York：John Wiley & Sons，Inc，1993.

④ 梁钰婷，帅建华. 党政"一把手"胜任特征研究综述［J］. 公关世界，2021（6）：25-29.

⑤ 时勘. 基于胜任特征模型的人力资源开发［J］. 心理科学进展，2006（4）：586-595.

⑥ 胡月星. 关于基层党政干部胜任能力的调查与思考［J］. 领导科学，2009（2）：36-38.

⑦ 樊翠娟. 乡村振兴战略下村级河长胜任力培育研究［J］. 社科纵横，2019，34（4）：69-74.

泛应用，还在教育、政府等各个领域发挥着越来越重要的作用，特别是在公共管理体系中，胜任力的应用也逐渐引起重视。在政府部门采用胜任力理念，构建相应的胜任力模型，以及开展有针对性和实用性的绩效评估和教育培训，有助于提升公共事务管理人员的能力和素质，使其更具解决实际治理问题的工作能力。这一趋势适应了政府对于提高管理效能、提供更高质量公共服务和应对复杂挑战的时代诉求，这也使胜任力的概念和应用在公共领域中具有重要意义。

首先，就组织绩效视角而言，领导者核心胜任力是组织绩效的重要决定因素。在公共管理中，政府和非营利组织的成功与否与其领导者是否具备必要的胜任力密切相关。在现实的政府管理和公共决策过程中，领导者通过制定有效的政策，管理资源，优化流程，提高绩效，从而实现组织的战略目标，而没有足够胜任力的领导者可能导致组织的低效运作，浪费资源，甚至导致政策失败。其次，就制定政策和决策视角而言，公共部门领导者的核心胜任力对政策制定和决策制定至关重要。领导者需要具备分析问题、制定政策、推动变革等方面的胜任力，以提高公共政策制定和实施的整体质量，不断提高社会福祉。再次，就员工激励和管理视角而言，领导者的核心胜任力也与政府部门的组织激励和管理密切相关。研究胜任力可以帮助公共管理领导者不断提升有效沟通、决策制定、问题解决和团队建设等技能，并通过建立积极的领导风格和技能，增强公务员的工作满意度、忠诚度和工作效率，进而提高整个组织的绩效。又次，就公众信任和声誉视角而言，领导者胜任力对于公众信任和政府声誉同样至关重要。政府部门的公信力建立在政府领导者的决策、行为和绩效基础之上。具备出色胜任力的领导者能够有效应对公众关切，提供高质量的公共服务，增强政府的合法性和声誉。反之，缺乏胜任力的领导者可能引发公众不满和不信任，影响政府的稳定性和治理效能。最后，就持续改革和适应性视角而言，领导者核心胜任力对于政府机构的持续改革和适应性有积极作用。在快速变化的社会和政治环境中，领导者需要具备灵活性、创新性和变革管理技能，以适应新的挑战和机会。通过发展胜任力，政府可以更好地应对变革，提高政策和服务的灵活性，保持竞争力。

综上所述，领导者核心胜任力在公共管理领域中扮演着不可或缺的角色。它直接关系到组织绩效、政策制定、员工激励、公众信任和持续改革等多个方面。因此，政府和公共组织应该高度重视领导者核心胜任力的培养和提高，以实现有效的公共管理和更好地满足公众需求。

三、领导者核心胜任力的特征

领导者胜任力是在不同工作岗位和组织环境中能够展现出卓越绩效的关键特质和能力的集合。麦克利兰的胜任力测试方法以及后续的研究，丰富了传统的人员遴选、任用以及绩效考核方法，也为人事管理理论带来了新的视角。从麦克利兰对胜任力的强调和后续研究的论述来看，胜任力不再仅仅是对知识和技能的考量，更加强调了个体的心理素质、特质、动机、价值观以及对工作的认知态度等多维度要素。在公共管理领域，特别是对政府领导者而言，胜任力是至关重要的，这是因为他们需要在高度复杂和多变的政策环境中工作，需要在面对公共事务和社会需求时做出明智的决策和有效的管理。结合现有的研究，我国公共管理领导者的核心胜任力大体具有以下五个基本特征：

（1）综合性能力素质。胜任力模型将领导者的综合素质视为核心特征之一，包括领导者在知识、技能、情商等多个领域的能力。政府管理领域的复杂性要求领导者具备广泛的知识和技能，而情商则帮助他们更好地理解和管理人际关系。综合性能力素质使领导者能够全面理解并应对多种挑战。

（2）效能指向性。领导者的核心特征之一是他们的效能指向性。胜任力模型侧重于以实际绩效为衡量标准，这强调了领导者的能力要以实际结果为导向。领导者需要确保他们的行动和决策产生积极的、可衡量的影响，以实现政府管理和社会治理的目标。

（3）个体能力素质的可比较性。胜任力模型注重领导者的个体能力素质在组织内的可比较性。这意味着不仅要评估领导者的个体特征，还要将其与同一组织内的其他领导者进行比较。

（4）动态性。政府管理领域经常面临快速变化的环境，使政府领导者的核心胜任力需要具有动态调整的工作能力。或者说，他们应该具备灵活工作的能力和特质，以适应不断变化的新情境、新挑战和新问题。

（5）可开发性。胜任力模型的一个关键目标是识别领导者在哪些方面可以改进，并提供指导和资源来促进他们能力的提升和事业的发展。这意味着领导者的核心胜任力应该是可开发的，可以通过培训、学习和实际工作经验来不断提高他们的特征和能力。

总体而言，这些特征不仅是领导者成功履行职责所必需的基本技能，也为其在公共管理领域中取得卓越绩效提供了重要基础。政府领导者需要在这些特征上不断发展和完善，以适应不断变化的环境和复杂的公共管理任务。同时，这些特征也为政府部门的人才选拔、培训和绩效管理提供了有力的依据，以确保政府工作的成功和有效履行职责。因此，理解和培养这些特征对于公共管理领域的理论与实践发展至关重要。

第二节　领导者核心胜任力的关键要素

胜任力的模型的应用和发展已经从单一维度的模型逐渐演化为多维度的方法。经典的冰山模型、洋葱模型以及 KSAOs 模型强调领导者内在特质、动机和基本能力的重要性，而多维度模型则更注重领导者在不同领域和情境下的应变能力。这些模型的选择和应用可根据具体组织和领导角色的需求进行定制，有助于领导者更全面、有针对性地发展其核心胜任力，从而推动公共管理领域的不断进步和管理效能的提升。随着胜任力研究的发展与深入，国内学者也开始结合我国独特的公共治理情境从不同角度提出适合中国治理场景的领导者胜任力要素模型。有学者从政治导向、公共服务能力、问题解决能力以及学习和成长等方面构建了通用的公共管理人才胜任特征（方振邦、唐健，2018）[①]。也有研究者通过大规模问卷调查和深入访谈，建立了中国党政领导干部胜任特征模型，包括工作能力、政治素质、领导能力、学习能力、协调能力和以人为本等七个关键维度（王登峰、崔红，2016）[②]。此外，还有学者采用行为事件访谈方法，认为正处级领导干部的胜任特征涵盖业绩导向、制度建设、影响力、人际关系、团队领导和综合思维六个主要特征（陆晓光、龚其国，2014）[③]。也有研究从基层政府切入，针对乡镇干部构建了以不同要素为主的多维度胜任力模型（卢冲、庄天慧，2016）[④]。本章通过综合国内外学者已有研究成果，结合我国当前的治理情境提出领导者核心胜任力的要素模型。该模型由政治素养与综合能力、战略规划与创新能力、业务管理与岗位能力和组织协调与沟通能力四大要素组成。

一、政治素养与综合能力

中国的政治体制与西方及其他国家的政治体制有着本质的区别和差异。2019年中共中央办公厅印发了《党政领导干部考核工作条例》，突出了领导干部绩效考核的五个维度，即德、能、勤、绩、廉。对于党政干部而言，首先，核心胜任力体现在"德"。"德"代表着政治思想品德。政府领导者应具备高尚的政治伦理和品德，坚定的政治信仰和立场。这不仅意味着领导干部更要有正确的政治方向和政治信念，以人民为中心，为国家和社会的长远利益着想。在政府领导者的核心胜任力中，"德"不仅包括遵纪守法、廉洁奉公等具体行为，还涵盖对社会公德和职业道德的高度尊重和遵守。这些道德品质是政府领导者建立威信和道义权威的基础，也是领导者在政治决策和执行中取得公众信任的关键。其次，党政领导的核心胜任力还体现在"廉"上，强调廉洁奉公、严格自律。政府领导者必须做到廉洁奉公，坚决抵制腐败，保持政治清白，要对党和国家的前途命运负起责任，对自己的人生负起责任。这不仅意味着拒绝利用职权谋取不正当私利，还包括了对公共资源的公平分配、对社会公平正义的维护。政府领导者的"廉"是对人民的庄严承诺，是对公共权力的高度约束，是对道德、法律和社会规范的坚守。只有在廉洁奉公的基础上，政府领导者才能真正服务于人民、为国家的繁荣与发展贡献力量。此外，政府领导者的核心胜任力的建构还需要培养大局意识、全局意识，以及以人民为中心的服务意识，这些要素互相交织，构成了一个卓越的领导者。

---

① 方振邦，唐健. 高级公务员胜任素质模型：国际经验及借鉴[J]. 行政管理改革，2018(12)：81-86.
② 王登峰，崔红. 中国基层党政领导干部的胜任特征与跨文化比较[J]. 北京大学学报（哲学社会科学版），2006(6)：138-146.
③ 陆晓光，龚其国. 处级领导干部胜任特征模型的实证研究[J]. 管理评论，2014，26(5)：71-76.
④ 卢冲，庄天慧. 精准匹配视角下驻村干部胜任力与贫困村脱贫成效研究[J]. 南京农业大学学报（社会科学版），2016，16(5)：74-85，156.

【案例】作为中国共产党首批领导核心之一，毛泽东同志展现出杰出的领导才能，具有独特的价值领导力特质。深入研究青年毛泽东在形成其价值领导力过程中的经历，有助于我们更全面地理解和把握毛泽东价值领导力的形成特点以及中国共产党坚持"人民至上"价值领导力的形成规律。1910年，当毛泽东17岁读私塾时，看见许多从长沙回来的米商，告诉他们长沙发生的抢米风潮事件，一些饥民群众因为攻击巡抚衙门被当作"乱党"砍头，这件事影响了他一生。青年毛泽东认为这些"乱党"都是与他一样的普通农民，所以他深恨这种不公平的对待。他当时还读到一本谈论瓜分中国的小册子，为"祖国的将来痛心，开始明了大家都有救国的责任"。这些密集发生的事件影响了毛泽东的一生，促使其形成"天下兴亡，匹夫有责"的救国济民的责任感，后来他改名"子任"就是激励自己以天下为己任的意思。这种强烈的救国济民的社会责任感激发他不断学习、实践去探寻真理之路，最终确立了"人民至上"的价值观和马克思主义信仰(翁文艳，2022)①。

二、战略规划与创新能力

领导者核心胜任力中的战略规划与创新能力是至关重要的组成部分(方振邦、葛蕾蕾，2012)②。一方面，领导者应该明晰组织的使命和愿景，这意味着他们要清楚地了解组织的宗旨和未来愿景，并将其传达给团队成员，以确保大家朝着共同的目标努力。同时，领导者需要准确判断组织内外部的优势和劣势以及外部机会和潜在威胁，这需要深入分析和全面评估。在明晰使命和评估情况的基础上，领导者应该对关系到组织整体发展的重大问题进行系统谋划，包括制定或调整发展战略，确保这些战略是长远的、全局性的，并且与组织的愿景相一致。这需要领导者有高度的战略眼光和决策能力，而在战略规划之后，领导者需要将战略目标逐层展开，制定详细的实施计划和资源分配方案。另一方面，创新能力也是领导者核心胜任力的关键组成部分。领导者应该具备解放思想的勇气，与时俱进，善于发现新事物，面对挑战，提出新思路。领导者需要不断从过往的领导经验中吸取教训，总结新的经验，并不断改善工作方式和方法。另外，领导者必须具备引领变革的能力，包括敏锐识别变革需求、明智确定变革范围、制定科学变革策略以及高效实施变革计划。同时，领导者需要善于解决潜在的变革阻力，并巩固变革带来的治理成果。

三、业务管理与岗位能力

在公共管理领域中，业务管理与岗位能力是领导者核心胜任力的关键部分。首先，领导者应该具备将上级意图迅速转化为详细的计划步骤的能力。这需要他们积极调动资源，解决工作推动过程中可能出现的问题，并有效地管理工作流程，确保工作目标的顺利实

---

① 翁文艳. 青年毛泽东"人民至上"价值领导力的形成历程与当代意义[J]. 甘肃社会科学，2022(1)：16-23.
② 方振邦，葛蕾蕾. 我国正处级领导职务公务员能力构建[J]. 山东社会科学，2012(10)：168-173.

现。在推进工作过程中，领导者应该全程监控，确保责任的落实，并及时反馈。这有助于保持工作的高效性和透明度，以及及时调整和改进工作计划。除了日常的业务管理外，危机管理能力也是管理与业务能力的一部分。领导者需要在处理突发事件时迅速作出决策，采取适当的行动，并妥善处理各种突发情况，确保组织的稳定运行。这需要领导者具备较强的反思和应变的能力，不断总结工作经验，反思工作中的问题和挑战，能够灵活应对各种情况和挑战。值得注意的是，不论是业务管理还是危机管理，对于公共部门的领导者而言，拥有丰富的专业知识和娴熟的专业技能是基础和前提。这也意味着，任何部门的领导者都要在岗位上充当专家的角色，并对具体工作和问题做出专业、精准的决策和判断，唯有如此才能确保工作达到预期目标。总体而言，领导者核心胜任力中的管理与业务能力是确保组织成功的重要组成部分，这些能力有助于领导者有效地管理团队和资源、应对各种挑战以及在工作中取得卓越的成绩。

【案例】习近平指出："无论是分析形势还是作出决策，无论是破解发展难题还是解决涉及群众利益的问题，都需要专业思维、专业素养、专业方法。"①"如果我们不努力提高各方面的知识素养，不自觉学习各种科学文化知识，不主动加快知识更新、优化知识结构、拓宽眼界和视野，那就难以增强本领，也就没有办法赢得主动、赢得优势、赢得未来。"②在瞬息万变的形势下，要前进、要超前就要熟悉新知识、新情况、新事物。社会发展到今天，学习专业知识、培养专业素养，已经成为全党上下适应新时代中国特色社会主义发展要求的必选项。因此，要提升领导力，就必须增强掌握新本领的自觉性和紧迫感，关注全球科技发展趋势，加强对新理论、新技能、新规则的学习，不断掌握新知识、熟悉新领域，使自己的思想水平和知识水平跟上时代前进的步伐，只有这样，才能"使自己真正成为行家里手、内行领导"③，才能适应世界发展的潮流和趋势，使思想、能力、行动跟上党中央要求、跟上时代前进步伐、跟上事业发展需要(孙贺，2021)④。

四、组织协调与沟通能力

组织协调与沟通能力同样是领导者核心胜任力的重要组成部分。在组织协调方面，领导者需要能够准确分析和预测组织资源的需求，合理配置人、财、物等各种资源，以确保其高效利用。领导者应该根据组织战略和工作任务，明确职责权限，合理分配任务和资源，以协调各方行动，推动工作进程，确保不同层级和职位的人员之间的高效协作(方振邦、葛蕾蕾，2012)⑤。领导者需具备冲突管理和解决的能力，包括及时辨别员工间的分

---

① 习近平. 论坚持党对一切工作的领导[M]. 北京：中央文献出版社，2019：103.

② 习近平总书记系列重要讲话读本(2016年版)[M]. 北京：中央文献出版，党建读物出版社，2016：32.

③ 习近平. 领导干部要爱读书读好书善读书——在中央党校2009年春季学期第二批进修班暨专题研讨班开学典礼上的讲话(2009年5月13日)[N]. 学习时报，2009-05-18(003).

④ 孙贺. 习近平关于领导力重要论述的理论透视[J]. 行政论坛，2021，28(5)：12-19.

⑤ 方振邦，葛蕾蕾. 我国正处级领导职务公务员能力构建[J]. 山东社会科学，2012(10)：168-173.

歧、采取有效的管理手段处理不利冲突，同时利用有益冲突来塑造健康、和谐、充满活力的组织氛围。此外，领导者也需要应用现代人力资源管理的理念、知识、技巧和工具，科学地进行员工的招聘、培训、配置和留用，最大程度释放员工的潜能、激发工作动力、提高工作效率，从而实现组织目标。在沟通方面，领导者必须具备精准理解他人观点和意图的能力，根据不同情境选择合适的沟通方式，以清晰、准确地传达自己的思维、观念和信息，构建有效的沟通渠道，确保信息流通顺畅且准确传递。同时，领导者应该具备激励和发展团队成员的能力，应该经常性地鼓励下属在工作中取得的进步，给予应有的奖励和激励。领导者还应该正确对待团队的功劳，为下属提供不断进步的空间，并给予帮助和支持，以帮助他们充分发挥个人潜能并提高工作效能。总体而言，领导者核心胜任力中的组织协调与沟通能力对于组织的成功和团队的高效运作至关重要。这些能力有助于领导者有效地管理资源，解决冲突，激励和发展团队成员，并建立良好的沟通渠道，从而实现组织的战略目标和取得卓越的成绩。

第三节　领导者核心胜任力的影响因素

一、个人特征

领导者的个人特质对其核心胜任力产生着深刻影响，包括性别、年龄、受教育程度、经历等个人特征都在塑造领导者的胜任力。性别在领导者核心胜任力方面有一定影响。虽然性别不应成为评价领导能力的唯一标准，但不可否认，在某些行业和领域当中，性别刻板印象可能会影响领导者的被接受程度。然而，性别平等已经成为重要的社会价值观，越来越多的机构在领导层中鼓励性别平衡，这有助于减轻性别对领导者胜任力的不利影响。年龄可以影响领导者的经验水平和领导风格。年轻的领导者可能更富有创新精神，更愿意尝试新方法，但可能缺乏丰富的经验。相反，年长的领导者可能在经验和稳定性方面更有优势，但可能对新兴技术和思维方式缺乏敏感性。受教育程度通常也是领导者胜任力的重要影响因素。拥有高学历的领导者可能在决策制定、问题解决和分析等方面表现出色。知识水平也对领导者胜任力有显著影响，领导者对政策、法规、社会趋势和行业动态的了解可以帮助领导者更好地制定战略和决策，推动组织实现目标。此外，领导者的职业履历可以影响其对组织运作和管理的理解，有丰富背景经验的领导者可能更容易理解基层工作实际情况，更好地与员工沟通，制定切实可行的政策和计划。

综上所述，个人特征对公共管理领域中领导者核心胜任力的影响是多方面的。一项针对基层县处级党政领导干部的调查研究实证分析发现，性别和工作性质对于厅局级干部胜任特征评价无显著差异，而年龄、工作年限和学历方面存在明显差异（胡月星，2019）[1]。具体而言，男女干部在把握机遇和决策能力方面表现相似，但在其他因素上差异不大。不同工作年限的领导者在组织能力和领导者精神方面存在显著区别。此外，具有博士学历的领导者相较于大专学历的领导者而言，更加注重学习、情绪智力和机遇把握能力。因此，领导者胜任力的提升需要结合实际，根据不同年龄、不同性别、不同级别、不同任职年限以及党政领导干部不同的价值取向等特点和差异，因势利导，准确把握和塑造各级党政领导干部的组织行为，才能更好地发挥他们的领导潜力和工作能力，全方位夯实公共管理事业的人才基础。

二、工作经验

在个人职业生涯中积累的丰富工作经验对领导者的核心胜任力具有深刻而积极的影响。首先，工作经验可以提升领导者的问题解决能力。通过不断面对和解决各种挑战和问题，领导者可以积累丰富的经验，培养出深刻的问题分析和解决能力，能够帮助他们更好地应对复杂的工作场景，制定有效的战略，并采取切实可行的行动。其次，工作经验有助于领导者发展卓越的沟通和人际关系技巧。在复杂的公共管理实践中，领导者经常需要与不同背景、不同利益相关者进行合作与协同，而丰富的工作经验可以积累与不同人群的沟通经验，他们可以学会更好地理解他人的需求和期望，建立有效的沟通桥梁，促进团队的协作和凝聚力。同时，工作经验也有助于领导者培养领导力和团队管理技能。在工作中担任领导职务的经验可以让他们学会如何激励团队成员、制定目标、分配任务、管理进展，并最终实现组织的战略目标。这些领导技能在塑造领导者核心胜任力方面起到了关键作用。此外，工作经验也有助于领导者形成稳定的工作态度和职业道德。通过多年的工作经验，领导者往往能够更好地理解自己的职业责任，树立起高度的工作责任感和职业操守。这些价值观和态度将直接影响他们的决策和行为，进一步提升了他们的核心胜任力。

整体而言，工作经验对领导者的核心胜任力产生了积极的影响，从问题解决到沟通技巧，从领导能力到职业道德，工作经验在领导者的职业发展中扮演着重要的角色。因此，领导者应当不断积累并运用工作经验，以提高自身的领导能力和胜任力，更好地应对公共事务管理过程中的复杂挑战。胡月星（2019）利用基层县处级党政领导干部的调查数据分析发现，工作年限和年龄之间存在明显的相关性。在工作年限不同的两个群体（工作不满10年和工作超过30年的干部）中，学习能力、经济工作能力和信息整合能力都得到了高度认可。这种现象或许可以解释为，工作年限超过30年的干部积累了丰富的实际经验，但在计算机应用等领域存在技术上的挑战，因此更加重视学习和沟通协调的能力。而那些工作年限在10~30年的干部，由于其职业背景的原因，对新技术和新工具有一定了解，因此更关心如何在实际工作中发挥作用，例如，组织和协调工作等。但不论如何，虽然工作

---

[1]　胡月星. 县处级党政领导干部胜任力的实证调查[J]. 中国人事科学，2019（1）：4-12.

经验对不同年龄的领导者核心胜任力具体维度的影响有所不同，但对管理能力和工作技能等胜任力的提升都有积极影响。

三、内部环境

组织内部环境对领导者核心胜任力的塑造是一个复杂而多维的过程，需要深入探讨其各个方面的影响。首先，组织性质对领导者核心胜任力的要求存在显著差异。企业组织追求利润最大化，领导者需要更强调市场洞察力和竞争优势的发掘。非营利组织则更强调社会使命的推动和公益事业的管理，需要领导者具备强烈的社会责任感和资源整合能力。而政府机构通常需要领导者具备政策制定和执行的专业能力，以应对更为复杂多变的治理情境，因而也更具挑战性。其次，组织文化在领导者胜任力的形成中扮演着关键角色。一种积极、创新和开放的组织文化可能会激发领导者的创造力和团队协作能力，推动组织绩效的不断提升，而那些保守、守旧的组织文化可能会限制领导者的发展空间，导致组织难以适应环境变化。因此，领导者需要在不同的文化氛围中调整其领导风格和决策方式，以便能更好地适应组织的发展需求和现实挑战。此外，组织所处的发展阶段也对领导者胜任力提出了不同的要求。新兴组织通常面临市场竞争的压力和快速发展的需求，需要领导者具备敏锐的市场洞察力和创新的能力，以便捷地应对变化。而成熟的组织更注重稳定性和高效绩效管理，需要领导者具备卓越的团队协作和问题解决能力，以确保组织绩效的稳定提升。

仝莹和任利成（2014）基于16个岗位180名领导干部调研数据，一项采用多层线性模型分析了干部胜任力的影响因素及互动作用，结果发现，除对权威的遵从、计划性及条理性、支配性和管理素质等个体层面变量对干部胜任力具有正向影响外，组织层面的结构控制科层[①]、支持互动沟通和氛围也均对干部胜任力具有正向影响关系，并且组织层面的变量在干部个体与干部胜任力的影响过程中起显著调节作用（仝莹、任利成，2014）[②]。另一项基于300名领导干部的实证研究发现，人岗相适对领导干部的核心胜任力产生积极影响，这表明人岗相适强调了个体能力与工作需求之间的匹配程度，当一个组织能够将个体的能力与岗位需求或组织的核心价值观高度契合时，个体的工作效率有可能显著提高（何奇兵，2020）[③]。综上所述，组织内部环境是塑造领导者核心胜任力的重要影响因素。领导者需要根据不同组织的性质、文化和发展阶段培养适应性胜任力特征，以更好地应对组织内外的挑战和机遇。

---

① "组织层面的结构控制科层"来自引用论文原文，是一个变量的名称，"科层"是"科层制"的缩写，一般而言，管理学和行政管理学科背景的读者可以理解该词的内涵，因此无须修改，直接使用该论述即可。

② 仝莹，任利成. 基于多层线性模型的干部胜任力研究[J]. 人力资源管理，2014(6)：272-275.

③ 何奇兵. 胜任力视域下的干部选拔任用公信度研究[J]. 行政科学论坛，2020(2)：51-57.

四、外部环境

外部环境对政府领导者的核心胜任力具有广泛而深刻的影响，主要显现在政治、经济、社会文化和行业四个关键方面。首先，政治环境是考验政府领导者核心胜任力的重要因素之一。政治的动荡与不稳定性可能导致政策频繁变更，这要求领导者具备高度的政治敏感性和决策能力。不仅如此，复杂多变的全球化政治需要政府领导者更好地理解国际关系，参与国际事务，全方位提升自身的跨国思维和国际合作能力。其次，经济环境对政府领导者的核心胜任力有着显著影响。一国经济的平稳发展不仅需要公共管理部门合力分配和利用公共资源，也需要制定科学有效的公共政策，这需要领导者必须具备危机管理、资源配置和财政策划等能力，并且需要根据经济和市场波动灵活调整政策。再次，社会文化环境在塑造政府领导者的核心胜任力方面发挥着关键作用。不同的社会文化背景要求领导者采用不同的管理风格和沟通方式，而在需要处理多元文化和利益冲突的公共治理领域，领导者需要具备很强的文化管理和团队领导技能。最后，行业环境对政府领导者的核心胜任力产生着重要影响。不同行业具有独特的特点和需求，要求领导者具备相关行业的专业知识和技能。同时，信息技术的日新月异、市场竞争的激烈程度以及法律法规的变化也在影响政府领导者的胜任力要求。因此，政府领导者需要密切关注行业趋势，以做出适时的决策，确保自身在不断变化的行业环境中保持竞争力。总之，政治、经济、社会文化和行业环境等外部环境是政府领导者核心胜任力的重要影响因素。领导者需要具备适应性和学习能力，以应对不断变化的外部环境，并不断提升自身的核心胜任力。

【案例】党的十八大以来，以习近平同志为核心的党中央在新中国和平外交实践基础上，创造性地提出构建人类命运共同体的新理念，这既顺应了人类文明进步的历史潮流，也凝聚着携手发展、持续繁荣的各国共识。2013年3月，习近平在莫斯科国际关系学院发表《顺应时代前进潮流　促进世界和平发展》的演讲中首次提出"命运共同体"概念。同年，习近平提出"一带一路"的区域合作倡议，旨在促进中国与世界各国特别是"一带一路"沿线国家在经济、政治、文化等方面的融合，互信与合作，为"命运共同体"指明方向和实践路径。2015年9月，习近平在第七十届联合国大会一般性辩论上进一步诠释人类命运共同体是秉持着"发展繁荣、公平正义"的共同价值追求。中国作为人类命运共同体的推动者，也是践行者，始终积极加强与亚洲国家和地区的金融合作，并于2015年12月成立亚洲基础设施投资银行，为实现亚洲地区经济的互联互通和区域一体化提供强大保障。2017年1月习近平在联合国日内瓦总部发表《共同构建人类命运共同体》的主旨演讲中，系统阐述构建人类命运共同体的中国方案，同年在党的十九大报告中更是把实现人类命运共同体作为新时代中国外交的旗帜和方向(胡凌艳，2023)①。

---

① 胡凌艳. 习近平关于人类命运共同体重要论述探析[J]. 重庆交通大学学报(社会科学版)，2023，23(4)：1-9.

第四节　领导者核心胜任力的提升策略

一、全方位提升领导者个人能力

胜任力，作为一个综合能力概念，是评估领导者能力水平和工作绩效的关键指标之一。基于胜任力特征的领导人才测评方法技术在干部选拔考核和绩效评价中具有实际性和有效性。强调"政治过硬、本领高强"已经成为领导干部能力建设的主旋律，推动党政领导干部的考核评估工作走向科学化进程，坚守"好干部"的标准，并以胜任力特征为切入点，创新思维，解决问题，被认为是关键所在。

首先，构建领导干部的胜任力模型是提升领导者核心胜任力的重要一环。依据"信念坚定、为民服务、勤政务实、敢于担当、清正廉洁"的好干部胜任标准，可以确定领导干部履行职责的核心胜任力特征和关键心理品质。这一过程是掌握了领导干部考核评价的关键要素。此外，探索建立不同行业、不同类别的"好干部"胜任特征模型，对推动地方党委政府部门进行领导干部业绩考核和人才选拔工作具有重要的参考和应用价值。

其次，积极倡导个人自主学习成为提升领导者核心胜任力的有效途径。鼓励领导干部在工作之余积极参与自主学习，促推领导干部不断提高自身胜任素质。为此，应提供多样化的学习平台和途径，充分考虑个人实际情况，鼓励领导干部善用零散时间进行学习。此外，利用网络学习平台，推行在线自主学习，以提供更加便捷的学习机会。为激励党政领导干部进行学习，可探索建立学习积分制等管理机制，通过学分记录、定期考核和内部评比等方式保证学习质量。同时，还可以建立学习检查制度，通过小组作业、书写读后感等方式来评估领导干部的学习情况和效果，切实帮助领导干部建构起系统的知识体系，并将理论知识融入工作实践，从而提升核心胜任力。

最后，提高干部胜任力、培养优秀干部需要同时关注干部个人素质和组织环境。在个人素质方面，重点培养干部的管理素质，因为优秀的管理能力是领导者成功的重要保障。在组织环境方面，需强化组织环境的建设和维护，通过建构一个健康的组织环境促进领导者核心工作能力的提升，同时组织成员之间信息的畅通交流，从而全面提升领导者的胜任力。

二、完善领导胜任力培训机制

在处于知识爆炸、科技日新月异、知识更新不断加快的数字时代，新知识、新问题层出不穷，社会对政府领导干部的能力和服务水平也提出了越来越高的要求。在这个背景下，政府领导干部，作为政府决策与执行的核心力量，时刻面临着提高自身能力的要求和挑战。为了提升领导者核心胜任力，需要建立一套完善的教育与培训机制，以满足领导干部的管理需求和综合素质要求。这个机制应该包括多种方法和途径，以不断提高领导干部的管理水平和综合素质。

首先，建立以胜任力模型为依据的培训体系。该模型应以领导者的核心胜任力要素为基础，详细分析不同要素的具体内容，并建立相应的档案。这有助于更好地了解当前领导干部的胜任力现状，并根据实际情况不断修改和调整培训计划。通过比较现有胜任力与要求的胜任力，制订有针对性的培训计划。

其次，针对不同岗位、不同领域、不同背景的领导干部，制定差异化的培训方案。这些方案应该根据领导干部胜任力的核心内容，充分利用各类培训资源，注重实际应用，以培养出一批能够胜任相应岗位的复合型领导人才。为了提供高质量的胜任力培训，需要打造多元化的教师组成结构，充分发挥专家、教授以及公共部门事务工作者各自的能力和经验，从不同角度提升领导干部的专业知识和工作经验。

再次，注重培训的实效性。培训内容应与实际工作密切相关，以提高培训的有效性。除传统的讲授式教学和案例教学之外，还可以采用研讨会、工作坊、实地考察、角色扮演、情景模拟等多样教学方法，以激发领导干部的学习热情和积极性。同时，可以将培训开发转化为领导干部深度参与、互动交流的过程，不仅注重提升领导干部的核心胜任力，也力图帮助领导干部构建新的人际关系和社交网络，更全面地满足他们在核心胜任力提升方面的多元需求。

最后，强化培训的结果导向。在培训结束后，需要进行详尽的测评，以客观评估培训成果，并且应定期对领导干部的综合素养进行评估，以便更好地进行后续培训安排。通过这些措施，可以不断提高领导干部的核心胜任力，为其更好地履行职责和推动工作提供坚实的支持。

三、强化领导干部胜任力建设的政策支持

为了提升领导干部的胜任素质，政府还要从制度层面切入采取一系列卓有成效的政策措施。首先，建立和完善领导干部的职位分类和评定制度是关键。这一制度的建立能够确保人员分配与岗位要求相符，工作能力与岗位要求相匹配。为了更好地实现这一目标，可以制定详细的职位描述，明确不同职位所需的技能、知识和胜任力要求，以更好地匹配合适的人选。其次，胜任力模型可以被用来指导领导干部的选拔、晋升、轮岗、职务降级，甚至解除职务等职务调整决策。这一模型的应用能够帮助政府更加客观、科学地评估候选人的胜任素质，确保选用和提拔的干部具备必要的能力和素质，做到人尽其才。再次，胜任力的核心内容可以被引入政府绩效考核之中。绩效考核不应仅关注工作业绩，还应该考

察领导干部的胜任素质和领导能力。为了实现这一目标，政府借助关键事件技术法等方式方法实施考核，推动领导干部的领导行为变革和胜任力提升。最后，政府可以考虑在薪酬管理制度的设计中融入胜任力模型。这一举措能够激励领导干部不断提升自身的能力和素质，同时建立一个公平的薪酬体系，奖励那些表现出色的领导干部。

除政策支持以外，强化管理和监督也是提高领导干部胜任素质的关键。首先，领导干部应通过自我监督，强化思想政治教育和预防教育，塑造正确的执政理念，提高自我监督和接受外部监督的自觉性。其次，强化组织管理和公众监督的效能发挥，打造完备的政务公开制度、巡视检查体系和群众监督机制，全方位保证领导干部遵循法律法规和政策履行职责。同时，也需要按照时代发展趋势，推动监督方法创新，可以引入在线评估和岗位知识竞答等方式，实现更全面的监督和评估，以确保监督的实效性，促推领导干部胜任素质的提升，进而推动政府和社会的进步和发展。

整体而言，随着社会的不断发展和党的事业的不断壮大，领导干部队伍建设显得尤为关键。为此，需要寻求有效的推进路径，以确保领导班子在不断提升中能够更好地履行党的使命和职责，服务人民，推动党和国家事业不断前进。

 课后思考题

1. 在公共管理领域中，为何领导者的核心胜任力对组织绩效和政策执行至关重要？
2. 如何评估和衡量一个政府领导者的胜任力？
3. 公共部门应如何能更好地选拔、培养和提拔具有良好胜任力的领导者？

 案例 4-1

华为作为一家全球领先的信息通信技术解决方案供应商，其胜任力模型是华为人力资源管理体系中非常重要的一个组成部分。华为的胜任力模型包括"通用胜任力模型"和"基于职位族的胜任力模型"。

通用胜任力模型包括成就意识、演绎思维、归纳思维、信息收集、关系建立、团队精神等18个通用胜任力要项。这些要项被认为是华为员工必须具备的核心能力，是评价员工绩效和晋升的重要参考。

基于职位族的胜任力模型包括领导者、管理者、研发族、营销族、专业族和操作族的胜任力模型。这些胜任力模型是根据不同职位族群的工作特点和要求而制定的，每个职位族群的胜任力要项都非常细致，每个要项都有明确的定义、分级标准、标准描述以及反映各胜任力要项的关键事件。

华为的胜任力模型通过先僵化、后优化、再固化的管理过程，与其他人力资源管理元素有机结合，才能够发挥作用。主要体现在以下三个方面：第一，先僵化是指在胜任力模型制定的初期，华为对于胜任力要项的定义、分级标准、标准描述以及反映各胜任力要项的关键事件进行了明确的规定和制定。第二，后优化是指在胜任力模型的实施过程中，华为对于胜任力要项进行了不断的优化和调整。华为通过不断地收集员工的反馈意见和调查结果，发现和解决问题，逐步地改善和完善了胜任力模型。第三，再固化是指胜任力模型得到优化和调整之后，华为对于胜任力模型进行了再次的固化和实施。华为通过对于胜任力模型的培训和宣传，使员工能够更好地理解和应用胜任力模型，从而提高员工的工作能力和绩效表现。

华为的胜任力模型在领导者评价员工能力和晋升、员工自我提升和发展等方面都发挥着非常重要的作用。①

 案例 4-1 思考题

1. 基于职位族的胜任力模型的影响因素有哪些？

2. "先僵化、后优化、再固化"的管理过程对其他组织的胜任力模型发展有什么借鉴作用？

参考文献

[1]Mc Clelland D C. Testing for Competence Rather Than for "Intelligence"[J]. American Psychologist, 1973（28）：1-14.

[2]Spencer J R, L M, Spencer S M. Competence at Work Models for Superior Performance[M]. New York：John Wiley & Sons, Inc, 1993.

[3]樊翠娟. 乡村振兴战略下村级河长胜任力培育研究[J]. 社科纵横, 2019, 34(4)：69-74.

[4]方振邦, 葛蕾蕾. 我国正处级领导职务公务员能力构建[J]. 山东社会科学, 2012(10)：168-173.

[5]方振邦, 唐健. 高级公务员胜任素质模型：国际经验及借鉴[J]. 行政管理改革, 2018(12)：81-86.

[6]仝莹, 任利成. 基于多层线性模型的干部胜任力研究[J]. 人力资源管理, 2014(6)：272-275.

[7]梁钰婷, 帅建华. 党政"一把手"胜任特征研究综述[J]. 公关世界, 2021(6)：25-29.

[8]胡凌艳. 习近平关于人类命运共同体重要论述探析[J]. 重庆交通大学学报(社会科学版), 2023, 23(4)：1-9.

[9]何奇兵. 胜任力视域下的干部选拔任用公信度研究[J]. 行政科学论坛, 2020(2)：

---

① 东城教研网. http://www.bjdcfy.com/qita/hwdszmxalfx/2020-2/1316302.html

51-57.

[10]胡月星.县处级党政领导干部胜任力的实证调查[J].中国人事科学,2019(1):4-12.

[11]胡月星.关于基层党政干部胜任能力的调查与思考[J].领导科学,2009(2):36-38.

[12]卢冲,庄天慧.精准匹配视角下驻村干部胜任力与贫困村脱贫成效研究[J].南京农业大学学报(社会科学版),2016,16(5):74-85,156.

[13]陆晓光,龚其国.处级领导干部胜任特征模型的实证研究[J].管理评论,2014,26(5):71-76.

[14]孙贺.习近平关于领导力重要论述的理论透视[J].行政论坛,2021,28(5):12-19.

[15]时勘.基于胜任特征模型的人力资源开发[J].心理科学进展,2006(4):586-595.

[16][美]弗雷德里克·泰勒.科学管理原理[M].胡隆昶,冼子恩,曹丽顺,译.北京:中国社会科学出版社,1984.

[17]王登峰,崔红.中国基层党政领导干部的胜任特征与跨文化比较[J].北京大学学报(哲学社会科学版),2006(6):138-146.

[18]王建民,杨木春.胜任力研究的历史演进与总体走向[J].改革,2012(12):138-144.

[19]翁文艳.青年毛泽东"人民至上"价值领导力的形成历程与当代意义[J].甘肃社会科学,2022(1):16-23.

[20]习近平.论坚持党对一切工作的领导[M].北京:中央文献出版社,2019:103.

[21]习近平.习近平总书记重要讲话文章选编[M].北京:中央文献出版,党建读物出版社,2016:32.

[22]习近平.领导干部要爱读书读好书善读书——在中央党校2009年春季学期第二批进修班暨专题研讨班开学典礼上的讲话(2009年5月13日)[N].学习时报,2009-05-18(003).

第五章　领导者的认知与思维

第一节　领导者的认知过程

领导者的认知，包括对整个社会的认知以及对自己所承担的角色的认知，在讨论领导者认知时主要是对领导者的社会认知，也称领导者社会知觉进行讨论。作为领导者，需要对自己的责任以及义务持有正确的认知心理，也需要对下属及其他组织成员有一定的客观认知，这样才能正确判断情境以产生有效的领导行为。

一、领导知觉的概述

(一)领导者的社会知觉

1. 领导者社会知觉的概念

社会知觉是指个体对社会信息的感知能力，社会知觉可以分为以下三类：对自我的知觉、对他人的知觉和对人际的知觉(陈斯允、卫海英、孟陆，2019)[①]。领导者的社会关系主要体现在下属的互动和在组织中的领导活动两个方面，所以领导者的社会知觉主要是指领导对自身的知觉、对下属的知觉和对下属群体的知觉。

在领导者和下属的互动关系中，彼此都会留下印象，如果下属对某一位领导者有良好的印象，那么该领导者的领导行为将更加有效，也就是说，领导者的说服力将会更强，号召力也更高。不管这些印象是深刻的，抑或是浅薄的，都会为两者之间今后互动的深化奠定一个很好的基础。这种印象既包含个人的外貌特点，也包含个人的性格特点，如气质、性格、本人的经历、所处的环境以及受教育程度等。

2. 领导者社会知觉的形成

领导者社会知觉的目标，就是要透过对下属及下属群体的恰当的印象，来了解被感知的对象。要想产生恰当的领导者社会感知，必须依赖于领导者、下属和领导情境三大要素

[①] 陈斯允，卫海英，孟陆. 社会知觉视角下道德诉求方式如何提升劝捐效果[J]. 心理学报，2019，51(12)：1351-1362.

的特性和它们之间的相互影响。

首先，领导者对自身的知觉是在下属及下属群体对自己的态度与评价、自己的活动表现与取得的成果以及与其他领导者的比较中获得的(周如意、龙立荣，2018)[①]。领导者要在各个阶段的成长过程中客观地、辩证地进行自我知觉，才能时刻保持自我更新，为组织发展提供持续动力。其次，下属的职级、工作性质、性格等特点会影响领导者对下属的判断。职级不同的人，即使做了同样的事情，也会被视为动机不同；不同工作性质的下属对同一问题的解释也会不同；不同性格特点的下属也会影响到领导对其的认知。最后，领导和下属各自对人际关系感知的正确与否，取决于其所处的客观环境。当人们生活在一个彼此友善、经常交流的环境里时，他们会更倾向于认为其他人和自己的处境类似。个体在组织环境中所处的不同层级及其对自身认知和角色认知的差异，也会对个体人际感知的准确性产生影响。在领导者的角色中，领导者更倾向于表现出领导的角色特质，而下属更倾向于表现出顺从的角色特质。这表明，在不同的心理状态下，人们的知觉行为都有各自的特点，而这些都会对正确的人际知觉产生影响。

(二)领导者的角色知觉

1. 角色知觉的一般概念

"角色"是一个社会学的基本概念，它是一个人在一定的社会环境下，所具有的一系列的权利、义务以及行动方式。角色决定着个人所表现出来的社会期望。角色知觉是一个人在一定的社会和组织中的位置知觉(曹晓丽、林枚，2019)[②]。

2. 领导者角色知觉的形成

当宣告某个人是领导时，他就获得了领导的社会地位和身份，而这个社会地位和身份就是领导角色，是一种广泛存在于社会组织中的职务分工。

当一个人走上领导岗位后，就应有一种领导角色的觉悟和意识，总是认为自己已经是一名领导了，就要担负起领导的职责，运用领导的权力，兢兢业业地完成自己的工作。相反，如果一个人的领导地位已经建立起来，但他对自己所扮演的领导角色的认识和意识非常薄弱，没有很好地履行一个领导者应有的职责，那么他就不能称为一个合格的领导者。

在对领导角色知觉的形成上，要保持正确的心态，因为领导角色具有一定的优越感和一定的权力，因此，尽管有的同志对领导角色有着强烈的认识，但却忽视了领导角色与其所担负的职责之间的关系，只是一味地摆出领导的姿态，不办实事，这是不对的。要做好当代领袖，要有大局观，勇于创新，不能因循守旧；要努力工作，坚决反对偷懒懈怠；要以实干为本，杜绝虚张声势；要加强调查研究，杜绝闭门造车；要讲求效率，杜绝拖拖拉拉；要做到令行禁止，严防松懈；要努力学习，不要安于现状。

[①] 周如意，龙立荣. 人格特质、文化价值观与自我牺牲型领导的关系：角色知觉和环境不确定性的作用[J]. 预测，2018，37(6)：33-39.

[②] 曹晓丽，林枚. 领导学基础[M]. 北京：首都经济贸易大学出版社，2019.

二、领导者的错误认知

(一)领导者的偏见

领导者的偏见是人际知觉在内在主观动机与外界环境等因素共同作用下形成的"心理误区"。人类理性的有限性导致领导干部的认知和判断在一定程度上会存在偏见;此外,既有条件或历史经验也可能会让领导者形成对某一事或某一个人的固化判断,并以此作出惯性化认知的心理倾向(陈朋,2020)[①]。无论哪种偏见都会影响领导工作的有效性,甚至由偏见引起的决策失误,还会给国家和组织带来重大损失(戴焰军,2020)[②]。

领导偏见形成的原因主要有两方面:一是先天的偏好和心理误区,包括"第一印象"产生的心理印痕、既有态度定式形成的惯性思维、"近因效应"引发的印象改变、对个体持以积极期许所形成的附带效应等;二是在后天的领导实践中产生的心理行为偏差。常见的有:"锤子思维定式",例如,一些领导者用自己原来专业领域的"锤子"来解决其他领域的议题;"能力圈"边界模糊,陷入"权力即能力"误区;等等。

(二)领导者偏见的调节

领导者的偏见是无法避免的,但是偏见是可以在领导者工作过程中通过视域扩展与制度制约来修正和克服的。首先,要提高选拔领导的水平。领导者的工作性质决定了领导者必须要由高素质的人才来担当,而对领导者的选择也必须以"德才"为准则,然后根据候选人的个性、工作经验、学历和知识结构等特征,选择与岗位相匹配的候选人。其次,领导者要进行偏见的自我调节。对于那些长期存在于领导干部观念中的有意识的、潜意识的偏见,领导干部要心中有数,深入调查研究,掌握决策行动的依据;要当机立断,善于应急决策,提高化解风险的能力;要修炼工作能力,统筹兼顾各项工作,练好谋断决策的功夫和落实行动的本领(人民论坛"特别策划"组,2020)[③]。最后,要加强对领导干部的监督,无论是在区域治理、单位管理,还是在选拔任用方面,都应该强化对领导权力运用的监督,并及时采取纠偏措施(张云超,2021)[④]。

三、领导者的合理认知

(一)领导者的廉洁勤政心理

1. 廉洁勤政的概念

廉洁一词,最早出现在战国时期伟大诗人屈原的《楚辞·招魂》中:"朕幼清以廉洁

---

① 陈朋. 领导干部产生偏见的六大诱因[J]. 人民论坛,2020(26):18-21.
② 戴焰军. 偏见给领导干部带来哪些危害[J]. 人民论坛,2020(26):22-24.
③ 人民论坛"特别策划"组. 偏见是领导干部的致命伤[J]. 人民论坛,2020(26):10-11.
④ 张云超. 领导者的"决策偏见"及其防范[J]. 领导科学,2021(23):45-47.

兮，身服义尔未沫。"勤政就是恪尽职守，勤于政事，认真负责地为国为民做事。恪尽职守，勤于政事，历来为各朝各代的统治者所提倡，也为儒家思想所肯定，同时也受到百姓的称赞。廉洁勤政一词可以理解为：清廉并且恪尽职守，勤于政事而不懈怠。

2. 领导者廉洁勤政心理建设的意义

《中国共产党章程》第三十五条明确规定：党的各级领导干部必须"正确行使人民赋予的权力，清正廉洁、勤政为民"。廉者，须克己奉公、刚正不阿；勤者，爱岗敬业、以身作则；廉洁勤政的干部队伍，是组织发展的核心力量。领导者廉洁勤政心理建设对领导工作的开展、资源的有效利用、社会发展与国家的稳定均具有重要意义。

领导者的廉洁影响着社会风气。领导者作为社会发展与国家建设各个单元的重要力量，在其领导岗位上表现出来的态度与行为会逐渐构成一种环境、一种氛围，尤其是直面群众的公共管理部门的领导者，如果出现廉洁问题并任其蔓延会败坏社会风气。

领导者的勤政影响着领导效能的提高。历代前贤国与家，成由勤俭破由奢，勤政务实的工作作风可以增强领导的影响力、凝聚力，有利于领导者引导本组织成员去实现组织目标。在公共行政部门，勤政务实型的领导干部更能获得群众的肯定与拥护。

领导干部要把勤政和廉政统一起来，思想上坚持马克思主义的立场、观点，保持良好的学风、工作作风、领导作风和生活作风，才能加强整个社会的安定团结，保持国家稳定发展，推进中国式现代化建设。

(二) 腐败行为发生的心理原因

与"廉洁勤政"背道而驰的是"贪腐"，"贪污腐败"是制约我们国家领导干部清廉执政的主要心理障碍。腐败现象的出现，其成因是错综复杂的，在此，我们将尝试从领导的心理方面对其展开分析和讨论。

1. 补偿心理

补偿心理是领导在主观上，对于付出和收获进行了比价后的不平衡心理，从而形成的一种补偿性心理诉求。物质赔偿是最直接和最有效的赔偿方法。随着社会经济的发展，财富不断地向上游汇集，收入的不均等和分配的不合理使一些领导者看到社会上有些人不法暴富后，产生严重的心理失衡，认为自己的付出值得更高的回报。一方面，他们身居要职，但收入并不高，高地位与低收入的对比，让他们产生一种巨大的落差，因此，他们需要提高自己的收入来弥补这种落差，而腐败便成了"便捷"途径。另一方面，补偿心理同样存在于即将退休的领导者身上，退休本身带有的失落情绪会蔓延到其他事务当中，严重的会让他们认为自己奉献一生，辛苦工作几十年，最终什么都没有得到，应该趁退休之前好好捞一把。存在补偿心理的领导者会不择手段地大量敛财，以改善自己内心的严重失衡状态(许欢，2014)①。

2. 集体安全心理

有的人容易产生从众心理，官员也不例外，一些干部看到有人收受贿赂而未被查办，

---

① 许欢. 官员腐败心理与预防控制研究[D]. 武汉大学博士学位论文，2014.

就会有一种"有人可以，我也可以"的从众心理。很多"串案"和"窝案"都是如此，一个案子被查，另一个案子被揪出来，一个团伙被推翻。这就是所谓的"从众"，在心理学上被称为责任扩散型的群体犯罪，犯罪成员认为大家共同参与，法不责众。"法不罚众"是很多敢于贪污受贿的人心中的一道墙。在他们看来，任何一种已经被普遍接受的腐化，哪怕它的罪行超出"格"，它也是无关紧要的，因为它不能对所有的罪犯都进行处罚。

3. 侥幸心理

侥幸心理是几乎所有产生腐败行为的领导者具有的普遍的心理，基于强烈的"趋利"本性，在贪污腐化的心理的驱使下，领导干部不遗余力地将公共权力转化为私人权力，以获取更多的利益。在这个过程中，领导者总是觉得自己很谨慎、设计巧妙、手段隐蔽，再加上有些自己的关系网，能够及时掌握反腐动向，自己的腐败行为不会被曝光。如果身边有一些自己熟识的人，也存在腐败行为，并尚未被查处，又会强化这种侥幸心理。当他们发现有人贪污受贿、被调查时，他们并不会为自己的安危担忧，而是会为自己的运气而沾沾自喜，认为自己很聪明，很会钻空子。这种强烈的侥幸心理，让领导者有了一种可以控制一切的感觉。

(三) 促进领导者廉洁勤政的措施

1. 以德养廉

"德"是无产阶级政党最突出和最有力的政治优势，也是其保持廉洁的第一推动力，在执政的条件下，无产阶级政党应积极主动地持久不懈地对党员进行"德"育，并且要依靠"德"所产生的自律和互律作用来养廉，进而推动整个社会的稳定与和谐。

2. 法制保廉

要健全法律法规，为廉洁建设提供制度支撑。要把权力关进制度的笼子里，形成不敢腐、不能腐、不想腐的有效机制，坚决遏制和预防腐败现象①。用严的规定、铁的纪律管理领导干部，构建新时代廉洁文化。

3. 监督促廉

如果缺少有效的监督，权力极易引起贪腐行为，所以，要想治理领导干部中的腐败，最重要的就是要强化监督，充分发挥人民监督、社会监督和党组织监督的功能。

第二节　领导者的思维

领导者的思维决定了领导行为，领导者的思维能力决定了领导者的领导能力，领导者思维的深度和广度也决定了领导活动的层次和水平，因此，领导者思维不仅对其言行举止

---

① 中共十八届四中全会正式提出"三不腐"的中国共产党反腐败斗争要求。

有着直接而深刻的影响，还会对所在组织形成深远的影响。因此，要重视对领导者思维的研究。

一、领导思维概述

(一)领导思维的作用

1. 思维方式决定领导行为

对领导而言，正面思考会让工作充满活力，负面思考会让工作陷入消极和压抑；理性思考能让领导者做出更具科学性、逻辑性的决策，而不合理的冲动思考则会让决策者做出不符合常理、有悖常理的决策；系统思维可以促使领导者对系统中的所有问题以及它们之间的关系进行综合思考，而碎片化的思维方式则会导致他只关注于局部问题，切断了与事物之间的联系，从而顾此失彼；有了创造性的思想，工作才会有新的想法，才会有活力。有些领导在者面临复杂情况时，可以始终总揽全局，有效地解决各种矛盾，在工作中取得突破，带领一个困难而复杂的组织向前发展；然而，一些领导者的思维能力不足以应对复杂的组织局面，不能妥善处理矛盾，甚至会加剧冲突。

2. 思维方式决定领导效率

领导的思维方式决定了领导行为的效率。在内外部环境多变的时代下，更要求领导干部更新思维方式，提升领导工作效率，最终提升组织效率。首先，领导干部要具备历史思维方式，要以史为鉴，剖根溯源，从历史分析中归纳总结领导规律，并辩证应用于实际领导工作中，提升科学预见能力与判断力。其次，领导者还需要具备法治思维，用法治思维和法治方式进行管理是实现社会治理现代化的重要路径，也能够保证组织沿着法治的轨道不断前行。最后，在数字化时代，领导干部还需要具备数字领导力和数字思维，尤其在各类组织都在开展数字化转型的今天，领导者要对数字化趋势对组织的影响有较为清晰的认知，具备一定的数字思维，并能运用到管理活动中。

3. 思维水平决定领导工作水平

思维水平的差异导致领导者的领导水平存在差异。这种差异不仅体现在程度上，也体现在艺术性、毅力和执着性等方面，更重要的是还会表现为方向性的差异。领导既是一门科学，也是一门艺术，有的领导者思维活跃，思维能力较强，能够表现出较高的领导艺术和领导水平；有的领导者具有坚韧不拔的毅力和执着的精神追求，能够坚定正确的领导方向。此外，有的领导干部具有战略思维，能够判断组织和社会发展的未来趋势，并能应对各种挑战与机遇，带领组织进行变革；还有的领导干部具备创新思维，能够与时俱进，在实践中不断升级和转换思维方式，创新工作方法，高效处理领导问题。

(二)领导思维的类型

1. 领导者的归纳思维与演绎思维

归纳思维是指从个别事实出发，经过分析、比较、推出一般结论原理的思维方法，主要是从个别中寻找一般，从个性中寻找共性，这种思维方法在人们对现实世界的认识中被广泛采用。演绎思维就是从一般性原理原则出发，推论出对个别事物的认识，得出新结论的思维方法。领导者使用归纳和演绎思维的前提是要掌握充足的信息，以扩展和深化原有的知识，对被领导者及领导情境进行科学性预见。

2. 领导者的分析思维与综合思维

领导的分析思维是领导者深入认识对象的一种有效办法，是指把复杂的认识对象分解为不同的要素，并对这些要素分别进行研究和考察的一种思维方法。自古以来，无论是自然科学研究还是社会科学研究，分析思维都是一种重要方法。毛泽东提出的"解剖麻雀"就是典型的领导分析思维。

领导综合思维也叫整体思维，就是把研究对象的不同部分、不同方面和不同要素联合成整体，从整体上认识事物的思维方法。领导干部只有通过整体思考，才能从整体上理解、把握问题的全貌，从而掌控大局。

3. 领导者的抽象思维和具体思维

抽象思维是指从众多的事物中舍弃个别的非本质的东西，抽取出共同的东西，进而形成反映事物共同本质的概念的思维方法。具体思维是指一种综合事物的多种本质和规律为统一整体的高级思维方法，包括感性具体和理性具体，感性具体是对事务的初步感觉和知觉，理性具体是对抽象思维的进一步提升，是更高级的一种理性思维，是综合事物的多种规律为统一整体的思维活动。在有效的领导过程中，要经过从感性具体到理性抽象再到理性具体三个阶段去认识问题，才能厘清事物本质，保证决策的有效性。

4. 领导者的经验思维和理论思维

经验思维是领导者从经验出发进行判断的思维方式，即领导者通过经验的积累、分类与组织，对某一特定的情境，寻找和选择一种过去成功使用过的行为方式的思维形式。领导者的经验会直接指导领导的实践活动，尤其是在提升领导者的工作效率、加速对形势的判断和对行为方式的选择方面，有着非常重要的意义，对于那些无法进行科学测量的复杂决策，可以凭借经验和直觉判断来做出决定，这也是一种重要的领导决策形式。理论思维指领导者在分析问题和解决问题时能从理论的高度去把握事物的本质，从理论层面上去认识问题和处理事务，且将处理实际问题和事务过程中积累的经验不断总结后上升为理论，并指导实践。

5. 领导者的精确思维与模糊思维

精确思维是指人们在认识事物时以数据分析作为思维过程的组成部分，强调思维的精确化，以数量分析作为决策的依据。模糊思维是指在思维过程中运用模糊概念和模糊判断等对事物进行思考，具有不精确性，难以进行量化分析。精确性思维和模糊性思维互相渗透，互相影响。所有的精确度都是有限的，不存在绝对的精确度，在这一点上，"准确"里有"不明确"；但是，凡是不明确的事物，总会有某种程度和性质的表现，因此，在这一点上，"不明确"中也有"明确"。在某些情况下，准确思维与模糊思维之间存在着相互转换的关系。从精确到模糊，从模糊到精确。在原则上、在重要的问题上，领导者要追求精确，而在非原则的问题上，则要"模棱两可"。

6. 新时代领导者思维

党的十八大以来针对广大领导干部如何形成与新时代相适应的领导能力和执政本领，习近平总书记要求广大领导干部要坚持战略思维、历史思维、创新思维、辩证思维、法治思维、底线思维和系统思维，要能将以上思维贯穿工作始终，形成一种能够面向实践并体现于实践中的具有整体性、融贯性的领导思维方式和领导思维能力。

这"七大思维"深刻地推动了中国共产党在领导思维方式上的整体塑造，也为我们党和各级领导干部努力形成与新时代新形势新要求相适应的领导水平和执政本领提供了与时俱进的创新思想资源和创新思维引领（冯鹏志，2021）。[①]

二、领导的创新思维

（一）领导创新思维的含义与特征

1. 领导创新思维的含义

创新思维又被称为创造性思维，它指的是认识主体在没有前人或他人提供现成的知识、规律和方法的情况下，以自己已经取得的知识或成果为基础，按照科学的一般规律，通过积极的思维活动，去解决问题的过程。领导者的创新思维主要体现在领导行为过程中，面对新形势、新变化、新格局，在没有经验可以借鉴或者没有什么行之有效的方法可以被直接应用，也没有什么清晰的规则可以被遵循的情况下，领导者需要充分发挥领导才能，开拓创新、勇于探索，提出解决问题的新思路、新方法，形成新观念和新理论。创新是一个国家、一个民族发展的重要力量，也是一个组织实现变革的重要推动力。领导者需要修炼创新思维，在工作中不断地审视自己，并大胆突破，做"敢于吃螃蟹"的人。

2. 领导创新思维的特征

（1）新颖性。领导者的创造性思考是有别于传统思考的一种思考方式。当领导者面对一些问题时，如果使用常规的方式不能很好地解决，那么就需要领导者运用创新思维，在思路的选择上、思考的技巧上，产出合理的独到见解。

（2）灵活性。领导者的创新性思维，不能是一成不变的。要根据情况，从不同的角度和层面思考问题，可以另辟蹊径，也可以逆向思考，突破旧有框架的束缚，创造新方法和新流程，从而克服常规思维的死板和僵化现象，使领导者的思路可以纵横驰骋，展现出了充足的思维灵活性。

（3）系统性。领导的创新思维都有系统的特点，虽然在创新过程的初期可能会存在短

[①] 冯鹏志. 新时代领导思维的整体建构及其实践前提——学习习近平总书记关于坚持"七大思维"的重要论述[J]. 宁夏党校学报，2021，23(6)：5-12，2.

暂的片面性，但在不断修正领导方式的过程中，对组织整体进行通盘考虑后，会逐渐形成系统性。在一定意义上，一个成功的革新结果，一定是基于系统和全面考量后的理性决策。

（4）动态性。领导的创新思维是在不断变化的客观世界中展开的，领导用变革的思想来应对变化的环境，并不断地调整思维的步骤和方向、研究周围的环境，最终达到思考的最优化从而产生工作创新。用变化的思维来理解和思考不断变化的情境，并且用动态的思维来给出问题的解决方案，已成为了当代领导者必备的思维方式（李枫、舒静庐，2011）。[1]

（5）辩证性。领导创新思维具有辩证性，体现在领导干部要从多个角度出发去思考问题、去观察世界、去判断形势，从而认识问题并提出解决办法。在创新过程中要理论联系实际，运用发展的观点去处理问题；要抓住主要矛盾，针对性地创造解决方法。此外，在创新过程中，要注意处理好共性和个性、普遍性与特殊性的问题，既要宏观纵览全局，也要深入细致地调查（李德迎，2021）。[2]

（二）领导创新思维的培养

1. 不断强化创新意识

创新意识是领导者进行创造性思考的起点和动力。一个缺乏创新意识的领导，只会满足于已有的成就，而不会进行创造性的思考，亦不会产出创造性的行为。所以，领导者要持续加强并激发自己的创新愿望、创新动机和创新意愿，这是提升创新思维能力的前提和基础。

2. 要加强经验和知识的积累

丰富的实践经验、坚实的理论基础，是领导创新思维的重要保证。实践表明，人的能力与其所具有的经验、知识之间存在着紧密的联系。同时，个体在实践中获得的经验、知识和技能也对个体能力的发展与提升起到了重要的作用。有了更多的知识和更多的经验，思路就会变得更开阔，视野就会更广阔，胸襟就会更宽阔，观点就会更深刻，分析就更透彻，思想就会更活跃，领导者的创造力就会更强。

3. 要坚持解放思想，实事求是，与时俱进

领导者要把解放思想、实事求是、与时俱进的思想路线转化为工作实践中的具体思维原则，并以此来指导自己的创新思维。领导干部在工作实践中，既要发挥主观能动性，又要注重客观规律，坚持主客观相结合，用发展的观点来理解和看待世界，不唯书、不唯上、只唯实，在一个"新"字上多做文章，唯有如此，创新思维的能力才会得到持续的提升。

---

① 李枫，舒静庐. 科学思维[M]. 北京：国家行政学院出版社，2011.
② 李德迎. 领导干部辩证思维运用难的原因及破解之道[J]. 领导科学，2021（22）：114-117.

三、领导的系统思维

(一)关于系统与系统思维

1. 系统与系统思维

系统是由不同要素组成的具有特定功能的有机整体,系统思维是立足整体把握事物的本质、结构和运行规律的思维方式。相较于其他思维方法,系统思维呈现出整体性、结构性、非线性、开放性等特点(许冠东,2023)。①

2. 领导者的系统思维

系统思维是一种以系统观念为指导的思维方法。习近平总书记在党的二十大报告中指出:"只有用普遍联系的、全面系统的、发展变化的观点观察事物,才能把握事物发展规律。"系统思维是领导实现科学决策的重要思维方法,注重决策的柔性、塑性和韧性,使决策目标不偏激、决策执行不走样、决策效果不中断。

领导者的系统思维内嵌于领导活动始终,影响决策目标制定、决策方案设计、决策方案选择、决策实施评价各个环节,增强了领导决策的科学性、系统性和有效性。尤其在我国经济社会进入新发展阶段,国内外发展环境复杂多变,发展矛盾纵横交错,对领导者的决策水平提出新的更高要求。只有善于运用联系、全面、发展、结构性观念思考问题,把握好整体和部分、当前和长远、全面和重点、特殊和一般的关系,领导者才能见微知著,做出具有科学性、预见性的决策部署,实现科学管理、有效治理。

(二)领导系统思维的培养

1. 提升领导者系统思维分析能力

在领导者决策过程中,决策对象的关系错综复杂,系统思维分析能力能助力领导者在决策时总揽全局、科学决策。首先,要加强培训。深厚的理论修养和知识素养是提升系统思维能力的基础,相关组织和部门应通过多种形式对领导干部进行系统性、专业性培训,丰富领导干部的知识结构,提升领导干部的系统思维分析能力。其次,要加强信息共享。信息共享是领导干部系统分析、科学决策的关键,领导干部要有意识地提升自身的信息收集与整理能力,获取有助于决策的各方面信息,提高决策的效率和质量。最后,要注重总结实践经验。领导干部要学会把工作实践与科学决策结合起来,通过工作轮换、业务竞赛、参观学习、角色扮演等方式,在实际工作中开阔视野,加强自我学习,提升系统思维能力和决策的精确度。

2. 推进系统思维融入决策程序

作为一项复杂的系统工程,领导干部开展决策活动必须按照决策程序,运用系统思维方法,实现决策的科学性、有效性。首先,要坚持系统思维方式的全局性、整体性,在决

---

① 许冠东. 系统思维赋能领导干部科学决策的内在逻辑与实践理路[J]. 领导科学,2023(5):75-79.

策过程中，要始终把决策活动放在决策者、决策对象、决策环境、决策目标的大系统之中加以考察和把握，树立全局观念；其次，要推动多维度思维融入决策程序，要求领导干部从系统论出发，对决策对象的各要素以及决策过程中的各个环节进行多角度把握、立体式思考；再次，推动开放性思维融入决策程序，要把握决策对象与外部环境之间的各种联系，运用系统思维的开放性特点，实现决策对象要素分析、决策目标设定、决策模型建立、决策方案选择之间的有机统一、相互匹配；最后，推动动态性思维融入决策程序，决策方案确定后，要充分利用系统思维的动态性特征，预测决策对象的多种变化，不断适应新的发展形势，制定新的政策，实现决策效益的最大化。

3. 提高领导干部科学决策的民主水平

民主决策是系统思维赋能领导干部科学决策的关键。运用系统思维推进领导干部决策的民主化，就是在决策的各个环节充分反映民意、吸纳民众广泛参与和征得多数民众认同。要完善民主决策的法律法规、健全民主决策的科学程序，积极构建领导干部民主决策机制，为领导干部开展民主决策提供制度保障。

4. 增强领导干部决策的情境适应程度

系统思维是原则性与灵活性有机结合的一种思维方式。系统思维具有动态性、适应性和平衡性。动态性是系统思维的鲜明特征。系统内部诸要素之间的联系及系统与外部环境之间的联系都是非静态的，会受诸多因素影响而不断变化。这种变化表现为系统内部诸要素的结构具有开放的性质，总是与周围环境进行物质、能量、信息的交换活动。在当前不确定性因素增加的环境下，领导决策面临前所未有的挑战，不平衡、不协调、不可持续问题十分突出，比其他任何时候都需要强化领导决策的适应性和平衡性。领导在决策中掌握并运用系统思维观察决策环境，能够理智清醒地感知并适应环境，在不同的时空情境中保持心理状态平稳，充分发挥个人潜能和优势，从而做出科学决策。

四、领导思维的培养与优化

(一) 保持对时代发展的感知力

1. 反思行为模式和思维导向

领导者要时刻保持对时代发展的敏锐感知与观察，坚持修身，激发转变思维的内在动力和积极性。首先，要反思行为模式和思维导向。结合时代发展，将领导思维方式与现实组织工作相对照，观察领导思维是否能够切实解决组织难题、是否与组织发展环境存在抵悟。其次，通过将领导思维与现实问题、组织环境进行适切性的比较，识别领导思维与现实需求、外部环境之间存在的差距，从一个个具体问题入手，改进或转变领导思维模式（尼珊瑜，2022）。①

---

① 尼珊瑜. 网络时代领导思维变革形态与新型领导思维培育策略[J]. 领导科学，2022(11)：139-142.

2. 学会学习，主动理解新时代新特征

领导干部要学会学习，主动理解新时代所带来的新特征，要在坚持辩证唯物主义和历史唯物主义的科学世界观和方法论的前提下，深刻洞察中国实际和世界格局演变的新趋势新特点，在思维方式上自觉而敏锐地拓宽拓深和创新我们治国理政思维。此外，在数字时代，要求领导干部提升自身的数字素养，促进对互联网、大数据、人工智能等信息技术运行的基本原理和底层逻辑的理解，增强接纳数字时代新兴领导思维的基本能力。

(二) 突破思维固化

1. 构建跨学科知识体系

随着社会的发展以及环境的日趋复杂，领导者面临大量的社会、市场以及组织内部管理的问题。这要求领导者具备较为全面、完善的知识体系以及巧妙灵活的管理能力。但同时也要注意，面对陌生领域不随意决策，而是要相信专业，把专业的事交给专业的人。领导者可以聘用专家作为自己的直接下属或副职，也可以将这些专业人士组成一个智库、智囊团来对组织决策提供专业性的建议。兼听则明，这样既能防止领导者思维的固化，又能避免领导者因"拍脑袋"而造成决策失误。

2. 从借鉴迈向创造

经验是实践的产物，无论对于个人还是组织来说，都是宝贵的财富。但理论素养比较薄弱的保守型领导者，常将经验作为决策的准绳和依据，因此很容易陷入"经验主义"的窠臼。盲目迷信经验会将认识与实践割裂，忽视理论指导实践的重要作用。当今世界正处于百年未有之大变局，各种问题交叠出现，领导者的很多决策和部署并无经验和先例可循。在这样的情况下，领导者放弃思考，迷信经验无疑是"自废双臂"。领导者对经验进行扬弃，目的是适应新的要求，能根据条件变化对经验进行适应性调整，以敞开怀抱的姿态去面对改变。这种对于经验的创造性吸收和运用，对于领导者来说，是一种科学的方法论。

3. 转换视角，兼顾核心与多元价值

领导者在组织中的立场决定了组织的价值取向。一个组织捍卫的核心价值是唯一的，但在错综复杂的现实社会，想要维持一个组织的长期存在与发展，也不能忽略其他价值，包括组织对内部成员的责任义务以及对整个社会的影响等。领导者要经过充分的沟通与调查，掌握足够的信息，才能真正克服"本位主义"，站在他人的角度考虑问题。领导者作为组织的"舵手"，应该以更加长远的眼光和更加包容开放的姿态，去平衡各方利益、未来发展、公平观念、效率原则、物质分配、精神文明等一系列价值。因而，领导者需具备一定的人文关怀和对于更高社会责任的追求。

 课后思考题

1. 领导者应如何正确理解与定位自己的角色？

2. 如何培养领导者的廉洁勤政心理？

3. 领导创新思维的特征有哪些?

4. 在新时代背景下,领导者应如何培养和优化系统思维?

 案例 5-1

掌握七大思维,成为合格好干部

党的十八大以来,习近平多次强调各级领导干部要努力学习掌握科学的思维方法,防止出现"新办法不会用,老办法不管用,硬办法不敢用,软办法不顶用"的情况,以科学的思维方法保证各项改革顺利推进①。

辩证思维

2012 年 12 月,习近平在广东考察时指出:"改革也要辨证施治,既要养血润燥、化痰行血,又要固本培元、壮筋续骨,使各项改革发挥最大效能。"党的十八届三中全会第二次全体会议上习近平又指出:"在推进改革中,要坚持正确的思想方法,坚持辩证法……"在之后召开的中央经济工作会上,习近平再次强调:"'稳'也好,'改'也好,是辩证统一、互为条件的。一静一动,静要有定力,动要有秩序,关键是要把握好这两者之间的度。"这些重要论述,充分显示习近平对辩证思维的高度重视。

系统思维

习近平反复强调改革开放是复杂的系统工程,各级领导干部要有系统思维。2012 年 12 月,在广东考察时习近平指出:"我国改革已经进入攻坚期和深水区,进一步深化改革,必须更加注重改革的系统性、整体性、协同性,统筹推进重点领域和关键环节改革。"在党的十八届中央政治局第二次集体学习时习近平又指出:"改革开放是个系统工程,必须坚持全面改革,在各项改革协同配合中推进。"2013 年 9 月 17 日在跟党外人士座谈时习近平再次指出:"全面深化改革是一项复杂的系统工程,需要加强顶层设计和整体谋划,加强各项改革关联性、系统性、可行性研究。"

战略思维

万古基业,必出自雄才伟略。在纵论国际国内大势、描绘改革发展蓝图时,习近平反复强调领导干部要有战略思维和战略眼光。党的十八届中央政治局第三次集体学习时习近平强调:"我们要……加强战略思维,增强战略定力,更好统筹国内国际两个大局……"其实,早在 2003 年习近平任省委书记时,就在《浙江日报》上发表文章指出:"要有世界眼光和战略思维","各级党政'一把手'要站在战略的高度,善于从政治上认识和判断形势,观察和处理问题……要努力增强总揽全局的能力,放眼全局谋一域,把握形势谋大事……用战略思维去观察当今时代,洞悉当代中国……"

---

① 中国共产党员网. 习近平总书记强调的六大思维方法[EB/OL]. (2014-09-11) [2023-09-20]. https://news.12371.cn/2014/09/11/ARTI1410406152215878.shtml? from=groupmessage&isappinstalled=0&ivk_sa=1024320u.

法治思维

法律是对社会行为的基本约束，也是治理国家的基本方式，古代明君贤臣无不儒法并用、德法并施以开创盛世。习近平高度重视法律制度在治国理政中的重要作用。在首都各界纪念现行宪法公布施行三十周年大会上习近平指出："依法治国是党领导人民治理国家的基本方略，法治是治国理政的基本方式，要更加注重发挥法治在国家治理和社会管理中的重要作用，全面推进依法治国，加快建设社会主义法治国家。"他还要求："各级党组织和党员领导干部要带头厉行法治，不断提高依法执政能力和水平，不断推进各项治国理政活动的制度化、法律化。"在中央政法工作会议上习近平再次强调："党既领导人民制定宪法法律，也领导人民执行宪法法律，党自身必须在宪法法律范围内活动，做到党领导立法、保证执法、带头守法。"

底线思维

"君子以思患而豫防之"，有备才能无患，习近平十分重视底线思维。在 2013 年初的一次重要会议上习近平强调："要善于运用底线思维的方法，凡事从坏处准备，努力争取最好的结果，做到有备无患、遇事不慌，牢牢把握主动权。"在 2013 年 7 月 25 日召开的党外人士座谈会上，习近平又强调要"坚持底线思维，切实做好工作"。在 2013 年底的中央经济工作会上，习近平再次强调："要继续按照守住底线、突出重点、完善制度、引导舆论的思路，统筹教育、就业、收入分配、社会保障、医药卫生、住房、食品安全、安全生产等，切实做好改善民生各项工作。"

精准思维

习近平向来重视精准化做事方法，2014 年 5 月 9 日在指导兰考县委常委班子专题民主生活会时习近平特别强调："要从细节处着手，养成习惯。如果对工作、对事业仅仅满足于一般化、满足于过得去，大呼隆抓，眉毛胡子一把抓，那么问题就会被掩盖。""当前，干部群众特别是基层群众反映的作风问题都很具体，不能以原则应对具体，要一一回应，具体解决。"党的十八大以来，中央抓"八项规定"落实，如严禁过节送礼、中秋节送月饼等，都是精准思维的体现。

互联网思维

"各级领导干部特别是高级干部要主动适应信息化要求、强化互联网思维"，在全国网络安全和信息化工作会议上，习近平总书记再次强调领导干部学网懂网用网的重要意义。当互联网成为这个时代的基础设施，互联网思维同样应该成为一个合格领导干部的标配。

 案例 5-1 思考题

结合以上材料，论述在我国治理情境下：

1. 以上七种思维能力的内涵。

2. 以上七种思维能力运用在哪些领导活动中？

3. 领导干部应该如何培养以上七大思维能力？

参考文献

[1]陈朋. 领导干部产生偏见的六大诱因[J]. 人民论坛，2020(26)：18-21.

[2]戴焰军. 偏见给领导干部带来哪些危害[J]. 人民论坛，2020(26)：22-24.

[3]冯鹏志. 新时代领导思维的整体建构及其实践前提——学习习近平总书记关于坚持"七大思维"的重要论述[J]. 宁夏党校学报，2021，23(6)：5-12，2.

[4]李德迎. 领导干部辩证思维运用难的原因及破解之道[J]. 领导科学，2021(22)：114-117.

[5]李枫，舒静庐. 科学思维[M]. 北京：国家行政学院出版社，2011.

[6]曹晓丽，林枚. 领导学基础[M]. 北京：首都经济贸易大学出版社，2019.

[7]尼珊瑜. 网络时代领导思维变革形态与新型领导思维培育策略[J]. 领导科学，2022(11)：139-142.

[8]人民论坛"特别策划组". 偏见是领导干部的致命伤[J]. 人民论坛，2020(26)：10-11.

[9]许冠东. 系统思维赋能领导干部科学决策的内在逻辑与实践理路[J]. 领导科学，2023(5)：75-79.

[10]许欢. 官员腐败心理与预防控制研究[D]. 武汉大学博士学位论文，2014.

[11]张云超. 领导者的"决策偏见"及其防范[J]. 领导科学，2021(23)：45-47.

第六章 领导者的自我意识

D. H. 劳伦斯在《人的秘密》一书中曾言："意志是独一无二的个体所拥有的、以纠正自己的自动性的力量。"在公共管理学中，领导者的自我意识与其工作作风、工作效能以及在工作上表现出来的领袖风范是密切联系的。提升对自我的认知、提高心理健康水平对领导者充分发挥其领袖作用至关重要。本章就自我意识与行为偏差、领导者的自我意识与心理健康、领导者提升自我意识的途径三个小节作简要的阐述。

第一节 自我意识与行为偏差概述

自 1890 年 James 在其《心理学原理》一书中首次提出自我意识以来，自我意识一直是心理学经久不衰的研究主题。直至 20 世纪 80 年代，自我意识的研究范围开始逐渐被拓宽，人们越来越多地将注意力集中在一些具体问题上。本节内容包括自我意识及其发展、意识偏差和行为偏差等。

一、自我意识

(一) 自我意识的概念

自我意识是意识的一种形式，是指个体对自己的各种身心状态的认识、体验和愿望以及对自己与周围环境之间关系的认识、体验和愿望(胡月星，2005)[①]，也可以看作是个体在社会生活实践中关于自我及物我、人我关系在头脑中的自觉反映(胡月星，2005)[②]。"意识不是一个独立的存在，而是系统复杂到一定程度后表现出来的客观性质。"(曹天元，2013)[③] 自我意识不是片面的心理情感，而是人类意识发展的高级阶段，它是人的思维、情感以及意志的结合，是一个多层次的复杂结构。

[①②] 胡月星. 现代领导心理学[M]. 太原：山西经济出版社，2005：132，135.
[③] 曹天元. 上帝掷骰子吗? 量子物理史话[J]. 中国科技信息，2013(23)：78.

（二）自我意识的分类

自我意识包括对自身机体及其状态的意识，对自己肢体活动状态的意识以及对自己的思维、情感、意志等心理活动的意识（车文博，2001）[①]。从形式、内容和自我观念的角度来看，自我意识有着不同的分类。

1. 从形式上来看

自我意识可以分为认知、情感、意志三个层面，分别叫作自我认识、自我体验和自我调控（苏京、詹泽群，2009）[②]。

（1）自我认识。自我认识是指个体对自身的感知与评价，它包括对自己的观察、感知、分析和评价，是个体自我调控和自我体验的基础。其中，自我辨识是自我评价的前提，自我评价是自我辨识的升华。自我评价就是对自身言行举止等社会影响价值的评估。因此，自我认识可以帮助个体辨识自我、物我及人我关系，为个体树立科学的社会观念、群体观念、评价观念提供坚实基础。

（2）自我体验。自我体验主要涉及个体是否满意、悦纳自己等问题，是自我意识在情感方面的表现，包括自尊、自信、自卑、内疚、自豪感等这些情感主要来自个体的社会比较。自我体验是个体在自我评价的基础上改变自我的内在驱动力。当产生成功感时，个体会感到喜悦从而产生积极自我肯定，进而向着更高目标进发；反之，当产生失败感时，个体会感到挫败从而产生消极的自我怀疑，如果自我调控失败，那么就会自暴自弃。因此，自我体验是自我认识和自我调控的中介。

（3）自我调控。自我调控也叫作自我控制，包括自我调整和自我控制，是自我认识和自我体验基础之上的行为，包括自强、自制、自律等。从形式上来看，自我认识、自我评价和自我调控的有机结合和完整统一，就成为一个人的自我意识。

2. 从内容上来看

自我意识包括生理自我、心理自我和社会自我三类，也可以称为物质的自我、精神的自我和社会的自我。

（1）生理自我。生理自我是自我意识的最原始的形态，是指个人对自身生理属性的意识，包括对自己外貌体型、身材特征等方面的意识等。据研究发现，在儿童1岁末时，就已经有了区分自己和他人的意识，有了"自我"和"他人"的概念，并学会在社会交往中，按照自己的身份、身体生理特征与实践能力观察自己并做出某种评估。生理自我到3岁左右就已经基本成熟。

（2）心理自我。心理自我就是个人对自己心理属性的意识，包括个人对自己的人格特征、心理状态、心理过程及其行为表现等方面的意识。心理自我在个体青年初期时就已经形成并发展起来了。具体表现在，青年在这一时期开始获得自主按照预设的目标和道德准则来评估自身的心理素养和能力。通过发现自我、了解自我，从而生成独立的愿望，乃至

[①] 车文博. 心理咨询大百科全书［M］. 杭州：浙江科学技术出版社，2001.
[②] 苏京，詹泽群. 大学生心理健康教育（第1册）［M］. 天津：天津科学技术出版社，2009.

理解未来之于自身的价值。随着个体不断成熟，自我评价也日趋客观、公正、综合，并在一定程度上具有趋向于社会核心价值观的特征性，以此为基础树立自我理想，追求人生价值目标。

（3）社会自我。社会自我体现在个体对社会与自身的关系问题的思考，具体包括自身的社会角色、人际关系中的作用、社会地位的认识以及对自身社会义务与权利的认识；也指对自己在群体中的地位、作用以及自己和他人相互关系的认识、评价和体验。

3. 从自我观念来看

自我意识可分为现实自我、投射自我和理想自我三个层次。

（1）现实自我。现实自我就是个人站在自身立场上看待自我，它强调对现实自己的认识。

（2）投射自我。投射自我与现实自我相反，是指个体站在他人立场上看待自我，这是一种想象。比如想象自己的言行举止在他人看来是什么样的，他人对自己的评价看法如何。由此而言，投射自我与现实自我之间往往存在差距。两者差距越大，个体便越觉得他人不了解自己，可能会造成自我封闭。

（3）理想自我。理想自我则是个体从自己的立场出发，对自身理想状态的一种认识，也是一种想象。理想自我是个体内心对美好自我的一种追求，是一种目标。由此而言，理想自我与现实自我也不一定是一致的。

（三）自我意识的形成与发展

正如前文所言，自我意识是人类意识发展的高级阶段，它是人的思维、情感以及意志的结合，是一个多层次的复杂结构。因此，研究领导者自我意识的形成与发展显得尤为重要。

从社会心理学的角度来看，人们普遍认为自我意识就是个体对自身状态的改变所进行的感知和调控活动，它是一种自我认知，例如，心理特征、性格特征、生理状况等内心感受。简单地说，自我意识实质上是一个主观的自我去观察客观的自我，以了解自己在一定的社会、一定阶层、一定社交圈子中的地位和作用，发现社会和他人对自己的接受和需要程度，从而实现自我存在价值和满足自我（胡月星，2005）。[①]

随着年龄的增长，每个人逐渐由简单认识自己的生理状况到认识自己与社会的关系转变，个体的自我意识也逐渐倾向于感知社会对他的评价，即投射自我，以及他对这些评价的判断，进而调整自身的言行举止，提高自我认知。

著名心理学家奥尔波特（G. Allport）在《社会心理学》一书中提出自我意识发展的三阶段模式，即经历生理自我、社会自我和心理自我发展时期。生理的自我也叫物质的自我，是自我最原始的形态，它的中心是个体的躯体；社会的自我是个体对自己被他人或群体所关注的认识，是个体的中心部分；心理的自我是个体对自己的心理活动的认识，即个体能

感受和调节自己的心理活动的过程、状态与特征。

（四）自我意识的心理意义

一个人的心理发展历程一般都要经历从幼稚到成熟的过程，形成正确的自我意识是心理成熟的标志，对心理健康起着重要作用（胡月星,2005）[①]。

1. 促进社会适应，和谐人际关系

正确的自我意识通过客观的自我评价产生合理的理想自我并且通过正确认识个体与他人、个体与群体双方不同的地位和需要，采取不同的策略，主动调节人际关系。对己、对人能够知己知彼，从而保持良好的社会适应和人际关系，维护心理健康。

2. 促进自我实现，创造最佳心理状态

正确的自我意识可以通过理性的自我认识、良好的自我体验以及有意识的自我调控来推动自我实现，最大限度地挖掘自身心理潜力。按照心理学家马斯洛的观点，自我实现是心理最健康和心理状态最佳的标志。

3. 有助于自我激励和自我完善

正确的自我意识可以帮助个体形成准确的自我认知与评价，并在此基础上建立自立、自主、自信的良好心理品质，激励个体去大胆尝试、积极进取，最大限度地调动个体的潜能，激发思维活动的功能，获得成就；在这一过程中，不断克服个体负性的自我意识，强化正性的自我意识，形成个体自我意识的良性循环（杨中焕,2016）[②]，使自己的心理行为个体化与社会化协调、平衡、完善发展。

二、行为偏差

在对自我、物我、人我关系的判断中，我们不可避免地会受到主、客观因素的影响产生偏差，从而影响个体的判断和决策，产生自我意识偏差。自我意识偏差是指对自己和自己的行为和能力的评价存在偏差的现象。这种偏差可能源于个人的心理和行为特征、文化、社交因素等。这种偏差与对自己认识的不一致有关，可能导致个体高估或低估自己的能力或评价。这相当于是一种认知失败，可能影响人们的判断和决策，最终产生行为偏差。

在人类的行为和思维的过程中经常体现出自我意识偏差。例如，对自己的优点和能力进行高估、忽视缺点和问题、过度自信等。这在某些情况下可能会让人们出现冒险和决断失误，并影响他们对自己的自我界定。反之，人们在自我谦虚和自我评价太低时，容易忽视自身的优点和实际情况，对自己产生负面情绪和焦虑，这可能会让人们过于保守，抓不住机会。因此，自我意识偏差分为自我意识过高和自我意识过低这两种，由此产生两种行为偏差。

---

① 胡月星. 现代领导心理学［M］. 太原：山西经济出版社，2005：134，137.

② 杨中焕. 大学生心理健康教育［M］. 济南：山东人民出版社，2016.

自我意识过高的人，往往以我为中心，过高地估计自己，盲目地、过度地信任自己，在受到挫折时极易自我放弃，还可能会有过激行为和反社会行为。接受批评是根治自负的最佳办法，通过接受别人对自己的正确批判来改变自己以往强势、固执的性格。培养同理心，提高社会视角转换的能力，有针对性地走出自我的局限，多从他人的视角看问题，对不同的观点进行理性分析、客观评价，而不是一味地坚守自己的观点，通过比较得出相对客观科学的结论，从而矫正不良行为方式。另外，与人平等相处、提高自我认知也是调试自我意识过高的方法，以发展的眼光看待自我，既要看到自己的过去，又要看到自己的现在和将来。

自我意识低的人则容易自我自卑、自我否定和自我萎缩。自我意识低具有以下四个特点：①过分夸大自己的缺陷；②毫无根据地臆造许多缺点；③常拿自己的短处和别人的长处相比；④将挫折和失败归因于自己的无能，将稍作努力就能轻易完成的工作也轻易放弃等。自我意识低的人可以通过积极评价自我、积极自我暗示、正确看待自卑等方式进行自我调适，从而减少由自我意识过低带来的行为偏差。

总之，要把握自身的优点和缺点、认清自身的局限性和目标，有助于做出更明智的决策和行为。与此同时，也要通过寻找反馈或与他人交流来核实自我意识的假设，这样有助于更全面地认识自己和自身的局限性。

第二节　领导者的自我意识与心理健康

随着人类社会出现，领导活动也随之产生，领导者在领导活动中居于主体地位，而领导者的自我意识又是影响领导者行为的重要因素之一。本节重点介绍领导者自我意识的内涵、表现类型以及领导者的心理健康。

一、领导者自我意识的内涵

领导者作为领导活动的主体，一直以来都是学术研究和社会实践的焦点。在某一特定的组织里，领导者对于组织活动的开展具有很大的影响力，起着制定组织目标、健全方针政策的统揽全局的作用；在具体情境中，领导者的工作作风、工作能力等都与其自我认知水平息息相关。由此看来，干部队伍的自我认知水平对组织活动的顺利开展具有关键性意义。从组织环境出发，剖析领导者的自我意识对提高其自我认知水平、提高工作能力与领导者素养意义深刻。每个领导者也应当努力提升自我认知素养，提高决策能力。

现代领导心理学认为，领导者必须具备以下四种基本素质：①自我意识。一个好的领导者应当提前意识到要做什么，并且怎样去做。②交流的能力。一个好的领导者应当懂得沟通并善于沟通。③领导者要有一定的财务知识和背景。④领导者应该专精于某个领域。这四点要求构成领导力理解的框架，也是培养优秀领导者的要求。自我意识作为领导者的必备素质越来越受到企业，特别是政府部门的重视。

在跨文化领导研究中，美国学者就较为注重美国文化中的个人主义传统与自我意识，这是美国文化中一个不可或缺的观念。在美国人看来，"每个人不仅是一个独立的生物体，而且还作为具有独特心理的生命及单个的社会成员而存在。美国人的自我观念在美国人的思想中占据主导性的地位，它以个人主义的形态渗透在人们的行动之中，并影响每一个活动的领域"（爱德华、密尔顿，2000）。① 这是与中国文化不同之处。中国历史传统文化强调集体意识而轻视个人意志的表达，认为集体利益高于个人利益，个人要依附于集体而存在。当个人利益与集体利益发生冲突时，应牺牲个人利益，保证集体利益。集体主义强调个人对群体、社会、国家的责任与义务。正如顾炎武在《日知录·正始》中所说的："保国者，其君其臣肉食者谋之；保天下者，匹夫之贱与有责焉耳矣。"然而，中华文化也不是完全抛弃个人利益，而是强调个人利益与集体利益趋近于一致，通过个体的自我意志来促进集体利益的实现。

中西方集体主义与个人主义的文化差异也促使其对领导者的自我意识研究产生了两种不同的倾向。在西方，自我意识作为领导信息处理能力和领导力九项自然法则之一而被列入深入研究的领域。② 沃伦·布兰克（1997）在《领导能力的九项自然法则》一书中提到，"领导者们具有一种综合的能力，他们把一些不相关的信息变成一个新的、更为有用的统一体，以此来提供解决问题的方法和提出方针。"③。这种综合能力就是指领导者的自我意识，他强调领导者必须有着较强的自我意识来提高信息的处理能力，进而作出科学合理的决策，以此来反映追随者们的意识。当追随者们与领导者的意识水平同步行进时，领导者就联系着追随者。反之，当领导者们不能改变他的追随者的意识并取得他们对领导者方针的信任时，该领导者就是失败的。

西方对于领导者提高其自我认知的落脚点在于影响其追随者，从而达成领导者实施政策的自我目的，而在我国则不然，国内对领导者自我意识的研究主要落脚点在于使其清晰认识到自身的优势与不足，进而实现自我突破、更好地落实义务和责任，从而达成实现组织目标的社会目的。例如，石金涛和解冻（2007）曾指出，领导者的自我意识直接影响其管理风格，进而影响到企业文化、组织氛围和员工效率④，强调领导者的自我意识对组织的影响。胡月星指出，正确的自我意识有利于领导者的心理健康，有利于领导者对自身行为进行调控，实现自己的义务和责任。

---

① ［美］爱德华·C. 斯图尔特，密尔顿·J. 贝内特. 美国文化模式［M］. 卫景宜，译. 天津：百花文艺出版社，2000：177-178，183，186，191-192.
② 胡月星. 领导者：用好"自我认知"［J］. 人民公仆，2014（11）：46-49.
③ 沃伦·布兰克. 领导能力的九项自然法则［M］. 上海：上海人民出版社，1997.
④ 石金涛，解冻. 领导者自我意识的培训方法［J］. 中国人力资源开发，2007（11）：43-46.

二、领导者自我意识的表现类型

自我意识是人的意识发展的高级阶段，它的形成是一个逐步发展的过程。一个人只有清楚地认识到自己的行为协调一致，内心才是稳定踏实的。然而，在现实工作中，有些领导者对于自身身体特点、人格特点、行为特点以及个人对他人和环境的关系认知不准确，影响了理想自我的构建，容易产生误区，造成较多挫折，进而引发了更多心理问题和障碍（胡月星，2015）[①]。领导者自我意识往往表现为以下五种类型：

（一）自我肯定型

这是领导者自我意识的主流类型，也是一种积极的统一类型。主要表现为对自身理想状态的认知同现实的自我达到的一种和谐统一的状态。这种积极的状态体现出领导者拥有较高的自我认知，相对稳定的心理状态。对个人来说，有利于现实自我向理想自我靠拢，不断修正、完善自己；对组织来说，有利于在此类型领导者的带领下实现组织目标。例如，有的领导能清晰目标定位，情绪稳定，脚踏实地；有的领导严于律己，宽以待人，团结协调，有较强的沟通能力。

（二）自我否定型

这是消极的统一类型。即理想与现实相脱离，主观与客观不统一。主要表现为理想自我与现实自我差距过大，对现实自我的评价过低，对投射自我的评价也呈现出一种消极的状态，内心较为封闭。这样的领导自我意识长期处于消极自闭的状态，甚至抛弃了理想自我而仅维持现实自我，故步自封，面对工作也是消极应付状态，不讲求工作效能。

（三）自我萎缩型

这是一种具有危害性的消极统一类型。其特点是理想自我极度缺乏或丧失，对现实自我又深感不满，自卑心理严重，导致自我拒绝的心理，甚至出现理想自我与现实自我的对抗[②]。这类领导者不求有功，但求无过，退缩保守，消极等待，以求得暂时满足。

（四）自我混乱型

这是自我的再统一比较困难的类型，主要体现为内心较为纠结或矛盾持续时间较长，自我调节缺乏稳定性和确定性，这类领导者摇摆于理想与现实之中，动机冲突强烈，心理负荷较重[③]。例如，虽然有的领导干部以"淡泊以明志，宁静以致远"自省，以"达则兼济天下，穷则独善其身"自勉，以"天行健，君子当自强不息"自励，但在现实中面对纷扰繁杂的利益纠纷，仍处于现实自我与理想自我相统一的矛盾之中，心理状态不稳定，由此表现出自我混乱、自我矛盾。自我认知水平有待进一步提高。

（五）自我膨胀型

这也是一种具有危害性的负面统一类型，主要表现为过高地估计自己，盲目地、过度

①②③ 胡月星. 领导者的自我认知障碍及消除思路[J]. 领导科学，2015（14）：3.

地信任自己，在受到挫折时极易自我放弃，还可能会有过激行为和反社会行为。这类领导者常表现为喜欢夸夸其谈，享受下属对自己的阿谀奉承，重视政绩工程而缺乏实干。

三、自我意识与领导者心理健康

自我意识始终伴随人的成长和发展不断完善，具体体现在个体通过他人评价进行自我判断进而提升自我认知水平，不断地进行自我完善和自我发展。随着个体逐渐趋向于成熟，自我意识所形成的一整套思维方式、价值取向也会慢慢固定下来，并直接决定个体的行为。另外，自我意识也是一种相对稳定的心理品质。由此看来，领导者的自我意识有着一套相对定型的行为模式和价值取向。值得注意的是，在自我意识逐渐完善的过程中，领导者的自我认知偏差会导致其出现各种各样的心理障碍和问题，影响其自我认知水平。可以说，领导者能否对自己有一个正确的认识，与其心理健康有直接的联系。

领导者的心理障碍，是指在组织活动中领导者所呈现出的不良心理状态，对其身心健康和领导工作会产生诸多的负面影响，因此，通过对自我意识的分析，来剖析领导者的心理障碍，使其心理状态与客观环境达到一种平衡，有着非常重要的作用（胡月星，2015）[1]。

在组织实践中，常见的领导者心理障碍有以下七种：

（一）权力观错位

领导者在组织上身居要职，握有权力。这一权力本身是民众赋予领导者制定方针政策、造福一方百姓的政治工具，却由于不同领导者自我认知不同而被赋予不同价值目标，最终落实到实践上的效能也大大不同。领导者错位的权力观会导致其出现不同表现类型的心理障碍。造成这一心理障碍的原因有很多，包括传统父权家长制的封建思想影响、个人素质水平等。

权力观错位的表现类型多种多样，如有些领导者以强权为中心原则来考虑问题，任意实行所谓"权力性影响"、依仗强权工具、迫使被领导者做奴仆、屈从于自己。有些领导者是以自我为中心的，认为他们高于被领导者，概念里充满了等级与尊卑意识。虽然在领导活动中不运用强权手段，但过分强调权力的主体作用，一意孤行地实施领导行为，不听取下属的意见和建议。一旦取得领导绩效，领导者的作用就会被过分夸大。在实施领导行为中，总有一种居高临下的态度，大大打击了下属的工作积极性。有的人只愿意听赞成意见，并且武断地作出了决定，这种心理状态极大地影响了领导者的心理健康，给领导工作造成了人为的精神压力和心理负担，极不利于领导工作的开展。

（二）嫉妒

嫉妒属于负面危害心理。嫉妒行为特点主要体现在以下四个方面：①爱自我表现、凡

---

① 胡月星. 领导者的自我认知障碍及消除思路[J]. 领导科学, 2015(14)：3.

事都要抢在他人前面；②凡事都是以自我为中心的，为了自己的利益，缺少对别人的了解和认可，缺少善意和谅解；③充满攻击性和揽功推过的特点，缺乏信心而惴惴不安，虎视眈眈地对待竞争者；④看似和蔼可亲，实则心狠手辣等。

领导者的嫉妒多出于他人对自己的评价，嫉妒的中心往往是对方的社会地位、组织权力和功绩。在积极方面，嫉妒可以成为竞争的动力和源泉，但是它的消极作用要远远大于积极作用。这类行为可诱发不同程度的心理紧张与攻击性，甚至使其违背道德准则与法律法规。

为了消除嫉妒，首先，需要树立一种自我超越的信念，将不服输的精神转化为实际行动，而非仅停留在口头上。其次，要善于从别人身上吸取积极有益的东西，增强自信心和战胜自我的勇气，克服自卑感。再次，必须以平和的心态看待事物，以客观公正的态度评估客观环境，审视事态的演变，对自身和他人的能力进行比较客观的分析和评估，这样才能避免被嫉妒所影响。最后，以理性的态度剖析并理解嫉妒。嫉妒是一种复杂的情绪现象，只有经过深入思考，领导者才能领悟到。如果因为坚守自己的观点而心怀嫉妒，就会失去更有价值的事物。

(三)求全责备

有的领导者秉持完美主义者观点，希望在自己的带领下，队伍能够一丝不苟、十全十美。具体体现在苛求下属、过分挑剔，对细节的把控过分严厉。"只有更好，没有最好"是这类领导者的观点。然而，作为领导者，只能要求所用之人尽可能做好，而不是一味地苛责挑剔。如果一直秉持这样的态度，会使很多真才实干的人才离心。

(四)多疑

多疑的人常常在内心深处沉浸于一种不安全、痛苦的推测状态中无法自拔。他们常常把自己的行为与周围的客观事物对立起来。这种异常的心理反应往往源于人们对客观环境或他人的主观判断出现偏差，却未意识到这种偏差所导致的心理失控。这种情况下的情绪变化就叫"疑心病"。成语"杯弓蛇影"所表达的就是这种内心深处的疑虑和不安。心理学认为，这种情况在领导干部身上表现得尤为突出。有些领袖可能会因为受到上级的批评而对自己的能力产生怀疑，从而对上级产生信任危机；有时当自己的到来令他人终止交谈时，多疑的人会开始怀疑别人是否在谈论自己，这种怀疑会让人感到不安；有时甚至会对下属的忠诚程度产生疑虑。

这些都是领导者在工作过程中因不良心态所导致的不良后果。如果不对这种不健康的心理状态进行纠正，那么将逐渐演变为一种病态，其多疑会破坏组织内部的团结，导致人与人之间缺乏互信，工作中缺乏紧密配合，故意制造难题，一旦蔓延至组织内部，将严重破坏组织的凝聚力，消耗士气，引发人心涣散、身心疲惫的局面，对实现组织目标、提高领导绩效极为不利(王宁湘，2007)①。

---

① 王宁湘．加强领导干部心理素质修养[J]．中共南宁市委党校学报，2007(2)：29-31．

(五) 焦虑

焦虑是一种消极的情感反应，是个体在面对即将到来的环境变化或需要付出努力时，主观上产生的一种紧张和不愉快的期待情绪，其中包括自尊心受损、自信心丧失、失落感和内疚感以及相互交织的不安忧虑，甚至惊恐等情感(王纯等，2011)[①]。不同年龄的人都有可能发生焦虑。

对于领导者而言，焦虑情绪的根源错综复杂，年轻的领导者可能会因为工作压力过大、人际关系错综复杂、无法及时满足成就需求以及担心失去领导职位等因素而产生不安情绪；中年领导者或许会因为长期未能开拓工作领域、工作进展缓慢、缺乏朝气蓬勃的活力等因素而感到情绪不安；年长的领导者可能会因为工作时间较长，经常处于紧张状态中，导致心理疲劳与焦虑并存。对于年迈的领导者而言，他们可能会因为即将离开多年的工作岗位而陷入一种既怀念原有工作，又担心退休后社会地位和生活待遇受到影响的焦虑，这种情绪波动常常伴随烦躁不安。领导者的情绪焦虑会导致其无法以冷静的态度思考和解决问题，从而失去了积极进取的精神，同时也会削弱领导者的自信心，使其缺乏对工作和生活的热情，从而在一定程度上影响被领导者的积极性发挥。因此，领导者应学会积极调整心态，抱有乐观主动的心态处理问题。

(六) 虚荣和自卑

自尊心的失衡会导致虚荣和自卑这两种极端表现的产生，它是一种消极心理状态，会阻碍人们前进的步伐。虚荣可以看作是自我意识过高的表现，具体体现在：自我吹嘘、过度夸张、虚构事实、对表扬自满、对批评耿耿于怀、在工作中追求表面功夫、追求排场、缺乏务实精神等。虚荣心，即自我价值感的扭曲，其根源在于对荣誉及其获取方式的错误理解。虚荣心导致自我中心化，从而形成狭隘的个人主义，严重地影响着人们的世界观、人生观和价值观，并成为滋生腐败现象的土壤。

自卑则是指一种自我感觉的低劣状态，是一种内心活动的消极现象。领导者的自卑感往往表现为：遇事犹豫不决，不敢独当一面；对自己的能力评价过低；在意而又害怕别人对自己的评价。自卑感往往是领导者受到挫折后，内心极度压抑而产生的结果。克服自卑感的关键在于客观评价认识自己，敢于表现、勇于承担，增强自信心和自尊心。

(七) 麻木和冷漠

这是领导者对挫折的一种消极反应方式。具体体现在对外部事物反应冷淡，漠不关心。这一心理障碍会使下属对领导者感到失望，工作之间缺乏密切合作与交流，大大影响队伍的团结与凝聚力，引发人心涣散，这对实现组织目标、提高团队绩效是极为不利的。

以上列举的七种领导者的心理障碍产生的原因有很多，包括激烈的竞争、过重的压力

---

① 王纯，楚艳民，张亚林，等. 汉密尔顿焦虑量表的因素结构研究[J]. 临床精神医学，2011, 21(5)：299-301..

等。但归根结底，主要是由领导者自我意识偏差，即自我、物我、人我关系理解偏差导致的。因此，领导者如何形成正确的自我认知并提高心理健康水平尤为重要。

第三节 领导者提升自我意识的途径

正确的自我意识有利于领导者的心理健康，有利于领导者对自身行为进行适宜的调控，更好地承担责任和履行义务，走向全面发展与成功（胡月星，2005）[①]。那么，领导者该如何提升自我意识呢？

一、认识自我

认识自我是提高自我认知水平的基础和关键。古人云："人贵有自知之明。"领导者全面、客观地认识和评价自我，不断提高其认知水平，会促进其领导决策和领导模式更加科学严谨，组织目标更加清晰完善。具体来说可以从以下三个方面入手。

（一）自我观察

自我观察，首先，要从三个方面全面深刻地认识自己，即生理、心理和社会；其次，用恰当的参照系认识自己，不光要把自己置于大的社会现实环境和历史条件下，认识自己的条件、能力、地位、作用、责任等，还要把自己置于小的组织环境中，客观全面地认识自我。恰当地在社会环境和组织环境中认识自我，这对于理想自我的人际关系处理也是大有裨益的。

（二）自我评价

自我评价，就是从全方位来准确认识自我、客观评价自我，建立信心。既要进行纵向比较，将现实的自我和理想的自我作比较，看到自己的不足，还要进行横向比较，同那些超过自己的、和自己差不多的、比自己差一点的人进行比较（胡月星，2005）[②]。要综合分析以上各方面获得的信息，才能得出比较客观的评价。不高估自己，也不自轻。

（三）他人评价

在进行自我评价的同时，也要积极听取他人的评价，这样可以多角度全面地认识自我。需要注意的是，在听取他人评价时，也要保持自身独立思考与理性判断，面对他人的批评不能盲目地照单全收，而是要通过独立思考客观地进行自我评价。

---

①② 胡月星. 现代领导心理学［M］. 太原：山西经济出版社，2005：144.

二、形成正确的价值取向

领导者在工作中的各种决策和行为都是在一定价值取向指导下进行的，价值取向是作为人们行动准则和目标的一种价值理念。管理心理学把价值取向定义为"在多种工作情景中指导人们行动和决策判断的总体信念"。领导者的价值取向主要表现在以下三个层次：

（1）生命价值的认知。李敖白曾言："一个人的生命是有限的，但前进的历史过程无限，如果能把一点力量贡献给这一个前进过程，这种贡献是永恒的，这就是人生的价值。"对领导者来说，虽然领导者的生命具有个体价值，但由于其在组织中的特殊角色，更多的是体现其社会价值的。领导者的生命价值也是寓于社会价值，乃至国家价值之中的。因此，作为领导者，应对自身的生命价值有清晰的认知，其制定的方针政策和组织的环境是关系着千千万万的人的。领导者不光要为自己负责，更要为下属以及组织负责。这才是领导者的生命价值所在。

（2）经济价值的认知。对领导者而言，树立正确的财富观至关重要。领导者应重视成就轻视金钱，重视精神需要而轻视物质利益的满足。这样才能恪守职业道德，带领团队达成组织目标。如果为金钱所累，那么就会造成自我意识偏差，从而出现行为偏差，影响个人以及集体的发展。

（3）权力价值的认知。正如前文所言，权力观错位是领导者心理障碍的表现之一。领导者错误的权力观是影响其自我认知的重要因素。对领导者而言，拥有权力不能证明个人的成功，关键是如何运用权力。应树立权责一致的理念，在行使权力的同时也要履行自己的责任和义务，严禁以权谋私、以权谋利，树立正确的权力价值取向。

三、悦纳自我

积极地悦纳自我也是正确认识自我的关键。悦纳自我就是坦然接受自己的缺陷和不足，勇敢面对自己的失败。领导者要以乐观积极的态度接纳自己的长短优劣，客观看待自己存在的问题，理性克制，并努力改正自我。

需要注意的是，悦纳自我的基础是全面认识自我，通过自我评价和他人评价认识到自己的不足。领导者要从多维度、多方面来客观评价自我。一方面，进行纵向比较，比较现实自我与理想自我之间的差距，并付诸实际行动来缩小这种差距。另一方面，也要进行横向比较，比较与自己处在同一层次上的领导者和自身的差距，客观看待自身的不足之处。领导要对自己的需要、愿望、能力、知识以及性格品德有一个比较客观全面的认识，在自我悦纳当中，培养自信、自立、自强、自主的心理品质，从而发展自我、更新自我（胡月星，2015）[①]。在领导活动中，更加从容淡定地做出科学决策，并在实践基础之上不断发展完善。

---

① 胡月星. 自我认知 增进领导健康心理的第一力［J］. 人民公仆，2015（1）：5.

四、管理自我

领导者的思想观念、工作能力、管理能力等方面的素质具体体现在管理自己和管理他人两方面。管理自己，即自我控制，就是人自己驾驭、支配、调节自己的行为，是人的一种本能，是以人的生理结构为基础的一种先天的功能，每一个人都有这样的能力（张治杰，2000）①。有效地控制自我，是完善自我、提升自我的根本方法。相反，如果缺乏自控意识，那么就会遇事情绪化，甚至一事无成。

领导者的自我控制体现在领导活动的方方面面。例如，面对突发事件能保持镇定，有条不紊地命令、组织人员解决问题，恢复秩序；在批评面前，能保持稳定的情绪，理性思考，虚心接受批评指正；在下属奉承面前，冷静克制，从全局出发以长远的目光看待事物，不为蝇头小利折腰；在谣言毁谤面前，做到"无故加之而不怒"，保持自身行为目标的正确方向。

要想有效地监督和控制自己，离不开坚强的意志，只有意志健全的个人，才会实现有效控制自己的目标，最终成就理想中的自己，所以每个人都要从培养健全的意志品质、增强承受挫折的能力、提高自我控制能力入手，让理想的自我与现实的自我统一起来（侯建云，2008）②。通过培养良好的自我意识，从而实现理想自我的构建，以及由此而来的自我调节和控制，不断地修身养性、锤炼自我。

五、加强道德修养

江泽民同志在党的十四届五中全会上要求各级领导干部要"自重、自省、自警、自励"，这是对领导干部堂堂正正做人的最基本要求，也是指导他们提高觉悟水平的行动纲领。

（一）自重

自重是做人的关键品格，是人格形成的内在力量（胡月星，2005）③。自重，就是要尊重自己的人格，谨言慎行，爱惜名誉，待人处事要端庄，做与自己的身份相符的事，不能在轻浮、流俗中迷失自己，既不能目中无人，也不能妄自菲薄。自重的人，能遵守社会提倡的行为规范，维护自己的人格尊严，在人际交往中既能做到对他人的尊重，又不会丢掉自己的人格。在社会事务中，能拿得起放得下，堂堂正正做人。在领导工作中，要求别人做到的，自己首先要做到；禁止别人干的，自己坚决不干。

---

① 张治杰. 领导干部要提高自我控制能力[J]. 四川党的建设（城市版），2000（3）：31.
② 侯建云. 影响人际关系的心理因素[J]. 卫生软科学，2008，22（6）：4.
③ 胡月星. 现代领导心理学[M]. 太原：山西经济出版社，2005：145.

（二）自省

自省就是反省，检查自己的言行举止有没有过错。开展自我批评是加强自身修养的重要方法，是对错误思想的不断抵制和对真理的不断追求的过程。《论语·学而》有言："吾日三省吾身：为人谋而不忠乎？与朋友交而不信乎？传不习乎？"自省是一种重要的修养方法，领导干部在政治修养上也要经常自省，加强党性锻炼，养成"吾日三省吾身"的习惯，经常反思自己的行为，检点自己的作风，发现一起，马上"自省"，马上改正。

只有养成自省的习惯，才能及时发现自身的错误，在辨析是非中积累经验，在思想观念上能有新的提高。领导者敢于自省，就会获得下属的尊重和信任，就会得到群众的拥护和爱戴，就会更加出色地做好本职工作。

（三）自警

自警就是警示自己。自警途径有两种：一种是通过告诫自己，不要违背政治原则和伦理道德来起警示作用；另一种是用别人的教训提醒自己，别重蹈覆辙。这两种自警方式都是领导者所需要的。用党的政治规范和国家的法律法规来要求自己不能有越轨之举。同时，也要经常对照已经发生的反面典型，告诫自己，类似的错误不要犯。

（四）自励

自励就是激励自己，与自警不同的是，自励是以一种积极的态度，奋发向上，自我鞭策、自我完善、自我发展。自重、自省、自警更多体现的是一种规范约束，要求领导者警惕小心。但同时，领导者也应自我鼓励，敢闯敢干。在其位，谋其政。用远大理想和宏伟事业来鞭策自己，在自律的同时，不断前进。

各级领导干部应该"自重、自省、自警、自励"，这是对公共部门领导者提出的最基本的要求和准则，更是指导其提高自我意识水平的行动方案。领导干部能正确认识自我，就能激励斗志、振奋精神、警钟长鸣、开拓前进，不断发展壮大领导事业。

 课后思考题

1. 结合"自我意识"的相关知识，分析行为偏差是如何形成的？
2. 领导者的自我意识有哪些类型？谈谈不同类型的自我意识在领导实践中的影响。
3. 领导者的常见心理障碍有哪些？结合实例谈谈你的看法。
4. 结合本章所学，领导者应如何提高自我意识？

 **案例 6-1**

领导者的自我意识在公共管理中的应用

某县粮食局由于经营不善，连年亏损，人心涣散，工作效率低下，已有多名同志陆续调离，不少人想调离，但因为编制问题只好苦熬日子。新任局长王同志就职后，决心下大气力扭转局势。他深入基层，调查亏损症结，反复研究思考，认为连年亏损的原因虽然复杂，但根本在于前任局长的行事作风导致下属的积极性没有被调动起来。

他通过调查发现前任局长行事作风强势，强调个人权威；在决策时要求下属追求完美，强调细节，导致工作氛围压力很大；独断专横，很少主动寻求他人的意见和建议。

于是，他一改前任局长的领导方式，自学与领导学相关的书籍，提高自我认知和领导技能。首先，树立正确的权力观，确定"以人为本"的原则。冲破"裙带关系""家庭王朝"等传统陋习，深入了解基层，进行科学的人事制度改革，本着公平、公正、公开的原则，选贤举能，实行动态管理。这一举措立刻使单位上下焕然一新，也让广大职工看到了新的希望，增强了职工的凝聚力和向心力，使工作效率大大提高。

在此基础上，王同志还进行一系列改革和模式创新，在改革过程中也注重加强与职工的沟通交流，听取他人的意见和建议，在个别决策上还会将任务交给下属，锻炼他们的个人能力，大大提高了职工的工作积极性。模式的科学创新也改变了粮食局浪费严重、管理混乱的局面。在日常学习会上，王同志也鼓励大家就当前工作任务和工作目标互相交流学习，并以身作则积极参与发言讨论。他也积极参与上级安排的领导学习培训和交流活动，注重提高自身的领导技能。

这一系列举措效果显著，仅用一年时间就打了个翻身仗。粮食局管理内部上下焕然一新，经济效益在全市同行业排名中大幅提高，被省粮食厅授予"先进单位"荣誉称号，开创了该县粮食局的新局面。

然而，在改革过程中势必会触及某些人的自身利益。不久后，有人联名举报王同志"贪污受贿""私自挪用公款""谎报数据"等一系列违纪行为，一时间舆论纷纷。经过近一个多月的调查暗访，纪检监察机关澄清了事件真相，并向粮食局和全社会公告，该举报系诬告。正当有人义愤填膺、愤愤不平时，王同志却说："事情弄清楚就行了，不必对他们指责，应当给他们一个悔过的机会。"一席话使众人都深受感动。王同志在日常工作中，非但没有歧视他们，反而各方面关心体贴，积极与他们沟通交流，他说："如果没有他们告状，说不定我会因一时的成绩沾沾自喜，有可能犯错误呢。"

 案例 6-1 思考题

1. 结合所学知识，试列举前任局长的心理障碍问题。

2. 王同志为何会让粮食局"焕然一新"？

3. 陈云说过："我们要有大的气量，善用各种人才。单枪匹马，革命到底是干不成功的。"试结合王同志的改革措施谈谈你对这句话的看法。

参考文献

[1][美]爱德华·C. 斯图尔特，密尔顿·J. 贝内特. 美国文化模式[M]. 卫景宜，译. 天津：百花文艺出版社，2000.

[2]曹天元. 上帝掷骰子吗？[M]. 北京：北京联合出版公司，2013.

[3]车文博. 心理咨询大百科全书[M]. 杭州：浙江科学技术出版社，2001.

[4]侯建云. 影响人际关系的心理因素[J]. 卫生软科学，2008，22(6)：4.

[5]胡月星. 现代领导心理学[M]. 太原：山西经济出版社，2005.

[6]胡月星. 领导者的自我认知障碍及消除思路[J]. 领导科学，2015(14)：3.

[7]胡月星. 领导者：用好"自我认知"[J]. 人民公仆，2014(11)：46-49.

[8]胡月星. 自我认知 增进领导健康心理的第一力[J]. 人民公仆，2015(1)：5.

[9]石金涛，解冻. 领导者自我意识的培训方法[J]. 中国人力资源开发，2007(11)：43-46.

[10]苏京，詹泽群. 大学生心理健康教育（第1册）[M]. 天津：天津科学技术出版社，2009.

[11]王纯，楚艳民，张亚林，等. 汉密尔顿焦虑量表的因素结构研究[J]. 临床精神医学，2011，21(5)：299-301.

[12]王宁湘. 加强领导干部心理素质修养[J]. 中共南宁市委党校学报，2007(2)：29-31.

[13]沃伦·布兰克. 领导能力的九项自然法则[M]. 上海：上海人民出版社，1997.

[14]杨中焕. 大学生心理健康教育[M]. 济南：山东人民出版社，2016.

[15]张治杰. 领导干部要提高自我控制能力[J]. 四川党的建设（城市版），2000(3)：31.

第七章 领导者的心身疾病概述

第一节 领导者的心身疾病

一、领导者的心身疾病

领导者是一个特殊的群体,在组织中地位较高,承担的责任和发挥的作用也更大,他们除了要与普通人一样承受各种紧张与压力外,还需要在工作和生活中率先垂范、做出榜样。[①] 作为组织的引领者和决策者,领导者一方面需满足自身较强的自我实现的欲望,另一方面还需要面对复杂繁冗的工作,应对组织内外部的多重考验。过度而持续的压力使领导者的身心健康面临挑战,因此,对领导者身心健康的管理是领导心理学中的一个重要方面。领导者不仅要保持适度的压力,还得维持身心健康的方法,既有利于提高自身工作效率,促进自我实现,又有助于有效管理和调控员工压力,构建良好的企业文化,促进组织绩效。

由于领导者的心身疾病问题会对领导者个人及团队产生潜在影响,这一话题在近年来得到诸多关注。常见的心身疾病包括以下 10 个:

(一)顽固性头痛

顽固性头痛是一种较为常见的心理疾病、生理化的疾病,也是一种广泛存在的疾病[②],其特点是频繁发作,难以缓解和控制。

顽固性头痛的发病原因和种类非常多,由"病人头痛,医生头痛"就可以看出顽固性头痛的复杂性。引起顽固性头痛的常见因素包括紧张和压力、缺乏睡眠、肌肉紧张、神经系统紊乱等心理因素,也包括颈椎变形压迫血管导致大脑供血不足等生理因素。患者的生活方式、工作环境和遗传因素也可能与头痛有关,但还是以心理问题为主。

(二)原发性高血压

原发性高血压是各类组织领导的常见病。《健康中国行动(2019—2030 年)》显示,我

---

① 葛操. 领导者的心理健康与自我调节[J]. 领导科学,1999(9):39-41.
② 鞠强. 领导心理学[M]. 上海:复旦大学出版社,2018:219.

国现有高血压患者达 2.7 亿人，18 岁及以上居民高血压患病率为 25.2%，并呈现上升趋势。在高血压病中，原发性高血压占了 95% 以上。原发性高血压是指血压持续升高，且没有明确的病因。[①] 通常情况下，原发性高血压会伴随长期的不稳定血压控制，给患者的身体健康和生活质量带来巨大的影响。现代社会不断加快的节奏、愈演愈烈的竞争、高涨的物欲使患者精神高度紧张，这些使高血压逐渐成为常见病。研究表明，社会地位较高和社会地位较低、高收入人群和低收入人群、文化程度高和文化程度低的阶级的高血压发生率均高于中间阶级。

此外，有完美主义倾向和责任过度的人群、易焦躁暴怒的人群、不善于适当发泄情绪和压力的人群、早年父母过于苛责管教的人群、指责型人群和钻牛角尖型人群以及家庭不和睦的人群都容易得高血压。

(三) 慢性胃炎

慢性胃炎是指不同病因引起的胃黏膜的慢性炎症或萎缩性病变。[②] 慢性胃炎常见的症状包括胃痛、消化不良、恶心、呕吐、胃酸倒流等。由于症状较为缓和，很多患者在发病初期难以察觉，因此慢性胃炎也容易被忽视。

除了幽门螺旋杆菌是慢性胃炎的生物原因外，心理因素也是引起慢性胃炎的重要原因。研究表明，人在焦虑和愤怒时，胃酸分泌增加，胃蠕动加速，恐惧和绝望时，胃酸分泌减少，胃壁紧张度增加，长期的情绪紧张和心理刺激引起胃功能失调，幽门括约肌松弛，胆汁反流，进而破坏胃黏膜屏障，氢离子回渗到胃黏膜内引起一系列病理反应，从而导致慢性胃炎。

(四) 甲状腺肿大与结节

各类组织领导和高管中甲状腺肿大与结节发生率高于社会平均水平。[③] 国家卫生健康委员会针对全国 31 个省、市、自治区的调查显示，在 18 岁以上的成年人中，甲状腺异常患者占比超过了 1/2。2021 年数据显示，我国总人口约 14.12 亿，其中甲状腺结节患者占2.63 亿，正在日益侵蚀着国民的身心健康。甲状腺肿大除了激素等生理原因外，还有很多常见的心理原因，如责任心过度、受到情绪刺激的频率和强度偏大的影响，情绪起伏巨大、压力忽高忽低等。

(五) 糖尿病

糖尿病是一种多病因的代谢疾病，特点是慢性高血糖，伴随因胰岛素 (INS) 分泌及/或作用缺陷引起的糖、脂肪和蛋白质代谢紊乱。[④]

---

① 中华人民共和国国家卫生健康委员会. 健康中国行动 (2019—2030 年) [EB/OL]. 2019-07-15. https://www.gov.cn/xinwen/2019-07/15/content_5409694.htm.

② 张万岱，陈治水，危北海，等. 慢性胃炎的中西医结合诊治方案(草案)[J]. 中国中西医结合消化杂志，2004(5)：314-317.

③ 鞠强. 领导心理学[M]. 上海：复旦大学出版社，2018：222.

④ 钱荣立. 关于糖尿病的新诊断标准与分型[J]. 中国糖尿病杂志，2000(1)：4-5.

糖尿病同样也不是单纯的生理疾病，心理因素也是导致糖尿病的重要因素，特别是60岁以下的糖尿病患者。糖尿病有个外号叫慢性癌症，管理心理学家鞠强教授把糖尿病定义为"典型求死求生并存基本平衡且求死稍赢类型慢性自杀"。主要表现为患者潜意识认为自己活得太累太辛苦，生活太烦躁，认为活着没意思，于是潜意识指挥自己早点死，但与此同时人又有生的本能，求生和求死两种信号并存于大脑，这样一来两种信号互相博弈，博弈平衡的结果就是选择慢性自杀，长此以往便得了糖尿病。

(六)肥胖症

临床上的肥胖症一般指单纯性肥胖，不包括内分泌因素导致的继发性肥胖。[①] 肥胖症通常依据体重指数(BMI)进行分类，$BMI=$体重(公斤)/身高(米)^2，根据世界卫生组织的标准，BMI 在 18.5~24.9 被认为是正常体重，25~29.9 被认为是超重，30 及以上被认为是肥胖。

很多人认为，肥胖症是个纯生理现象，然而事实并非如此。肥胖症是一种由多因素引起的慢性代谢性疾病，其中心理因素高达80%。多数人认为肥胖的产生与多吃有关，那么人为什么要多吃呢？在鞠门学派看来，人多吃的心理因素有七个，并且这些因素都藏在潜意识当中。例如"烦恼"，当人在工作和生活中遇到过多的烦恼时，潜意识里就会认为"生活工作太烦恼了，我需要多吃点，通过美食来满足自己"，从而达到"缓解"烦恼的目的。

(七)癌症

60 岁前得癌症与负面情绪密不可分，各类组织的领导者是患癌的高发人群，且远高于社会平均水平。通常来说人的基因中同时具有致癌基因和抑癌基因。众所周知，人类过多接触黄曲霉素、亚硝酸盐、铅化物等致癌物，接触过多放射性物质、长期感染某些病毒、长期缺乏运动或长期吸烟等都有可能会患癌，因为这些都会激活致癌基因。但人体还有抑癌基因，人体每天都有几千个新的癌细胞产生，而抑癌基因会调动免疫力来杀死这些癌细胞。所以一般人不会患癌，而 60 岁前患癌很有可能是因为抑癌基因失去活力。长期情绪不好，抑癌基因就会停止、失去活力，那么患癌基因就会乘虚而入。19 世纪，医生佩吉特说：在牵肠挂肚、忧虑失望的情绪之后，癌症往往会乘虚而入，这样的病例不计其数。[②]

在《外科正宗》中有"忧郁伤肝，思虑伤脾，积想在心，所愿不得，致经络痞涩，聚结成核"的记载；《金匮翼·积聚统论》中说"气滞成积液，凡忧思郁怒，久不得解者，多成此疾"。一项发表在《身心医学研究杂志》上的研究报告称，压抑情绪造成的后果比人们目前认识的更加严重。这项研究对796 名平均年龄为 44 岁的受试者的资料进行了分析，这些受试者在 12 年前曾经报名参加过包括心理问卷在内的健康调查。研究人员在 12 年后对这群人进行了相同的调查，发现已经有 111 名被试者去世——大多数是因为心脏病或癌症。研究人员通过分析被试者的情感得分发现，压抑愤怒情绪且不轻易表露真实想法的人死亡率十

---

① 刘国良. 肥胖症[J]. 中国实用内科杂志，2003(9)：513-524.
② 鞠强. 领导心理学[M]. 上海：复旦大学出版社，2018：226.

分高。由此可见，不好的精神、情绪、不良的心理状态、社会刺激因素都不利于抑癌。

（八）抑郁症

抑郁症为心境障碍的一种临床症状，是以显著而持久的心境低落、思维迟缓、认知功能损害、意志活动减退和躯体症状为主要临床特征的一类心境障碍。1990～2019年，中国抑郁症发病人数从31.3百万增加到41.04百万，增长率为30.99%。[①] 据世卫组织估算，全球共约3.5亿名抑郁症患者，近十年来患者增速约18%，每年大约有100万人因为抑郁症自杀。《2022年国民抑郁症蓝皮书》数据显示，我国抑郁症患者超过9500万人，也就是说我国每14个人中就有1个抑郁症患者。更有数据曝出，约有49%的领导者有心理疾病，其中抑郁症占到30%。

关于抑郁症的成因，精神病学与临床心理学家陆林认为，近年来抑郁症的患病率有一定上升的趋势，主要有两大原因：一是随着社会经济的发展，生活工作节奏加快；二是灾难性事件的发生，如疫情、地质灾害等。这些不确定性因素都会给大家的情绪带来影响，同时也会增加抑郁症的患病率。

《精神疾病诊断与统计手册》（第五版）（The Diagnostic and Statistical Manual of Mental Disorders，DSM-V）是一本最常使用的用来诊断精神疾病的指导手册。DSM-V对抑郁障碍的诊断依据为：

以下症状有5项（或更多）同时持续存在两周，并且较既往有显著的功能改变；至少存在（1）或（2）中的1项。

（1）抑郁心境几乎整天和每天存在，可以是主观表述（如感到悲伤、空虚、无望），也可以是被旁人观察到（如流泪）。

（2）几乎整天或每天对所有或几乎所有活动明显的兴趣或愉快感的减少（通过他人描述或观察）。

（3）显著的体重减轻（在没有节食情况下）或体重增加（即1个月内体重改变超过原体重的5%），或是几乎每天有食欲的减退或增加。

（4）几乎每天失眠或嗜睡。

（5）几乎每天存在精神运动亢进或迟滞（能被旁人观察到，而不仅仅是主观感到焦躁不安或迟缓）。

（6）几乎每天感到疲乏或精力（活力）丧失。

（7）几乎每天有无价值感或者极端或不恰当的自责（可能出现妄想）（不仅是主观的自我谴责或对生病的内疚）。

（8）几乎每天存在思考力或注意力的减退，或优柔寡断（可以是主观上的描述，也可以是被旁人观察到）。

（9）反复想到死亡（不仅是对死亡的恐惧），或反复有自杀倾向但没有详细的计划，或

① 杨丽.1990～2019年中国居民抑郁症发病趋势及年龄-时期-队列分析[J].现代预防医学，2023，50(14)：2509-2513，2554.

有自杀企图，或有自杀的详细计划。

要注意的是，这些症状引起临床意义上显著的不适或造成在社交、职业或其他重要领域中职能的损害。症状并非由于药物的生理作用或其他疾病所致。

(九)强迫症

强迫症在临床上的主要表现就是强迫思维和强迫行为，而强迫行为往往是继发于强迫思维。强迫思维症状表现为个体总是反复思考、反复思虑一件或者几件事情，并且控制不住自己的思维活动，如出门后反复怀疑门窗是否关紧；强迫行为在日常行为中表现为一定要反复检查确认自己的行为，或者反复询问，强迫自己行动，如出门后反复怀疑门窗是否关紧后，就会出现反复检查门窗，以确保安全的行为。

研究发现，强迫症与遗传关系密切，具有明显的家族聚集现象。与此同时，负面情绪与生活事件常是强迫症发病的导火索。压力使人焦虑、恐惧，因而强迫患者思考或做某些事情。强迫症具有以下四个特点：

(1)强迫症不是外界强加的，而是患者自己的思维或冲动。

(2)必须至少有一种思想或动作仍在被患者徒劳地加以抵制，即使患者已不再对其他症状加以抵制。

(3)实施动作的想法本身会令患者感到不快(单纯为缓解紧张或焦虑不被视为真正意义上的愉快)，但如果不实施就会产生极大的焦虑。

(4)想法或冲动总是令人不快地反复出现。①

(十)焦虑症

焦虑症，又称为焦虑性神经症，是神经症这一大类疾病中最常见的一种，以焦虑情绪体验为主要特征。焦虑症是指个体对未来会发生坏事有强烈的预期，主要表现在以下两个方面：一是认为未来会有坏事发生，但是说不清具体原因；二是认为未来会有坏事发生，能说出原因，但在旁人看来问题并没有他们说的那么严重，或者是难以理解这些负面想法。焦虑症通常表现为持续的紧张和不安感，伴随着身体上的症状，如心悸、呼吸困难、出汗、颤抖、肌肉紧张等。焦虑症还会导致注意力集中困难、睡眠障碍、消化不良和头痛等身体上的不适。

焦虑症可能与遗传、环境、身体健康有关，也与工作压力、学业压力、人际关系问题、家庭问题、过度敏感、自卑、完美主义等因素有关。

《DSM-Ⅳ精神疾病诊断准则手册》对焦虑症的诊断做出以下三个阐述：

(1)至少在6个月以上的多数日子里，对于不少事件和活动(如工作和学习)，呈现过分的焦虑和担心(忧虑和期望)。

(2)患者发现难以控制自己不去担心。

(3)这种焦虑和担心都伴有下列6项中，出现3项以上(在6个月中多数日子里至少有

---

① 鞠强. 领导心理学[M]. 上海：复旦大学出版社，2018：230-231.

几种症状）：①坐立不安或感到紧张；②容易疲倦；③思想难以集中或头脑一下变空白；④激惹；⑤肌肉紧张；⑥睡眠障碍。

要注意的是，这些症状引起临床意义的痛苦，或导致社交、职业或其他重要功能方面的损伤。这些症状不能归因于药物的生理作用或其他躯体疾病。

二、影响领导者心身健康的因素

影响领导者心理健康的因素有很多，可以将这些因素分为环境、生理和个性三大类。

（1）环境因素主要是指自然环境和社会环境，自然灾害、环境变迁、突发灾难等自然因素以及人际关系、价值观念、道德伦理、政治经济变革等社会因素都影响着领导者的心身健康。首先是工作目标的压力。工作目标的压力极易引起领导者的机体、情绪紧张，从而使领导者处于焦虑不安的心理状态。其次是繁杂的人际关系。繁杂的人际关系常常是难以协调、难以平衡的，领导者长期处于"剪不断，理还乱"的状态中，因此情绪、心境都会受到不同程度的影响。[①] 除此之外，还有价值理论规范的约束，这些约束带来的压抑、紧张对于领导者来说也是一种威胁，例如，一个积极健康、支持领导者发展和提供工作生活平衡的组织文化有利于领导者身心健康的维护，而恶劣的组织文化，如竞争激烈、压力过大和缺乏支持体系，则容易导致领导者的身心健康问题。

（2）生理因素主要是指生理疾病和不良的生活习惯。对于领导者来说，过多的体力与脑力消耗使身体的抵抗病毒能力降低，再加上工作目标的压力，患者的生理疾病时常不能够及时痊愈。暴饮暴食、劳逸无度等不良的生活习惯也会使领导者形成偏执的人格。而缺乏睡眠则会降低领导者的认知能力、注意力和决策能力，增加错误决策的风险，也会增加领导者身体疲劳和抵抗力下降的风险。

（3）个性因素，即领导者早期的生活经历、气质、性格、能力等，这些因素能使不同的领导者在面对同样的工作和生活环境时，应付能力、工作效率截然不同。[②]拉德克于1946年研究了父母教养态度、家庭氛围与孩子人格形成的关系，发现家庭限制少的孩子比家庭限制多的孩子竞争心少，且重情义；更宽容的家庭的孩子比严苛的家庭的孩子更能体贴人，但对于他人的苛责更加敏感。由此可见，良好的个性因素会使领导者的心理更加健康，不良的个性则会对领导者的心理健康产生负面影响。

第二节　领导者保持心身健康的手段与途径

领导者在工作中承担着重要的责任和压力，因此保持心身健康对于领导者的个人和职

①②　葛操. 领导者的心理健康与自我调节［J］. 领导科学，1999（9）：39-41.

业发展至关重要。

一、树立正确的人生观和公仆意识

正确的人生观反映着个体对社会和人生的根本观点和态度。领导者要始终树立和坚持为人民服务的人生观和公仆意识。[①]

（1）价值观的塑造。价值观是个人对什么是重要和有意义的事物的看法和评判标准。领导者应该思考并确定自己的核心价值观，如诚实、正直、公正、奉献等。这些价值观将指导领导者的行为和决策，帮助其树立正确的人生观和公仆意识。

（2）自我反思和自我提升。领导者应该反思自己的行为和决策是否符合自己的价值观和公仆意识，并不断寻求改进和提升，例如阅读、学习、参加培训和与他人交流等。通过自我反思和自我提升，领导者可以不断完善自己的人生观和公仆意识。

（3）服务社会的意识。领导者应该认识到自己的行为和决策对于社会的影响，并将社会公众利益置于个人利益之上。此外领导者可以通过参与公益活动、关注社会问题、积极参与社会事务等方式表达对社会的关心和责任感。

（4）尊重他人和多元化的观点。领导者应该尊重他人的权利和尊严，包括他人的意见、信仰和文化背景；倾听和理解他人的观点，尊重多元化的观点和价值观。这些都有助于领导者建立和谐的人际关系，促进社会的发展和进步。

（5）建立良好的道德品质。领导者应该具备诚实、正直、守信、勤奋、谦虚等道德品质。这些品质将指导个人的行为和决策，帮助其成为一个有责任感和良好道德的公仆。

二、调整目标期望，避免产生过分失望情绪

通常来说，领导者在遇到新的目标或障碍时，会有以下四种情形：①通过积极努力克服障碍，最终实现目标；②在不断努力后仍无法跨越障碍，因此采取迂回战术尽最大努力来实现目标；③放弃难以实现的既定目标，寻求新的可替代性的目标；④采取退缩、逃避、压抑等消极手段对待目标。虽然前三种情况目标得以实现或部分实现，但是对于领导者来说长期对实现目标所不断付出的艰辛努力，有时也会因心理过度劳累而导致对目标产生心理障碍。[②]而最后一种情况实际上是一种失败的经历，这会使领导者产生挫败感甚至是严重的心理障碍。因此，调整目标期望对于领导者来说也是个好方法。

（1）确定合理和可实现的目标，确保领导者所设定的目标是合理和可实现的。要考虑到领导者自身的能力、资源和时间等因素，避免设定过高或过低的目标。合理的目标可以帮助更好地规划和实施行动计划，增加成功的可能性，减少失望的可能性。

（2）接受失败和挫折。在追求目标的过程中难免会遇到失败和挫折。要学会接受失败

---

①② 葛操. 领导者的心理健康与自我调节[J]. 领导科学，1999(9)：39-41.

和挫折，并从中吸取经验教训。将失败视为学习的机会，而不是个人价值的否定。接受失败和挫折可以帮助更好地调整目标期望，避免过分失望情绪的产生。

（3）重视过程和成长。将重点放在过程和成长上，而不仅仅是结果上。目标的实现是一个长期的过程，过程中的努力和成长同样重要。关注领导者自身在实现目标过程中所取得的进步和成长，而不仅仅是最终结果。这样可以增加对自身的肯定和满足感，减少过分失望情绪的产生。

三、学会排泄不良情绪，减轻心理负担

领导者应付日常繁杂的工作，时常会感到愤怒、压抑、紧张等。这个时候就要及时排泄不良情绪，避免负面情绪积压而产生不健康心理。

（1）找到适当的方式来表达情绪。美国著名心理学家威费雷认为，眼泪能把有机体在应激反应过程中产生的某些毒素排出去。因此通过哭或其他方式来表达情绪，领导者可以释放内心的压力，减轻不良情绪的负面影响。

（2）运动和锻炼是一种有效的排泄不良情绪的方法。身体活动可以释放内源性化学物质，如内啡肽和多巴胺，这些都可以提升心情和减轻压力。

（3）深呼吸和放松练习可以帮助放松身心，减轻紧张和焦虑。因此领导者可以尝试深呼吸、渐进性肌肉松弛或冥想等放松技巧来达到实现心身健康的目的。

四、利用自我暗示，获得良好心境

自我暗示即科学合理地通过潜意识来改变自我形象的心理学技巧。

（1）设定积极的信念。通过设定积极的信念，如"我是有能力的""我值得幸福"等改变自己的心境。

（2）使用正面的自我对话。选择一些积极的、鼓舞人心的话语，如"我可以做到""我有能力克服困难"等来自我暗示，以此增强自信心和积极性，获得良好心境。

（3）在身心松弛的状态下，重复想象自己想要达到的目标。这种自我暗示实际上是潜意识中对自我的肯定，使压抑的情绪得以缓解，为获得良好心境创造条件。

（4）改变负面情绪。领导者应及时改变和缓解负面情绪，当消极念头出现时，可以尝试用积极的观点和事物来转移或替代负面情绪。

五、认识自我与现实

（1）认识自我就是认识自己的优点、缺点、能力、兴趣等，接受自我，接受自身的不利条件，以便在任职、择友等过程中做出正确的选择，增加成功的概率，保持自己的心身

健康。

（2）人都是有理想的，但理想是要建立在现实的基础上的，脱离或逃避现实是不可取的。理想不是幻想，领导者要想实现理想，就需要认清现实，接受现实，充分认识和了解理想是否被现实需要，是否顺应时代、顺应社会发展，以及是否具备理想实现所需要的主观条件与客观条件。

六、养成良好的生活习惯

作为领导者，面对各种繁杂的工作和各种压力，需要养成良好的生活习惯，这样就可以促进身体健康，心灵上也会获得快乐。

（1）领导者要确保有足够的睡眠，并建立规律的作息时间表。良好的睡眠质量和充足的休息时间可以提高注意力、保持精力和促进身体恢复。

（2）领导者应注重均衡的饮食，包括多种蔬菜、水果、全谷类、蛋白质和健康脂肪。避免过度依赖加工食品和高糖高盐食物，同时确保足够的水分摄入。

（3）领导者应培养定期参加体育锻炼的习惯。适度的运动可以增强体质、提高免疫力，并改善心理健康。

（4）领导者需要培养积极的休闲和娱乐爱好。包括阅读、旅行、音乐、电影、社交活动等。这些活动能够帮助领导者们放松心情，缓解压力，提升工作之外的满足感和幸福感。

（5）持续学习和个人发展。领导者需要终身学习，为个人持续发展续航。定期参加培训、研讨会和学习活动，以提升自己的专业能力和知识水平。同时，领导者要不断追求自我成长和目标实现。

第三节 领导者心身健康的意义

一、领导者心身健康是适应社会环境的客观要求

美国哲学家欧文说："健康是富人的幸福，穷人的财富。"一个心身健康的个体能够更好地应对和适应社会环境中的种种挑战和压力，保持稳定和良好的心境。心身健康的领导者具备积极的心态和适应性，在快速变化和不确定性的环境中保持稳定和灵活；能够保持乐观、自信和坚韧的心态，积极地面对困难和挑战，并寻找解决方案；也能够适应环境的变化，灵活调整自己的计划和策略，以适应社会环境的要求。

二、领导者心身健康是保持认知水平和思维能力的必要条件

作为领导者，需要运用高度的认知能力来分析问题、做出决策和解决复杂问题的挑战。

（1）领导者面临繁忙的工作和多任务的压力，需要拥有高度的集中注意力来应对不断涌现的信息和问题。心身健康的领导者能够保持注意力的稳定性，有效地过滤干扰，并集中精力解决重要的事务。认知水平和思维能力的发挥需要有良好的注意力控制和集中能力的支持。

（2）心身健康的领导者能够拥有开放的思维方式，对新观念和新想法持有积极的态度，并能够灵活地应用各种思维工具和方法来解决问题。保持认知水平和思维能力的发展需要有清晰、灵活的思维模式。

（3）心身健康的领导者能够有效地处理和整合信息，采用合适的决策方法和健康的决策风格，他们能够准确评估情况、分析风险，并做出明智的选择。保持认知水平和思维能力的发挥需要具备较高的信息处理和决策能力。

三、心身健康是保证领导者事业成功的基本素质

领导者事业成功与否不仅取决于他们的智商和专业能力，还取决于他们的心身健康状态。

（1）心理健康的领导者具备较强的自我意识和自我管理能力。自我意识使领导者能够准确地认知自己的情绪、需求和能力，从而更好地适应社会环境。自我管理包括自我调节、自我约束、目标设定和自我激励等技能，这些能够帮助领导者更好地控制自己的情绪和行为，提高工作效率和人际关系，适应社会环境的要求。

（2）心理健康的领导者具备良好的社交和人际关系能力，能够与不同的人群建立积极的关系、有效地沟通和协调冲突。通过良好的人际关系，领导者能够更好地理解和倾听团队成员的需求和意见，进而获得支持、合作和交流的机会。

（3）领导者的事业是一个长期的过程，需要有长期发展的视野和策略。心身健康的领导者注重综合的健康管理，如均衡的饮食、适度的运动、充足的睡眠等，以保证身体和心理的健康，并为事业的长期成功打下坚实的基础。

（4）领导者的心身健康状况对团队成员有很大的影响。一个心身健康的领导者能够展现积极的工作态度和高效的工作方式，激发团队成员的积极性和工作热情。领导者的心身健康状况会被团队成员所感知和模仿，能够建立积极的工作氛围和文化，激励团队成员的成长和进步，从而影响整个团队的工作氛围和效率。与此同时，一个身心健康的领导者能够关注团队成员的需求和发展，提供支持和指导，帮助他们实现个人和团队的目标。

第四节 公共管理中领导者如何预防心身疾病

一、坚定立场，提高政治素养

目前，我国正在全面建设中国特色社会主义现代化小康社会，作为公共管理中的领导者，要实践"三个代表"重要思想，落实"以人为本"、全面协调可持续发展、促进经济社会和人的全面发展的科学发展观、习近平新时代中国特色社会主义思想，树立和坚持为人民服务的公仆意识，弘扬和践行社会主义核心价值观。在复杂的政治环境中做出明智和有效的决策，将全局和长远的政治目标与具体的管理工作相结合。了解政治体系和政治经济的基本原理，紧跟国家和地区的政治动态和变化。

二、爱岗敬业，明确责任使命

干一行，就要爱一行。习近平总书记指出，"三心二意、心猿意马，是不能把工作干好的"，"心浮气躁，朝三暮四，学一门丢一门，干一行弃一行，无论为学还是创业，都是最忌讳的"。① 公共管理中的领导者要具备"爱岗敬业"的精神，正确认识公共管理的重要性，充分了解自己的职责和使命，明确自己的工作目标和责任，在岗位上对公共福祉和社会进步做出贡献，而不是勉强应付，把工作当作"饭碗"来捧，更不能将其视为谋私利的工具。

三、博览群书，提升业务素质

人类已经进入知识经济时代，相应地，公共管理的领导者也应该是复合型人才，掌握的知识应该是多方面的，既要掌握人文历史等基础知识，又要掌握政治经济法律等专业知识，与此同时也要了解社会学、心理学、伦理学等。通过设定目标和计划，有针对性地选择阅读材料，有序地进行学习。博览群书，及时获取最新的知识和信息，了解行业动态，保持自己的业务素养。以便他们能够发挥好利用好已掌握的知识，拓宽视野，借鉴其他领域的理念和经验，提供全面的解决问题的思路和方法，助力构建"以人为本"的和谐社会。

---

① 习近平总书记 2014 年 5 月 4 日在北京大学与师生座谈时的讲话。

四、修养身心，提升心理素质

（1）管理压力。领导者常常面临高强度的工作压力，因此学会有效地管理压力至关重要。其中一种方法是学习应对技巧，如积极地解决问题、时间管理、适当地放松和休息等。此外，与家人、朋友或同事寻求支持和交流也可以帮助缓解压力。

（2）建立良好的工作生活平衡。领导者需要平衡工作和生活。他们可以设定健康的工作时间表，并为自己留出时间来参与其他有意义的活动，如锻炼、爱好、与家人交流等。保持健康的工作生活平衡可以减轻焦虑和压力，增加内心平静和满足感。

（3）培养积极的心态。领导者的心态和思维习惯对于预防心身疾病起着关键性作用。积极的心态可以增强抗压能力，降低焦虑和抑郁的可能性。领导者可以通过培养感恩的心态、重视自我提升和发展，以及关注自身成就和成功来增强积极的心态。

（4）培养情绪智力。情绪智力即理解、管理和表达个人情绪的能力。领导者可以通过学习情绪管理技巧来增强情绪智力，如情绪识别、情绪调节、积极心态等。良好的情绪智力能够帮助领导者更好地应对挑战和压力，减少负面情绪对心身健康的影响。

（5）建立良好的人际关系。领导者的人际关系对于预防心身疾病至关重要。积极的人际关系可以提供支持和情感满足，从而增强领导者的心理健康。建立良好的人际关系需要提升沟通技巧、建立信任与合作，并关注他人的需求和情感。

五、建立机制，及时评估修正

在公共管理中，预防心身疾病也是一个不断循环的过程。有关部门需要建立良好的习惯和机制，定期检查和评估领导者的心身健康状况，并根据需要进行调整和改进。这个循环过程可以帮助领导者稳定地预防心身疾病。

（1）健康促进计划。有关部门可以组织制订健康促进计划，提供健康教育和宣传，促进领导者的心身健康，如定期进行健康检查、提供职业健康咨询服务、组织健康活动和运动等。

（2）工作负荷管理。有关部门可以负责确保合理的工作负荷分配，避免领导者过度加班和承担过多任务；设定合理的工作时间进度表，促进工作与生活的平衡。此外，领导者还可以通过合理的任务分配和团队合作来减轻压力。

（3）建立支持系统。在公共管理中可以建立支持系统，如心理咨询服务系统、领导支持热线等，帮助领导者应对工作压力和个人困难，提供情感支持和专业指导。也可以建立健全公共健身设施，为领导者提供锻炼身体的空间。

（4）关注工作环境的健康因素，如空气质量、办公设施的舒适度等。确保领导者的工作地点符合卫生与安全标准，并采取措施预防工作场所的有害因素对领导者身体的负面影响。

（5）培养心理抗压力。在公共管理中可以通过培养领导者的心理抗压力来预防心身疾病，促进领导者的情绪与智力发展，为领导者提供心理健康教育和培训，培养领导者健康积极乐观的心态，培育领导者应对压力的技能。

（6）构建和谐的竞争环境。以便于各领导者自加压力，不断完善自我，形成能者上、平者让、庸者下，形成平等、团结、进步的竞争风气。

 课后思考题

1. 领导者常见的心身疾病有哪些？
2. 影响领导者心身健康的主要原因是什么？
3. 领导者应如何自我调试、促进心身健康？

 案例 7-1

为进一步提高甘南藏族自治州广大干部职工心身健康水平，引导干部职工关注身体健康，增强自我保健能力和健康意识，2023 年 6 月 27 日，州委组织部、州卫生健康委、州干部保健局特邀兰州大学第二医院专家在州委党校举办了州直属单位干部健康知识大讲堂活动。

主讲人指出，健康是干部干事创业的本钱和保证，关系着干部职工的切身利益，关联着党的事业发展，全州上下要深入学习领会习近平总书记关于关心关爱干部的重要论述，认真落实党中央和省、州委关心关爱涉藏地区基层干部的各项举措，为促进广大干部职工的心身健康提供有力保障，为全州经济社会高质量发展注入强大力量。要坚持"预防为主、早防早治"的理念，引导广大干部职工提高健康素养，增强自我保健能力和健康意识，以健康的身心体魄为党工作、为民奉献。主讲人强调，各级党组织要高度重视干部健康管理工作，党政主要负责人要亲自上手，认真组织开展干部健康管理工作，把健康状况了解和报告作为党委书记和领导班子成员履职尽责的重要内容，以上率下，推动落实。各有关职能部门要按照各自职责，做好分内事、种好责任田，切实把党委政府关心关爱干部健康的各项举措落到实处。各级各单位要强化干部健康管理，将干部健康工作落实情况纳入领导班子和领导干部考核的重要内容，作为干部选用、评优选先等的重要依据。要以全链条督查推动干部保健工作稳步发展，有效保障干部职工心身健康，确保为经济社会发展提供坚强的保证。

资料来源：甘南藏族自治州卫生健康委员会. 关爱干部身心健康，增强自我保健意识. 2023. http：//wsjk.gnzrmzf.gov.cn/info/1092/9075.htm.

 案例 7-1 思考题

结合案例 7-1，谈一谈公共管理中领导者如何预防心身疾病。

案例 7-2

美国第 32 任总统富兰克林·德拉诺·罗斯福是美国历史上唯一的一位残疾人总统，四次当选，任职长达 13 年。因他在内政方面的伟大建树以及在与法西斯斗争中的丰功伟绩，而被世人公认为同华盛顿、林肯齐名的美国历届伟大的总统。然而，这位总统的健康状况却十分令人堪忧。在他任职期间一直与病魔抗争。美国神经专家史蒂芬·罗马佐和新闻记者埃里克·菲特曼经过五年的深入调查，发现在发生"珍珠港事件"前，罗斯福就已经患上一种名叫黑色素瘤的皮肤癌。这期间，黑色素瘤逐渐从他的左眼眉扩散，最终形成恶性肿瘤，导致他于 1945 年 4 月 12 日突然死亡。此外，曾担任过 FBI 首席精神病学顾问的艾伦·萨勒里安（Alen Salerian）仔细研究了罗斯福总统的病历、目击人的评说以及大量关于罗斯福总统的传记后得出结论，罗斯福总统曾患有严重的抑郁症，而这抑郁症是罗斯福 1921 年患上的脊髓灰质炎留下的后遗症。随着工作强度和年龄的增加，晚年的罗斯福不断受抑郁症的折磨。据当年任白宫助手的查尔斯·保伦证实，在雅尔塔会议前半个月，一次他走进总统办公室，发现罗斯福总统当时迷迷糊糊，人已经神志不清，甚至口吐白沫，昏迷达 30 分钟之久。

资料来源：李广智，2020. 富兰克林·罗斯福的心身疾病. https：//mp. weixin. qq. com/s/BUmeGuUp-WFfsFqBz8P9U1g.

案例 7-2 思考题

结合案例 7-2，谈一谈领导者在面对心身健康问题时，应该如何平衡工作和个人的需要。

参考文献

[1]葛操. 领导者的心理健康与自我调节[J]. 领导科学，1999(9)：39-41.

[2]江开达. 精神病学[M]. 北京：人民卫生出版社，2005：123-124.

[3]鞠强. 领导心理学[M]. 上海：复旦大学出版社，2018：222，226，230-231.

[4]刘国良. 肥胖症[J]. 中国实用内科杂志，2003(9)：513-524.

[5]钱荣立. 关于糖尿病的新诊断标准与分型[J]. 中国糖尿病杂志，2000(1)：4-5.

[6]杨丽. 1990-2019 年中国居民抑郁症发病趋势及年龄-时期-队列分析[J]. 现代预防医学，2023，50(14)：2509-2513，2554.

[7]张万岱，陈治水，危北海，等. 慢性胃炎的中西医结合诊治方案(草案)[J]. 中国中西医结合消化杂志，2004(5)：314-317.

[8]中华人民共和国国家卫生健康委员会. 健康中国行动(2019-2030 年)[EB/OL]. 2019-07-15. https：//www. gov. cn/xinwen/2019/07/15/content_5409694. htm.

第三部分

领导者的
管理技能篇

第八章　领导者与追随者的心理互动

在组织管理的过程中，领导者是主体，追随者是管理活动的作用对象。领导者的管理行为作用于追随者，影响追随者的心理、行为，反之，追随者又会运用行为、态度、绩效等来影响领导者的行为。领导者与追随者的心理互动是管理过程中的重要环节，其往往表现在考虑问题时心理站位的互换，双方给予的投入又以各种方式得到回馈，由此形成了相互依靠、相互包容和相互促进的利益互惠关系。这种心理互动不仅是一种心理交换，也是一种心理博弈。

第一节　领导者的心理职责

领导者和追随者之间良好的心理互动有利于组织建立起一种和谐、信任、互助和彼此尊重的高效合作关系。一名优秀的领导者需要了解组织成员的心理活动，并为追随者们提供一定的益处，从而换取追随者们对自己和组织的信任和认可。领导者的心理职责体现在对追随者以下心理需求提供支持和满足：愿景和方向、接纳与认可、自我价值和成就感、合理与公平以及团队心理安全感。

一、愿景和方向

对整个组织来说，共同愿景就像是组织发展道路上的指南针，在组织发展遇到波折、阻力和迷茫时，特别是组织处于转型阶段时，共同愿景可以使每个成员看清方向，看清目标，依据共同愿景确定自己的行为准则和学习方向。在追求共同愿景实现的过程中，所有员工会激发出潜能，从而使组织发展产生不竭的动力(牛继舜，2005)。[1] 领导者作为组织内部的支柱力量，对于整个组织的发展目标和未来愿景的规划具有必不可少的引领性作用。领导者在管理过程中必须明确组织发展的需求和轨迹，并有效传递给追随者，向追随者阐明组织的发展方向以及战略规划，清晰地告诉他们"我们将向何处发展？我们的终极使命和目标是什么？我们将有怎样的前途？我们可以获得什么？"简单来说，领导者为追随

---

[1]　牛继舜．论共同愿景的构成要素与作用[J]．现代管理科学，2005(6)：55-56.

者提供组织发展愿景就是为追随者勾画理想未来的蓝图。这能够让追随者更加清楚工作的方向和目标，同时提高追随者对组织发展前景的期待，调动追随者的工作热情和工作积极性，也能让追随者思考自身是否适合留在组织，筛选出真正信任组织，又对工作充满热情和希望的成员。

共同愿景是有美国学者圣吉（Peter Michael Senge，1947）提出的五项修炼的第三项修炼。它来源于成员个人的愿景而又高于个人愿景，建立在共同价值观基础上，是对组织发展的共同愿望，并且这个愿望不是被命令的，而是全体成员发自内心想要争取、追求的，它使不同个性的人聚在一起，朝着共同的目标前进（陆雄文，2013）。[①] 由此可见，一个组织的愿景需要包含以下三点：

（一）远见性

建立共同愿景是组织成员树立共同的远大理想和宏伟目标的过程（凌培全，1999）[②]。组织的愿景一定是着眼于组织的长远发展和可持续性发展的，它一定是宏伟的、鼓舞人心的。一般性的目标不能称为愿景，因为在短时间内我们普遍能够通过一定的努力实现，这种目标不具备挑战性和发展性。所以，一个有益于组织发展的良好愿景一定得具有前瞻的目光，看得见组织发展的潜力。

（二）实际性

有效愿景一定是具有可实现性、可验证性和可衡量性的。组织的目标不能够是不切实际的，它需要建立在可以实现的基础上，能够让追随者在组织愿景中预见组织发展和自我成功的可能性。组织的发展愿景具有挑战性，但是如果领导者一味地想要抬高组织的发展目标，反而会让追随者认为组织是空想的和急功近利的，落得不好的结果。

（三）共同性

愿景在形成、传播和发展成熟过程中会逐渐清晰化，最终逐步被组织成员所接受。在这个动态过程中，一方面，组织成员对组织的期待和对自身的发展展望影响着组织愿景的形成；另一方面，愿景的广泛传播使愿景深入人心，每个组织成员都能感受到组织的信念和价值。这反映出组织的愿景是具有共同性的，它和组织成员的利益是息息相关的。

从本质上来看，愿景是领导及其成员间的动态的、互动的过程，更是领导者和追随者之间心智互动的一个过程（贾良定等，2004）。[③]

二、接纳与认可

根据心理学家亚伯拉罕·马斯洛的需求层次理论，个体在生存和发展过程中需要被认

---

① 陆雄文. 管理学大辞典[M]. 上海：上海辞书出版社，2013：561-562.

② 凌培全. 21世纪的企业全面质量管理——创建学习型组织[A]. 中国质量管理协会. 全国推行全面质量管理20周年大会论文集[C]. 中国质量管理协会，中国质量协会，1999：5.

③ 贾良定，唐翌，李宗卉，等. 愿景型领导：中国企业家的实证研究及其启示[J]. 管理世界，2004(2)：84-96.

可。当这一需求得到满足时，人们会感到安全和自信。领导者作为组织的管理者，能够通过接纳追随者满足追随者渴望获得认可和归属感的心理需求，从而提高他们的心理安全感和自信心。这具体表现在领导者认可追随者的工作成果，积极鼓励追随者的新鲜想法，积极开展组织活动，充分给予追随者权力，按照追随者的工作能力分配任务等。

在一个非营利组织的项目中，领导者 Jenny 是个非常开放和包容的人。当其他新的志愿者开始参与项目时，Jenny 总是热情地欢迎他们，并花时间与他们交流，了解他们的背景和为什么会对这个项目感兴趣。

有一次，一个名叫 David 的新志愿者加入了项目。David 在社区中很有影响力，他的加入对项目的成功非常关键。Jenny 在认识到 David 的重要性后，她主动与 David 建立联系，向他表达了对他的加入的欢迎，并多次强调他在项目中的重要性。

在接下来的几周中，Jenny 总是向 David 请教意见，让他感到他的贡献被高度认可。她还推举 David 在团队中担任领导角色，尽管 David 并没有这方面的经验。Jenny 对 David 的尊重和高度期待激励 David 挺身而出，他投入了更多的时间和精力在项目中，也发挥出了更大的潜能。

在 Jenny 的引领下，团队中的其他成员也很快地接纳了 David，他们也明白 Jenny 对 David 的高度期待和重视，于是也积极地与 David 合作，帮助他在项目中发挥更大的作用。

虽然 David 在组织中是一个新人，但是在领导者 Jenny 的积极接纳和认可的推动下，David 也迅速地融入进了组织，并发挥了巨大的作用。

综上所述，领导者对追随者的接纳和认可非常重要。

三、自我价值感和成就感

根据社会影响理论，对于喜爱和尊敬的领导者，追随者可能会将其价值和信念融为自我意识的一部分，领导者的关注和赞扬还能提升追随者的自我价值感和回馈义务（熊正德等，2017）。[①] 追随者追随的不仅是领导者和组织，从更深层次上，是对自身价值的追随。正如古时孔子《论语·卫灵公》中记载："道，不同，不相为谋。"根据追随者对自我价值的追求心理，领导者需要让追随者感受到自己在组织中的价值所在，以此来获取自我成就感。要领导者帮助追随者获得自我价值感和成就感，领导者可以通过以下途径来实现：

(一)增强自我效能

领导者可以通过增强追随者的自我效能来提高他们的自我价值感和成就感。自我效能是指个体对自己能够完成某项任务或实现某种目标的能力的感知和信念。领导者应该给予追随者适当的支持和鼓励，以及积极的反馈和认可，帮助他们建立自信心和应对挑战的能力。

---

① 熊正德，张艳艳，姚柱. 员工主动性人格对其追随力的影响——基于心理资本中介和变革型领导调节作用的研究[J]. 吉首大学学报(社会科学版)，2017，38(5)：43-50.

（二）实现自我决定

领导者应该让追随者感到自己的工作是被自我决定的，即他们可以自主地选择自己的工作方式、目标和任务。这将使追随者更加投入工作并获得自我价值感和成就感。

（三）关注个性化需求

每个追随者都有自己独特的需求和价值观。领导者应该关注每个追随者的个性化需求，并给予他们适当的支持和激励。例如，对于追求成就的追随者，领导者可以给予他们更多的挑战性和自主权；对于追求稳定和安全的追随者领导者可以给予他们更多的保障和支持。

总之，领导者应通过为追随者创造伟大愿景、帮助他们设定目标、赋予他们一定的权力、鼓励他们勇于开拓、捍卫其权益并给予帮助和支持等，激发追随者内心强烈的使命感，促使他们追求卓越、更加高效地完成任务，以此来满足追随者渴望获得他人欣赏的心理需要，增强他们对自我价值的认可（葛倩，2023）。[①]

四、合理与公平

为追随者创造公平公正的组织环境是一位优秀的领导者必须履行的职责，也是成为一位有德望的领导者的必要条件。公平不仅关系到领导者在追随者心目中的形象和信誉，也关系到组织的稳定和发展。如果领导者被认为是不公平的，那么他们的追随者就会对领导者失去信任和尊重，组织的士气和绩效也会受到严重影响。反之，如果组织和领导者被追随者所认为是公平正义的，那么他们对于领导者的决策、领导等管理活动会更加信服，领导者的权威性和话语权也会得到巩固。同时当追随者相信自身的利益不会随意受到非正式程序导致的"潜规则"时，他们会感受到自己的利益是被保护的，是安全的，那么就会更加积极地投入工作中，推动组织的发展。

"兼听则明，偏听则暗"，领导者不能根据自己的个人喜好或者偏见做出决策，而应该在遵守组织的规则和制度的基础上，广泛听取各方意见，以便更全面地了解情况，做出更公正的决议。除此之外，领导者切忌偏袒任何一方，而应该站在公正的立场上，考虑各方面的利益和需求，奖惩分明，只有这样才能营造公平正义的环境。当组织中存在以权谋私、以权压人等不公平的行为时，领导者应及时采取措施加以处理。公正合理的氛围会让组织内部的凝聚力和向心力大大增强，领导者的领导权威也就自然而然地树立起来了。

五、团队心理安全感

团队心理安全这一概念最先由管理学者 Edmonson（1999）提出，是指团队成员的一种

---

① 葛倩. 精神型领导对员工跨界行为的影响机制研究［D］. 山东财经大学硕士学位论文，2023.

共同信念，即不惧怕承担工作风险，相信团队不会为难、拒绝或者惩罚勇于发表真实意见的人(卿涛等，2012)。[①] 马斯洛的需求层次理论指出，安全需求是个体的重要需求之一，是指人们需要感到安全和有保障。追随者在组织中，会根据内外部环境来评估自身的安全感系数，所以领导者应当承担保障追随者安全感的职责。通过保护追随者的安全感，领导者能够提高追随者对自己的信任，拓展自身的领导权威和影响力。

领导者能够为追随者提供安全感的措施有很多，这里我们主要介绍以下三种方式：

(一)建立互相信任的人际关系

现有研究表明，领导者行为在很大程度上是通过信任的中介作用影响团队心理安全，Edmonson 提出的团队共有信念就是建立在组织内部彼此信任、相互尊重的基础上。因此领导者要为追随者提供心理安全感的第一步就是建立互相信任、互相尊重的人际关系。

以 Tynan (2005)开发的心理安全量表为代表，该量表包含两个维度——自我心理安全和他人心理安全(邹艳春、印田彬，2017)。[②]

从自我心理安全这个角度，在团队成员与领导者之间，领导者对于团队事件和团队成员行为的反应会影响团队成员的认识，影响成员们判定行为安全性的准则。例如，团队成员们可能会考虑"领导者是否对我是善意的""领导者是否认可我的工作"等。在这一层次上，领导者需要对团队成员进行积极的心理暗示和心理抚慰。已有研究表明，正念型领导、包容型领导及谦逊型领导等领导方式与团队的心理安全存在正相关关系。

从他人心理安全这个角度，在团队成员之间，当团队氛围较为和谐时能够有效提升团队的心理安全感。研究表明，团队内部的合作型冲突管理方式能够有效缓解成员之间的敌对情绪，成员之间通过加强信息沟通促进信任，从而提升团队心理安全感(张颖等，2022)。[③]

(二)信息共享

团队心理安全对团队过程的影响中，学者普遍提到了团队学习和团队知识分享(e. g.，Edmondson & Lei，2014；Tucker et al.，2007)(邹艳春、印田彬，2017)。[④]

团队内部会因为层级划分出现信息壁垒，而信息壁垒则会让团队成员可能无法准确把控现有状况。这种不确定性促使组织成员危机感意识的增强。因此领导者要想提升追随者对团队的安全感，就需要推动团队信息的流通共享。美国前总统奥巴马在领导美国政府时，他不仅定期与记者和媒体沟通，还通过"透明政府"计划，公开政府的信息和数据，让民众了解到政府的运作。这些举措为奥巴马赢得了广泛的信任和支持，也为他的政治生涯奠定了坚实的基础。由此可见，信息共享推动团队更加平稳有序地发展。

① 卿涛，凌玲，闫燕．团队领导行为与团队心理安全：以信任为中介变量的研究[J]．心理科学，2012，35(1)：208-212.

②④ 邹艳春，印田彬．多层次视角下的心理安全研究评述[J]．中国人力资源开发，2017(4)：66-75，121.

③ 张颖，荣世宇，熊普臻．冲突管理方式、团队心理安全感与虚拟团队绩效研究[J]．云南财经大学学报，2022，38(2)：101-110.

(三) 保护隐私

大数据时代背景下，个人隐私和数据的保护不容忽视。领导者需要保护追随者的隐私，确保他们的个人信息和数据不会被泄露或滥用。这包括保护追随者的个人信息、医疗记录和财务信息等。领导者可以借助建立强大的网络安全措施和技术手段，保护追随者的隐私和安全。

欧盟委员会前主席容克曾颁布多项隐私保护的法规和政策，如于2018年5月25日生效的《通用数据保护条例》(GDPR)，规定个人数据的保护标准，包括数据收集、使用、存储和共享等方面的规定。该条例对所有处理个人数据的组织都适用，无论这些组织是否在欧盟内运营。确保欧盟居民的个人信息和数据不会被滥用或泄露。他还加强了对跨国数据流动的监管和管理，确保欧盟居民的个人数据能够在一个安全、可靠的环境中传输和使用。这对于容克作为欧盟委员会主席的领导力和影响力具有重要意义，也增强了欧盟居民对欧盟的认同。

另外，领导者还可以通过展现出诚实、公平和可靠等品质，让追随者感受到他们是值得信赖的人，从而减弱对组织的戒备心态。除此之外，领导者还可以通过前面已经提及的内容——建立公正的组织环境、给追随者提供支持鼓励等方式给予追随者安全感。组织的安全不仅有人身安全、信息安全，还包括基本生活保障、稳定的工作环境、积极公正的发展环境等方面，让追随者相信在组织中不会遭受利益的重大损失。在需要时刻关注组织的安全，避免任何可能对追随者造成威胁的因素。

中国倡导的是"共同富裕"的发展理念，因此政府一直在为脱贫攻坚提供大力支持。在内蒙古自治区，蒙古族刺绣协会会长白晶莹作为党员干部，通过建立蒙古族刺绣扶贫车间，无偿设计制作刺绣产品和图案，带领2.6万名妇女参与刺绣产业，实现了脱贫致富的梦想，推动了当地经济质的飞跃，大大提升了人民的幸福感，保障了人们生活的稳定。同时，人民也更加相信中国共产党了。在中国政府的精准扶贫政策下，许多基层干部积极响应，终于成功在2020年宣布实现全面脱贫。这不仅大力推动了贫困地区的经济发展，还为贫困地区的群众提供了安全和保障，增强了人民的幸福感和归属感。

而当领导者满足了追随者的安全需求时，他们会感到更加安心和稳定，进而产生对领导者的信任和依赖。

同时，他们也会产生一种对领导者的回报心理，从而更加积极地关注自己的工作，努力提高工作质量，以表示对领导者的忠诚。心理学研究表明，这是一种基于互惠原理的心理。互惠原理认为，对于他人给予的好处，人们总是更加倾向于用各种方式予以回报。当领导者给追随者提供安全和保护时，追随者会感觉受到了好处，并产生感激之情。这种感激之情会促使追随者更加努力地工作，以回报领导者给予他们的安全和保护。此外，他们也会更加信任领导者，认为领导者是值得信赖和依靠的人。这种信任和依赖促使追随者更加积极地支持领导者的决策和行动，从而形成一种积极的互动关系。

第二节 追随者的归属感确认

1845 年春，马克思在《关于费尔巴哈的提纲》中提出著名的"人的社会关系总和"本质，指出："人的本质不是单个人所具有的抽象物，在其现实性上，它是一切社会关系的总和。"（张奎良，2015）①人的本质属性是社会性，人类具有强烈的社交需求。在进化过程中，人类逐渐形成了社会组织和文化，这种群体化的生活方式使人类能够更好地适应环境，提高生存和繁衍的机会。在这个过程中，人类发展了社交技能和情感交流能力，形成了群体认同和归属感。

马斯洛需求理论指出，归属感是个体生存和发展的必需品。个体需要感到自己属于某个群体、社区或组织，进而感知到自己的价值和地位得到了认可。这种认同感能够增强人们的自尊心和自信心，促使个体的被尊重需求和自我实现需求得到满足。追随者对于组织的归属感确立是追随者自我归属过程的必要环节。领导者需要为他们的追随者创造一个有归属感的集体环境。当追随者对领导者、组织环境满意度较高时，追随者就会产生主动积极的追随行为，相反，追随者对组织认同感和满意度不高时，则会做出消极无效的追随行为。有归属感就有凝聚力，有了凝聚力才能保持组织长远发展。而影响组织内部成员的归属感的因素复杂多样，领导者应注意协调沟通、培养组织文化、给予支持和鼓励以及创造良好的工作氛围几个方面。

一、协调沟通

协调沟通是一门艺术，良好的协调沟通技能是领导者的必备素质。托马斯·D.兹韦费尔（2004）曾在《管理就是沟通》一书中指出："糟糕的沟通技能通常会带来严重的后果。"②为什么沟通对于领导行为如此重要呢？原因就在于没有领导者是孤立存在的，稳定向好的组织必定存在有效的沟通渠道和透明自由的沟通氛围。领导者在决策之前需要和组织成员们沟通商议，听取各方意见，才能形成最终决策。在执行工作的过程中，领导者和成员的协调沟通不仅能够让成员们及时反馈工作的困难和对工作进行改进的意见，同时还能及时了解成员的心理需求，缓解情绪压力，拉近与组织成员的距离，从而提升组织成员对组织和领导者的信任和归属感。

① 张奎良. 人的本质：马克思对哲学最高问题的回应[J]. 北京大学学报(哲学社会科学版)，2015，52(5)：5-17.
② [美]托马斯·D.兹韦费尔. 管理就是沟通[M]. 杜晓伟，译. 北京：中信出版社，2004：84-89.

二、培养组织文化

组织文化是影响追随者归属感的重要因素。随着社会文化的不断发展进步，一个组织的综合实力不仅体现在经济上，更体现在软实力上。组织文化是一个社会组织区别于其他社会组织的重要表现形式。一个组织的文化氛围更能体现组织的凝聚力，建设良好的组织文化氛围也是吸引潜在追随者、加强追随者认同感的重要途径。那什么样的组织文化才更能激发追随者的归属感呢？首先，组织文化是在一定的条件下，在长时间管理下积累下来的具有一定该组织特色的文化氛围和精神财富，它包括的方面十分广泛，例如，文化观念和价值追求等，它具有导向、激励、调试和辐射等作用。其中，企业文化中最核心的部分是价值观。价值观是指在企业内部成员们对某一事件的判断的一致认识，价值观的统一可以使企业的员工能够判断自己的行为得失，并且能以此来决定自己的行为。

三、给予支持和鼓励

"组织的成功源于每个人的努力"，组织的发展依靠的不是某一个体的力量，一个人的力量毕竟是有限的，集体的力量才是不可估量的。领导者应该为追随者提供支持和鼓励，帮助他们克服困难和实现目标，让追随者感受到组织的关怀，认可自己是组织的一部分，这可以增强追随者的自信心和成就感，让他们更愿意为组织的成功做出贡献。

四、创造良好的工作氛围

积极、开放、友好、公正的工作氛围，可以为组织成员提供舒适的工作环境。良好的人际关系让追随者感到舒适和安全，使他们感到自身是被欢迎和接纳的，也是被尊重和支持的。这有助于消除不良的情绪和压力，增强成员的工作满意度和忠诚度。组织成员之间、组织成员和领导者之间能够更加轻松融洽地工作，也能增强追随者的归属感。

在社会认同理论中，由于某一特定群体成员之间常常更容易激发相互的认同与共鸣，泰弗尔提出了"内群偏好"概念，并在诸多方面（合作、信任、同情、积极评价等）得以体现（Hewstone，2002）。当追随者对组织拥有了强烈的归属感后，就会出现一种奇特的现象：对组织内部的其他成员更容易产生偏好和认同，对组织外部的成员则会容易下意识产生排斥。个体在社会行为中普遍具有内群偏好，在这里列举一些较为常见的现象，例如，远离家乡的人们在外地学习或者工作时，遇见来自同一个城市甚至省份的同乡都会倍感亲切，再如在国际赛场上，观赛者首先关注的是本国运动员的比赛状况。

从心理学的角度来看，这是因为当人们感到自己属于一个特定的群体或组织时，他们会对该群体或组织产生强烈的认同和忠诚。在这种情况下，追随者可能会认为组织的成功比个人的成功更重要，因此愿意为组织做出更多的贡献和自我牺牲。当追随者感到自己与组织紧密相连时，他们会对组织产生更强的责任感和义务感，促使他们在个人利益与集体利益发生冲突时会更可能因为组织利益而放弃自身的利益，以帮助组织实现其目标。

在新冠疫情期间，中国的医护人员为了抗击疫情，付出了巨大的努力和牺牲。他们冒着被感染的风险，奋战在抗疫一线，不眠不休地救治患者。一些医护人员甚至不幸感染病毒，最终不幸逝世。在边境安全保卫战中，中国的戍边英雄为了维护国家主权和领土完整，付出了生命的代价。他们在艰苦的环境中，坚守岗位，勇斗外敌，最终英勇牺牲。他们的英勇行为为国家的安全和尊严做出了巨大的贡献。

这些用生命去诠释自己对于国家的认同的行为固然可敬，但在激发追随者的自我牺牲精神时，领导者也需要注意以下两个方面：一是领导者应该避免过度要求追随者自我牺牲；二是领导者应该给予追随者适当的回报和认可，对于他们的贡献和付出给予及时的肯定和奖励。同时，领导者也要在组织需要领导者自我牺牲时勇于承担责任，发挥领导者的标杆作用。

最后，领导者应该营造一个鼓励合作和支持创新的组织氛围，让追随者在组织和领导的帮助下挖掘潜力，实现更高的目标。

在2015年，万达集团正面临着转型的压力，万达集团的创始人和董事长王健林认为电商是未来发展的趋势，他希望通过剥离万达电商，使公司能够更好地适应市场变化。然而，万达电商在初期的发展并不顺利，出现了较大的亏损，这给王健林带来了很大的压力和风险。而王健林之所以决定亲自担任CEO，主要是因为他深知这个业务对于公司的重要性，他希望能够更好地推动电商业务的发展。在这个过程中，他放弃了自己的董事长职位，同时也放弃了自己的个人意愿，为了公司的长远发展和组织的利益而做出了牺牲。这个决定最终得到了回报，万达电商逐渐发展壮大，成为了一家具有一定影响力的电商企业。王健林的决策和牺牲，为万达集团的发展开启了新的篇章。

领导者和追随者都是组织内的一部分，所以都需要着重考虑组织的整体利益。只有领导者和追随者都为了组织的发展壮大而共同努力，那么组织才能形成一个高效、进步、持续的组织内核。

第三节　领导者与追随者的互相尊重与促进

尊重是建立和维护良好人际关系的基础。马斯洛的需求层次理论指出，被尊重是个体的一项必要需求。领导者和追随者互相付出，又互相获得相应的利益，共同推动着组织的良性循环和向好发展，这种双方之间的良好心理互动也使领导者和追随者之间构成互相尊重、互相促进的发展关系。只有在相互尊重的基础上，领导者和追随者才能共同实现组织的目标。

一、领导者和追随者的互尊互助的重要性

在一个组织中，领导者与追随者是相互依存的关系，他们的合作和相互尊重是组织成功的基础。

首先，领导者需要得到追随者的尊重和信任，才能有效地实施领导。尊重并激发其自组织秩序，能够更好地兼顾群体利益并保障管理的有效推进。如果追随者对领导者没有足够的尊重和信任，领导者就很难获得他们的支持，难以执行组织的战略计划。因此，领导者需要以身作则，展现出良好的道德品质和领导能力，赢得追随者的信任和尊重。除此之外，领导者还需要提升自我意识和领导能力，领导者需要认识到自己的行为和态度对追随者的影响，并时刻关注组织成员的反馈。这将有助于领导者更好地了解自己的领导风格和领导过程中的不足。

其次，追随者也需要得到领导者的尊重和信任。当他们感受到来自领导者的尊重和平等对待时，他们会认为领导者是信任自己的，因此更积极地投入工作，以追求更高的绩效，进而提高组织的绩效和成果。

此外，领导者与追随者之间的互相尊重还能够促进组织的学习和成长。研究表明，当领导者和追随者之间形成相互尊重的友好关系时，组织内部通常呈现出积极的发展趋势，组织内部拥有高水平的创造力和流通的信息资源，推动组织不断创新发展。同时，追随者也会从领导者的尊重和信任中获得更多的成长机会和自我实现的机会。

马云是阿里巴巴集团的创始人和前任执行总裁。在他的领导下，阿里巴巴成为全球最大的电子商务公司之一。在阿里巴巴的早期阶段，马云十分注重员工的工作热情和投入，并尊重他们的想法。他鼓励员工提出自己的建议，并积极采纳他们的意见。这种开放的氛围极大地调动了员工的工作积极性和参与感。同样作为知名企业家，全球知名的通信技术解决方案提供商、华为技术有限公司的创始人兼总裁任正非，也非常注重员工的意见和想法。他鼓励员工提出自己的建议，并在决策中考虑到他们的观点。他还经常与员工进行交流，了解他们的需求和想法，以促进公司的持续发展。在华为，员工被视为公司的宝贵财富，公司注重员工的职业发展和培训。华为还推出了一系列针对员工的福利措施，如健康保险、子女教育等，以增强员工的工作满意度和忠诚度。这两个企业在这两位优秀企业家，也是优秀领导者的带领下逐渐发展壮大，成为今天中国家喻户晓的企业。

综上所述，领导者与追随者之间互相尊重的关系能够提高组织的绩效和成果，促进组织的学习和成长，为组织的长期成功奠定坚实的基础。

二、互尊互助的实践建议

为促进领导者和追随者构建互相尊重、互相促进的组织氛围，有以下三点实践

建议。

（一）建立开放的沟通渠道

领导者应该倾听追随者的意见和想法，尊重他们的观点，并通过积极的沟通和反馈来增进相互了解。良好的沟通渠道可以促进领导者与追随者之间的交流，促进双方之间的互信和尊重。

（二）教育和引导

领导者应该以身作则，树立自我尊重和尊重他人的榜样，同时也应该教育和引导组织成员树立正确的价值观和行为准则。只有在双方都具备自我尊重和尊重他人的意识时，才能真正实现相互尊重。

（三）建立机制

适当地使用奖惩机制，鼓励和表彰互相尊重的行为，惩罚和警告影响组织内部团结友好尊重的行为。建立解决问题和冲突的机制，让组织成员知道如何寻求帮助和支持。领导者应该积极回应员工的问题和投诉，并及时处理和解决互相尊重的问题和冲突，维护良好的工作关系。

 课后思考题

1. 概述领导者和追随者的互动关系。
2. 根据领导者风格理论，论述什么样的领导者能够让追随者具有归属感。
3. 请论述领导者和追随者的心理互动是如何促进组织协作有效进行的。

 **案例 8-1**

某公司是一家互联网创业公司，正处于快速发展的阶段。李总是一位经验丰富的领导者，富有远见和决断力，注重战略规划和高效执行，期望所有员工都能跟随他的步伐，为公司的发展贡献力量。公司的骨干员工小明，业务突出，个性独立，对自己的工作表现有很高的期望，希望通过自己的努力推动公司的发展，因此有时表现得有些自以为是。

在一段时期内，李总对小明的工作表现给予了高度的认可，同时也对小明的自以为是感到不满。小明对李总的领导风格心存敬意，但也对一些决策感到困惑。在一次重要的项目会议上，小明提出一些创新的想法，但李总认为，虽然小明的想法有创意，但不符合公司目前的战略方向，因此小明感到颇为受挫。

在此情况下，作为一名优秀的领导者，李总把握了对小明工作表现的认可和对他的批评指导之间的平衡问题，与小明私下进行了深入交流，他既肯定小明提出想法的积极性，同时也指出其中的不足之处，引导小明朝着公司发展的方向努力。而作为一名有抱负的追随者，小明也更加谦逊地听取李总的指导，同时有选择地表达自己的观点，更好地融入公司和组织。

 案例 8-1 思考题

请运用领导者和追随者的心理互动的相关知识，简要评价李总的做法。

参考文献

[1]葛倩．精神型领导对员工跨界行为的影响机制研究[D]．山东财经大学硕士学位论文，2023.

[2]何素银．如何建设良好的企业文化促进员工归属感[J]．科技与企业，2014（10）：79.

[3]贾良定，唐翌，李宗卉，等．愿景型领导：中国企业家的实证研究及其启示[J]．管理世界，2004(2)：84-96.

[4]凌培全．21世纪的企业全面质量管理——创建学习型组织[A]．中国质量管理协会．全国推行全面质量管理20周年大会论文集[C]．中国质量管理协会，中国质量协会，1999：5.

[5]陆雄文．管理学大辞典[M]．上海：上海辞书出版社，2013.

[6]牛继舜．论共同愿景的构成要素与作用[J]．现代管理科学，2005(6)：55-56.

[7]庞彦翔．从领导者与追随者互动的视角探析追随力[J]．领导科学，2012(23)：27-29.

[8]卿涛，凌玲，闫燕．团队领导行为与团队心理安全：以信任为中介变量的研究[J]．心理科学，2012(1)：208-212.

[9][美]托马斯·D.兹韦费尔．管理就是沟通[M]．杜晓伟，译．北京：中信出版社，2004：84-89.

[10]邹艳春，印田彬．多层次视角下的心理安全研究评述[J]．中国人力资源开发，2017(4)：66-75.

[11]张颖，荣世宇，熊普臻．冲突管理方式、团队心理安全感与虚拟团队绩效研究[J]．云南财经大学学报，2022(2)：101-110.

[12]张奎良．人的本质：马克思对哲学最高问题的回应[J]．北京大学学报(哲学社会科学版)，2015，52(5)：5-17.

第九章　组织文化建设

第一节　组织文化

一、组织文化的概念

对于"组织"的了解是研究组织文化概念的必要前提。在管理学领域，当一位组织领导者制订了计划，确定了目标之后，他就需要开始设计和开发一种可以顺利完成计划和达到目标的组织架构。"组织"这个词意就是一个由一系列步骤组成的机构程序，它包含部门的设立、工作的说明、工作流程的设计等。优秀的组织领导者可以让组织高效地协调和运用各类资源，而高效地获取和运用这些资源的能力往往决定了该组织的成败（斯蒂芬，1997）。[①] 任何一个组织都是由人组成的。但是，人并非是可以实现组织设定目标的绝对保障，有效地把这部分人组织起来，只有按照某种共同的规则和方式来运作，才是每个人的工作都朝向组织整体目标的保障。组织目标可以是商业目标，如提高销售额或实现利润最大化；也可以是非商业目标，如提高员工的生产效率或提高公共服务的质量。无论目标是什么，组织的目的都是为了实现这些（斯蒂芬，1997）。[②] 企业、学校、医院、军队、公务员等社会实体都是组织。企业的目标是实现利润最大化，学校的目标是教育学生，医院的目标是治愈病患，军队的目标是保卫国家安全，公务员的目标是服务人民。这些组织的目标和任务不同，但它们都是为了满足社会的需求而存在的。

无论是在社会领域、国家背景还是在组织角度，文化都是一个经常被讨论的话题。一个国家和组织可以根据其文化和价值观来区分。许多国际研究证实，员工与发展组织文化之间的关系是成功的关键。文化是一个群体的思维观念和行为观念在行为和活动中的反映。文化对组织的影响发生于 20 世纪 80 年代初，文化人类学与组织行为学的融合发展催生出组织文化。从而，人们认识到组织文化对组织的影响不仅是表面的，还涉及组织的内

---

① ［美］斯蒂芬·P. 罗宾斯. 管理学［M］. 孙健敏，译. 北京：中信出版社，1997：213-215.
② ［美］斯蒂芬·P. 罗宾斯. 组织行为学［M］. 孙健敏，李原，译. 北京：中国人民大学出版社，1997：67-69.

外部环境、组织的战略和组织的长期发展等方面，因此组织文化的研究变得越来越重要（石伟，2010）。[①]

组织文化（Organization Culture）也被称为企业文化或者公司文化。组织文化的内涵至今尚未达成共识。传统组织文化一类研究学者将组织文化看成由不同层次和层次关系构成的有机体与不同要素构成的有机体。沙因、哈奇、科特和赫斯克特等学者是传统组织文化研究学者。沙因对于组织文化的研究主要是从三大层次即表征、价值观与基本假设及其关系展开。而哈奇则在修正沙因模型后提出组织文化的动态模式，哈奇的研究创新在于在沙因传统三层次基础上加入了"象征"这一新研究元素，形成动态的循环关系，即从动态视角为组织文化的解读增添新内容。另一类研究学者则强调对组织文化所应该包含的一系列价值观特征的描述。罗宾斯、迪尔、肯尼迪等学者是这类组织文化层次模型的代表人物。罗宾斯则认为组织文化要素包含成员认同、团队等10项重要特质。迪尔（Deal，T. E）和肯尼迪（Kennedy，A. A）将组织文化定义为一个企业所信奉的主要价值观，诸如产品质量、价格领导权（Deal，1989）。[②] 进入新发展阶段（1982年迪尔与肯尼迪合作发表《公司文化》之后），关于组织文化概念的研究增加了新的内容。即出现广义（组织的物质文化、行为文化、制度文化、精神文化的总和）（吴岩，2002）[③]与狭义（以组织价值观为核心的组织意识形态）范畴上的组织文化研究（刘光明，2005）。[④]

结合上述既有关于组织文化概念的研究成果，本书定义组织是社会团体，即按照一定目的和形式而建构起来的、有共同的目标理想的、共同行为准则以及相适应的机构和制度的社会团体（陈春花、段淳林，2005）。[⑤] 本书中的组织文化的概念则采用三层次结构理论定义，指组织内部的共同信念、价值观、行为规范和社交方式等方面的共同特征。组织文化内涵包含三个层次：精神层、制度层与物质层。其中精神层主要包括企业的价值观、使命、目标等要素，是组织文化的核心和主体；制度层是具有某种强制性和约束力的行为规范；器物层是指那些承载着企业价值观的物质载体的总和，它包括企业的有形的物品或无形的服务以及各种活动。

二、组织文化的形成与发展

随着组织的诞生、领导人的倡导、规定和活动制度以及成员共同理解的逐步形成和发展，组织文化得以形成和发展。因此，组织文化的形成与发展是一个历史连续性的过程，不是凭空产生的，且一旦组织文化形成就很难消失。

---

① 石伟. 组织文化[M]. 上海：复旦大学出版，2010：10.
② [美]Deal，T. E，Kennedy，A. A. 公司文化[M]. 北京：生活·读书·新知三联书店，1989：89-93.
③ 吴岩. 领导心理学[M]. 北京：中央编译出版社，2002：360.
④ 刘光明. 现代组织文化[M]. 北京：经济管理出版社，2005：75.
⑤ 陈春花，段淳林. 中国行政组织文化[M]. 广州：华南理工大学出版社，2005：13.

（一）组织文化的形成

1. 组织文化形成的实体基础

组织文化形成的实体基础是团体的建立。团体的存在成为一个个体成员的集合，集合中每位成员都聚焦于情境是否安全以及是否对自己有益。因此在早期团体形成中，成员的组织认同、共同目标、影响机制以及平衡的问题就是通过团体成员互动解决。文化正是在团体解决上述问题基础上逐渐显现（埃德加·沙因，2011）。[①]

2. 组织文化形成的思想源头

组织文化形成的思想源头是组织创始人。组织文化形成初期，组织创始人是组织发展蓝图的规划者，组织创始人的理念、价值观、愿景、哲学和商业战略都集中地体现于该蓝图中，并且在长期的建设中逐渐成为组织文化的雏形。所以从此种角度而言，在组织建成初期，组织创始人总是将其所追求的宗旨、价值观、愿景以及独有风格等特色深深烙印于组织文化之中。组织创始人的理念和价值观成为组织文化的思想源头、组织文化发展的基础，这些理念和价值观被制度化，反映着组织创始人和领导者的远景战略，并不会因为领导人的更改而被轻易地改变或摧毁，是一个稳定的组织文化系统（梁宁娜，2019）。[②]

3. 组织文化形成的直接因素

组织文化形成的直接因素是组织规范。组织规范的产生可能来自多个方面，比如组织明文陈述、重大事故处理或组织初始发生的事件等。而组织规范通常体现为组织绩效、组织非正式社会互动乃至资源分配等。组织规范的制定和执行有助于提升组织成员行为的可预测性，同时也能够加强组织的价值与认同。这意味着，一个组织的规范能够指导组织成员的行为，使其更加符合组织的价值观和标准，因此可以作为组织文化创造的机制表现（富立友，2010）。[③]

4. 组织文化形成的必要因素

员工是组织文化创造与建设的必要力量。在组织长期的发展过程中，只有那些被实践证明对组织的发展是有效的文化因素（包括组织的精神信仰、价值观念、行为规范等）才能够被保留下来。而如果组织的精神信仰、价值观念、制度规范只是少数人甚至是个别人的主张，没有得到组织成员的广泛认同和自觉践行，那还不能称为组织文化，还有待于组织在长期的实践中不断凝练和整合。组织员工在生产经营中不断创造、不断实践的过程实际上就是组织文化的形成与发展过程，所以说，组织文化是组织主体共同建构的。如果组织文化想要转换为促进组织发展的物质力量，那么就离不开组织成员群体性的广泛认同，而广泛认同的形成离不开组织文化气候的形成，组织文化气候的形成则从根本上依赖全体员工的共同行动，所以可以这么说，广大员工是组织文化形成的主体充要因素（埃德加·沙

① ［美］埃德加·沙因. 组织文化与领导力［M］. 马红宇，王斌，译. 北京：中国人民大学出版社，2011：46.
② 梁宁娜. 构建适应组织文化的心理契约问题研究［M］. 北京：经济日报出版社，2019：18.
③ 富立友. 知识视角的组织文化［M］. 上海：上海财经大学出版社，2010：17.

因，2011）。[①]

(二)组织文化的发展

一定的组织文化创建后还需依赖一定的社会化强化过程才能逐步实现稳定与发展。

1. 组织文化的发展过程是适应内外环境的过程

组织文化是组织成员在共同的价值观和行为准则下运作的规则、方式。这种文化与组织内外环境密切相关，需要适应环境进行调整。也就是说，随着时间的推移，组织文化是会不断地发展和演变的。这种发展是需要符合外部环境的要求的。如果组织文化与外部环境不相适应，那么就会导致组织发展的紊乱和不和谐（赵平，2021）。[②]

2. 组织文化的发展过程是对人员识别和挑选的过程

组织按照自己的价值观和标准招聘、雇用员工，并淘汰不符合标准的人员。而被甄选出来符合组织要求的人员则依据组织价值观和标准，发挥维系组织文化的作用。他们成为组织文化的代表，传递组织的价值观和准则，并帮助其他人员适应组织的文化。在这个过程中，被甄选出的员工还需要不断地学习和适应，以确保组织文化的持续发展和进步且不被组织所淘汰。

3. 组织文化的发展过程是集体人格塑造的过程

一个组织中存在着众多行为主体，各行为主体的思想庞杂多样，非理性成分和低理性成分的行为都会影响组织中的个体乃至整个组织行动，因此整合组织中的精神，增强凝聚力，以增强组织适应需求变化的能力，建立健全的集体人格是十分必要的。集体人格是众人价值观整合的一种有效途径，经过整合的共同价值观在组织力量的发挥中起决定性作用。可以这样说，只有集体人格塑造过的组织才是有影响力和发挥功用的有效实体，否则组织只能是一群乌合之众的聚集平台。

三、组织文化的作用

在组织管理学上，组织文化的作用通常与组织文化的功能说法一致。考虑到组织文化的结构，我国学者通常将组织文化的功能做正、负面讨论，下面做详细介绍：

(一)组织文化的正向功能

1. 区别功能

组织文化是组织区别于其他组织的独特所在，组织文化造就了组织之间的天然界限。作为一种管理思想，组织彼此之间就是通过现有的文化来区分，因为文化中有组织的价值观、操作规范和原则，并成为组织的历史。所以组织文化是组织稳健、迥异、灵活发展的内部动力。

---

① [美]埃德加·沙因. 组织文化与领导力[M]. 马红宇，王斌，译. 北京：中国人民大学出版社，2011：61.
② 赵平. 组织行为学[M]. 北京：北京理工大学出版社，2021：269.

2. 导向功能

虽然组织文化不是决定组织成员行为的充分条件，但在决定组织成员的行为方面起着重要作用。组织文化可以催生出行为引导机制。组织文化是由组织成员所共有的信仰、价值观和社会规范等构成的，这些因素都会影响组织成员的行为方式。在这种情况下，组织文化就可以作为一种行为引导机制，引导成员朝着组织目标的方向发展。组织文化借由制度文化、伦理道德规范等方面来约束成员的言行，这些规范可以让组织成员明确自己的行为准则，自觉地遵守组织制度和规范，组织文化从而获得对成员行为的引导功能，确保组织的正常运转。组织文化也可以让组织成员产生共同的信念和价值观，从而让成员在思想上紧密联系在一起。这种联系可以让成员更好地协作，共同实现组织目标。

3. 凝聚功能

组织文化是成员共同遵循的价值观、信仰、行为规范等，是一种组织内部的文化体系，组织文化的凝聚作用就是这种文化被组织成员认可后合成的一种巨大向心力。通过共同的价值观，组织文化帮助组织成员形成共同的目标和方向，使组织成员有意愿地在组织中长期工作，共同完成组织的使命和目标。同时凝聚给了组织成员一种身份，使其产生强烈的认同感和归属感。组织成员通过共同的文化价值观念和行为规范，形成一种身份认同，从而感受到组织的价值和意义。当然，组织文化的这种作用与组织文化在组织中的渗透和扩散程度呈正相关。

4. 激励功能

组织文化的激励功能至关重要，它能够最大限度地激发组织成员的积极性和首创精神，最终实现组织目标。组织文化的激励作用可以从激励理论中得到印证，激励理论认为，人的行为是受到激励因素的影响的，而组织文化就是一种激励因素，能够激发人的内在动力，使其更加投入工作，更加努力地实现组织目标。组织文化的核心是尊重人，给组织成员多重需要的满足，并随时用软约束来调节不合理的需求，让员工感到自己的价值得到了认可，成为组织成员更加投入工作、产生更好的工作绩效的一把激励标尺。

(二) 组织文化的负向功能

尽管组织文化具有上述的正功能，但我们同样需要注意到组织文化，尤其是强有力的组织文化对整个组织、组织成员潜在的副作用。

1. 约束功能

在一个开放的组织中，制度约束往往落后于组织发展，也常常是有漏洞的。强有力的组织文化(群体意识、共同的风尚等内容)往往对组织中的成员个体产生强大的群体心理压力，迫使个体行为从众化，从而达到成员行为的组织控制。同时由于强性约束，往往这部分新鲜力量按照大多数成员的标准调整自己的行为，以缩短自己和组织的距离。这时，组织文化的约束作用使组织不仅失去了差异优势，不同特色个体所带来的多样化组织发展优势也随之丧失。相较于制度而言，组织文化对组织成员思想、心理和行为约束属于一种软约束，作用于组织文化氛围、成员行为准则、集体道德规范之中，是一种对严谨制度约束的平衡和补充，能够有效调节制度约束所赋予的束缚感，代之以一种更加柔性的方式实现行为规范(石伟，2010；富立友，2010)。[①]

2. 阻碍功能

一个组织的组织文化一旦形成便具有相对稳定性。需要关注的是，根深蒂固的组织文化可能会成为阻碍组织变革的一种可怕力量，束缚组织创新发展的手脚，使组织不敢或不愿进行变革。现代激烈的经济竞争环境使组织面临的生存环境不断恶化，组织自身也处于不断发展、变化的过程中。在这个过程中，组织需要不断产生进一步提高组织效率的客观要求。当组织文化与这种组织效率价值追求不相符时，组织文化就成了这个组织进一步发展的阻碍(陈春花、段淳林，2005)。[②] 组织文化的力量越强，兼容性就越差，组织重新整合的难度就越大，组织对组织发展的阻碍就越大。因此，组织应该关注组织文化的变化和调整，让其能够适应不断变化的环境和市场需求。

第二节　组织文化建设

一、组织文化建设的概念

组织文化是组织体系中的"灵魂"，良好的组织文化是组织体系中的"软实力"，组织文化是组织不断优化、不断发展的源泉。优良稳定的组织文化能够凝聚组织合力，激发成员动力，自觉行动与组织文化要求相一致，反之劣性且稳定性较差的组织文化则容易引发组织发展停滞抑或是阻碍组织变革。因而如果组织要想实现持续稳定发展，就需要组织领导者及其成员有意识地对组织文化长期加以建设与培育，发挥组织文化的正向功能，这是一个长期的、复杂的过程，所以组织文化建设就是指组织领导者及其成员为实现组织目标而进行的主动的、系统的、深刻的、长期的和科学的组织文化建设(鞠强，2018；王今舜、庄菁，2007；韩平，2015)。[③] 组织文化建设贯穿组织文化形成与发展的全过程，这一过程也被称为组织的软管理。组织文化建设内容通常包括：培育积极取向的价值观，提倡先进的管理制度和行为规范、加强礼仪建设，促进组织文化的习俗性、改善物化环境等。

---

① 石伟. 组织文化[M]. 上海：复旦大学出版社，2010：141.
　富立友. 知识视角的组织文化[M]. 上海：上海财经大学出版社，2010：79.
② 陈春花，段淳林. 中国行政组织文化[M]. 广州：华南理工大学出版社，2005：100.
③ 鞠强. 领导心理学[M]. 上海：复旦大学出版社，2018：140.
　王今舜，庄菁. 组织文化[M]. 长沙：湖南师范大学出版社，2007：115.
　韩平. 组织行为学[M]. 西安：西安交通大学出版社，2015：299.

二、组织文化建设的依据

从组织的角度来讲，组织文化是组织活动的重要推手。但由于组织文化的抽象性，往往不被人们所认识与重视。1992 年美国哈佛商学院的约翰·科特(John Kotter)教授和詹姆斯·赫斯奇特(James Heskitt)教授近 10 年的调查结果才真正彻底改变了人们的这种看法。两位教授通过调查发现组织文化对组织长期经营业绩有重要影响，甚至认为组织文化很可能是决定组织兴衰的关键要素(约翰·科特、詹姆斯·赫斯奇特，1997)。[①] 自此西方组织中的优秀管理者才开始认识到组织文化与组织经营业绩的高度相关性。其后多学科领域的理论发展为组织文化建设运用到组织管理奠定坚实基础，其中心理学、管理学是关系最密切也是组织文化建设最直接关联的学科，下面做一些简单介绍。

(一)组织文化建设的心理学原理

心理学的相关研究成果在组织文化研究发展过程中占据重要的位置，在一些学者看来，对组织气氛的研究就是组织文化及其建设相关研究的起源。

1. 组织氛围理论

著名的"领导风格"研究是 1939 年利皮特及怀特(R. Lippitt & L. White)在《社会心理学》期刊上提出的，该研究主要以民主、专制、放任自流三种不同的领导方式来创造不同的群体气氛，以实现考察不同气氛中群体成员行为的目的。20 世纪五六十年代，组织氛围研究开始蓬勃发展，哈尔平和克罗夫(Halpin & Croft)的组织气氛描述理论、斯特恩(Stern)的组织气氛"社会力量"架构以及里克特(Likert)的组织气氛"管理四系统"理论尤为突出(黄昆辉，1988)。[②] 在组织氛围的研究中，研究者发现，组织气氛在一定程度上是组织所具有的一种整体环境属性，包含四种构成因素：①生态维度，内容与组织中的物质资源有关；②背景环境，包含组织成员的社会经济地位、教育水平等特点；③社会系统维度，包括组织成员之间的交互作用；④文化维度，包含价值、信念和规范等内容(James & Jones，1974)。[③] 在这之后，组织氛围概念与理论的发展逐渐突出了组织中对于价值、信念、规范等内容的关注，"文化"的意义就此凸显，组织氛围理论是"组织文化"研究发展的重要序曲(唐京、陈卫旗，2001)。[④]

2. 心理契约理论

心理契约是由美国学者克瑞斯·阿吉里斯(Chris Argyris)教授提出的名词，它体现了员工与企业之间的一种默契。心理契约理论背后的基本概念是对员工及其组织对促进成功

---

① ［美］约翰·科特，詹姆斯·赫斯奇特. 组织文化与经营业绩[M]. 曾申，李涛晓，译. 北京：华夏出版社，1997：43.

② 黄昆辉. 教育行政学[M]. 台北：台北东华书局，1988：160-202.

③ James，L. R.，Jones，A. P. Organizational Climate：A Review of Theory and Research[J]. Psychological Bulletin，1974，81(12)：1096-1112.

④ 唐京，陈卫旗. 从组织气氛到组织文化——概念发展的逻辑[J]. 心理学动态，2001(1)：64-65.

交流的相互关系所持有的信念的理解。心理契约理论为理解组织中人际关系的发展和维持提供理论基础，并在理解职场关系中得到了频繁的应用。心理契约是指组织成员与组织之间的一种默契，是有关双方相互责任、权利、义务的一种认知图式与经验系统。心理契约在形成过程中，组织成员会根据组织的文化、价值观以及社会和文化环境，建立起对组织的信任和认同。同时，组织也会根据组织的目标、要求和资源情况，建立起对成员的期望和承诺。心理契约也成为管理、开发组织文化资源的理论基础。总之，心理契约是管理、开发组织文化资源的有效途径，可以促进组织的稳定和发展。

(二)组织文化建设的管理学原理

20 世纪 80~90 年代，组织文化已经成为管理学、组织行为学、行业组织心理学等领域的热门话题，所以那个年代又被称作是管理的组织文化时期。

1. 卓越组织的文化特质理论

吉姆·柯林斯在美国《财富》周刊上被誉为当代最具权威性的管理学大师。[①] 柯林斯等人对"杰出企业"的经营实践进行了深度追踪，对"杰出企业"的经营实践进行了系统的分析和总结，得出了"杰出企业的文化特征""三部曲"。并对优秀企业的文化特征进行了分析。[②] 柯林斯研究了不确定环境下"十倍领先者"背后的驱动力，发现十倍领先者(组织)所拥有的独特三种文化特质，即高度自律、实证创新和转危为安。高度自律指组织在其发展过程中都始终坚持高水平价值观、长期目标与绩效标准，实证创新则是组织依赖于直接观察进行实践和实验。转危为安是十倍领先者(组织)对环境高度警惕。在《从优秀到卓越》著作中他指出，组织实现从平庸到卓越的飞跃，必须具备训练有素的文化，把训练有素的文化和组织领导者的职业道德融合在一起时，就得到了神奇的能创造卓越业绩的炼金术(韩平，2015)，[③] 因此，尽管每个组织看起来拥有相似的文化，但只有训练有素的文化(即组织文化建设)才能真正使组织与众不同。

2. Z 理论

Z 理论的出现标志着组织文化进入繁荣时期。美国加利福尼亚大学美籍日裔教授威廉·大内(William Dawn，1984)在其《Z 理论——美国企业界怎样迎接日本的挑战》中对企业经营和企业经营之间的联系进行了剖析，并在其中引入了"Z 型文化""Z 型组织"等理念，指出了企业经营的内在机理，并指出企业经营的内在机理是由组织的文化决定的，组织的文化是由组织的传统与氛围所组成的。[④] 另外，他相信组织文化也包括组织的价值，例如，进取性、防御性、灵活性，这些价值决定了组织的行为方式、观点和行为方式。Z 型的组织文化理论拥有一系列独一无二的价值观念，这些价值观念包含了长期雇佣、信任

---

① 卓越组织文化特质理论的"三部曲"研究，包括《基业长青》(1994)、《从优秀到卓越》(2001)、《选择成就卓越》(2011)。

② 吉姆·柯林斯的"三部曲"：《基业长青》(1994)、《从优秀到卓越》(2001)、《选择成就卓越》(2011)。

③ 韩平. 组织行为学[M]. 西安：西安交通大学出版社，2015：287.

④ [日]威廉·大内. Z 理论——美国企业界怎样迎接日本的挑战[M]. 孙耀君，王祖融，译. 北京：中国社会科学出版社，1984：490.

和密切的私人联系。一个具有 Z 型组织文化特性的组织，从组织的策略到人员，无一不受到该文化的影响。Z 理论强调信任、敏感和亲密是所有组织取得成功的基础，并提倡以"坦率""开放"和"交流"为基本准则的组织经营(王今舜、庄菁，2007)。① 要进行组织类型之间的转换，就需要参加变革的人员对 Z 理论原理进行深入的研究，对他们的人格特质进行深入的研究，充分地发掘出他们的优点，充分地利用他们的优点，对组织原来的管理指导思想和经营方针进行分析，并将注意力集中在组织宗旨上。由此可以看出文化以及组织文化对管理方式的重要影响。

3. 7S 模型理论

如果说 Z 理论涉及了文化，那么它也只是浅显地涉及了国家间的不同文化，对组织文化有一个概括描述的则是麦肯锡的"7S 模型"。② "7S 模型"认为，一个组织的发展需要综合考量各种因素，包括组织的结构(Structure)与制度(System)、组织的风格(Style)、员工(Staff)、能力(Skill)、组织的战略(Strategy)和组织的共同价值(Shared values)等。在全球范围内，麦肯锡的"7S 模型"为组织领导者提供了一个关于"软件"的提示。麦肯锡认为，一个组织的成长与策略的实现，必须有健全的机制来保障，而每种机制其实都是一个组织的经营理念与策略理念的具体化。这样，就能调动所有人的积极性，凝聚所有人的意愿与愿望，导向、约束成员行为，为实现组织的战略目标奠定基础。

以上举例的理论中，分别选取了心理学、管理学与组织文化建设关系角度的著作。组织文化建设思想的发展与心理学和管理学的发展是同步进行状态，并且相互之间起到了相互促进的作用。通过介绍涉及的各个理论、著作以及在著作中提到的诸多概念，可以促进对组织文化建设的理解，对组织文化理论的把握，为组织文化建设上一节中的概念理解奠定基础。

三、组织文化建设的方法

传统组织文化建设在东方国家以灌输式为主，在西方国家以参与式为主。灌输式组织文化建设主要强调组织当局领导者向组织灌输信息的重要性，而参与式组织文化建设是突出组织成员在组织设计中的参与作用，自动得出某些观念或是价值观。发展到现在，组织文化建设的方式已经实现融合，现列举三种帮助读者理解。

(一)领导灌输法

组织领导者是组织文化的倡导者和权力拥有者，一个组织拥有什么样的文化一般是现有领导者提出或是倡导。所谓领导灌输法就是指组织领导者借助各种教育、宣传、组织学习等的形式，甚至是率先垂范和行为暗示、先进人物的作用对组织文化的目标和内容进行

---

① 王今舜，庄菁. 组织文化[M]. 长沙：湖南师范大学出版社，2007：29.
② 7S 模型是指战略(Strategy)、组织机构(Structure)、系统(System)、员工(Staff)、技能(Skills)、作风(Style)和价值观(Shared Values)。

正面灌输和示例，即组织文化建设的引导与促进，借由制定体现预期文化要求的制度规范体系实现。

(二) 个体激励法

组织成员是组织文化建设的重要主体，也是搞好组织文化建设的最有力力量。所谓个体激励法就是指，组织根据组织文化模式，将组织中的每一位成员看成组织共同体中不可缺少的一部分，确立成员的主人翁地位，通过运用各种保障激励手段，诸如制度上保障合法权益、密切关注员工之间以及员工与领导之间的关系等，通过各种人际交往、共同生活形成互动，激发员工动机与归属，营造良好的组织氛围和塑造组织精神，从而建设组织文化。

(三) 组织建设法

良好的组织文化建设离不开先进的组织建设。所谓的组织建设法是指从组织自身建设角度出发，更新组织发展的诸类要素(例如，观念、结构、制度等)，保持良好的组织存在形态，从而建设组织文化。组织观念的更新建设能够帮助确立正确的组织文化理念与方针，分层次、分阶段地进行组织文化引导与宣传，统一认识；而稳定的组织结构则可以在正确把握组织文化各结构之间关系、有效控制各结构间影响，在紧抓核心组织文化基础上不断改善外在部分，使其成为一个完整稳定的组织。

四、组织文化建设的几个阶段

组织文化的建设是一个制度化和物化的长期过程，并非一蹴而就，它在不同的发展阶段有不同的内容。一般而言，组织文化建设经历以下三个阶段。

(一) 初级阶段

组织文化建设初期，组织领导者与成员对构思本组织文化并没有十足的把握，好多方面也并未认识到，很难认定哪些因素能构成组织文化。这一阶段的构思包括组织领导者、成员对组织与环境的关系、关于人性的基本假设、关于某些活动的本质等，所以这一时期组织文化建设又被称为准备时期。这个时期组织文化建设工作的内容主要是建立组织领导体制和制订组织文化创建计划。此外，组织领导者还需要拟订相应的资源投入、工作考核和监督工作计划，确保组织文化建设工作的有序进行。

(二) 中级阶段

组织发展至这一时期，组织成员基本上对本组织文化达成了共识，可以识别组织文化，并向形成具有共同价值观的行为模式前行，所以这一阶段也被称为组织文化建设快速发展阶段。这个阶段分成前期工程和后期工程。前期工程建设内容主要是组织的领导者深入调查研究组织的工作性质、要求，组织内部现有的人员构成和管理情况等。也就是确定组织目标文化，正式提出本组织的价值观和行为规范。该阶段的后期工程则是向全体组织成员发起组织文化建设的倡议并动员参与，推行新的规章制度和行为规范，推出模范人物供组织成员学习模仿等。当目标组织文化的管理理念、管理方式、管理手段在实际工作中得以贯彻，并取得明显的工作成效时便会得到推广，进而形成本组织的组织文化（陈春花、段淳林，2005）。[①]

（三）高级阶段

这一时期组织文化中的许多观念、制度已经被物化，并为成员共同行动固化，固化的组织文化中能够适应组织外部环境的部分继续发挥作用，然而那些难以适应组织外部环境发展需要的文化要素则成为阻碍组织发展的障碍，组织为了进一步发展不得不进行组织文化调整，适应新的发展要求，所以这一阶段又被称为组织文化建设的变革阶段。这一时期组织文化变革建设工作的内容主要是通过认同和内在化的方式接受新的观念、形成新的态度和行为，克服文化惯性对组织变革的阻力，实现新组织文化与组织变革的匹配，促进组织进一步发展。

第三节　组织文化建设中的领导者角色

诚如上文所述，组织文化的建设并非一蹴而就，需要经历创建、发展、变革几段重要时期，而领导者在组织中的重要地位决定了他对组织文化建设的影响和所起的作用是非常重要和巨大的，因为领导者塑造了组织文化和气氛。卓有成效的领导人通常会为组织文化的创造、发展和变革指明方向，营造出一种对组织发展有益的文化和氛围，激发个体的积极主动精神，推动高效的多职能团队的合作与整合；保证优化运作在组织内得到有效的实施（王今舜、庄菁，2007）。[②]

一、组织文化建设初期的领导者角色

领导是组织文化建设初期的塑造者。组织创始人和早期领导者通常是组织文化建设的率先提出者，同时组织文化建设也反映着这些组织领导者的愿望和理念。组织的创始人和领导者追求和倡导的理念价值与思想、传统等都在组织文化建设初期发挥关键作用，而这些主要是在组织领导者个人价值观的指导下发生的。一般情况下，组织的主导价值观是领导者个人价值观的延伸、扩展和群体化，是组织成员对组织领导者的个人价值观的认同结果。此外，组织文化体系的形成也离不开组织领导者的总结、归纳和加工以及领导者的个人才智、对组织文化建设的高度重视，甚至很多领导者的思想和主张都是直接成为组织文

①　陈春花，段淳林. 中国行政组织文化[M]. 广州：华南理工大学出版社，2005：170.
②　王今舜，庄菁. 组织文化[M]. 长沙：湖南师范大学出版社，2007：210.

化的内容。当然，领导者在组织文化建设中的作用我们也不应该无限夸大，因为组织文化的创建毕竟是这个组织的全体成员在创造物质财富的同时所创造的组织精神财富。简而言之，领导是组织文化的创造者，一方面，一个组织的领导者在一定程度上对企业现有的企业文化进行归纳、提炼，保持企业的正面价值，消除企业的负面价值；另一方面，组织的领导者也要对经过精练后的文化进行处理，融入自己的信仰和观点，并在一系列的活动中，将其转化为本组织的所有成员的价值观念。这也就会对组织的领导者提出更高的要求，因为领导者的观念、风格、行动方式都会对组织文化的创建产生巨大影响。

二、组织文化建设中期的领导者角色

领导是组织文化建设中期的管理者。组织文化建设是一种先进的管理理论，现代组织领导者的主要职能之一便是对组织文化建设进行管理。美国杰出的管理学家埃德加·沙因曾说过，一个领袖要做到的只有一件事，那就是创建并管理组织的文化，而一个领袖最大的天赋，就是能够对企业的文化产生巨大影响(埃德加·沙因，2011)。[①] 组织的目标文化就是领导者所塑造或设计的组织文化，它源于现实组织文化，又高于现实组织文化。组织文化管理指的是一个组织自觉地将其积极的、优秀的组织文化加以弘扬，并对其消极的、劣性的组织文化加以战胜的过程。这一过程是领导者管理组织文化的集中时期。要做到这一点，领导者就必须让组织内的每一个人都了解组织所提倡的与所反对的是什么，并要及时解决在推进组织文化的进程中出现的各种矛盾与问题。在需要时，领导者也要修改和完善组织的文化。组织的领导者只有掌握组织的发展方向、力度和深度，并对组织的发展进行有效的管理，才能实现组织文化整体的高效运营。

领导是组织文化建设的倡导者。领导是组织文化建设的倡导者角色是指在组织文化建设中期阶段，领导以身示范、担当表率的作用。组织文化的建立是一个不断学习的过程，在这个过程中，领导者的一言一行都会被组织的其他员工自觉或非自觉地模仿，这样，他的一言一行就不仅是个人单一行为，是具有一种示范、一种引导性质的行为。即领导者的管理价值观念的灌输更多的是以行为示范，而非言语方式实现。孔子于《论语·子路》曾言："其身正，不令而行；其身不正，虽令不从。"这句话也是要着重指出，领导人要身体力行，起到表率作用。

三、组织文化建设后期的领导者角色

组织文化是一种历史现象，并非永恒不变。社会实践活动的发展、不同时期组织外部发展环境的变化都会导致组织文化建设的相应变化。因此组织文化建设适时的变革是必要的，也是适应新发展要求所必需的。组织文化的重大转变对人员有重大影响。正如迪尔和

---

① ［美］埃德加·沙因. 组织文化与领导力［M］. 马红宇，王斌，译. 北京：中国人民大学出版社，2011：61.

肯尼迪所说，"变革的事业是文化转型"，那些呼吁变革却忽视"变革的文化问题"的人应该受到谴责。因为，新的价值观需要成为"整个公司的大多数人，而不仅是高级管理人员心中的现实"，解雇"不合适"的人比让他们接受"不可接受"的价值观更容易。没有新鲜血液，任何文化转型都不可能成功。外部环境中意想不到的重新配置需要根据变化的情况做出文化反应。但是，正如乔安妮·马丁所指出的，他们"往往是旧的变体"，但如果组织的个人构成保持不变，那么就会"无限制地"复活。一方面，部分成员大多无法摆脱在他们身上根深蒂固的东西；另一方面，采用另一种文化的元素是否有用难以捉摸。如果忽略这一基本考虑，组织就必然无法改变其文化。因此，组织文化的变革较多依赖领导者的领导能力，否则发展就会陷入一种无序的状况。但是，组织文化也要有相对的稳定性，并非环境变化了就一定要变，这就要求领导者能够准确把握组织文化建设变革时期的时机和方向。通常来说，组织文化建设的变革的外在压力来源于以经济生态系统、政治生态系统和文化生态系统为主要构成要素的社会生态环境的变化，内在动力则来源于体制改革导致角色再认知。

领导是组织文化建设的变革者。变革型领导风格可以影响追随者，尤其是在组织文化变革过程中。领导者的角色必须能够成为榜样，并能够建立协同的人力资源，这样的行动将成为组织全体成员的一种制度和行为，从而形成一种新的组织文化。换言之，变革型领导者的作用就是在组织文化变革过程中改变追随者的玩世不恭，这是相当重要的。这表明，一个关心并总是激励下属的领导者将能够最大限度地减少对变革的愤世嫉俗。变革型领导风格是一种领导者的风格体现，它表明领导者能够接受追随者的愿望，并能够激励追随者形成一个工作系统。已经建立并成为组织特征的工作系统将成为一种文化，并在组织中继续保持和实施。领导者的角色必须能够为追随者提供一个榜样，这样领导者才能使追随者乐观，并且在组织文化变革过程中减少组织成员的愤世嫉俗（CAOC）。[①] 通常领导者需要关注能够使组织文化变革的六个文化条件：一是变革文化必须与商业条件相关；二是变革文化必须明确而合法地传达；三是变革文化必须包括个人变革；四是变革文化必须由领导者来体现；五是变革文化必须依附于所有追随者；六是组织的各个方面都必须关心文化。如果领导者意识到上述条件和员工状况，六维度将会在组织文化变革中发挥关键性作用（Anderson，2010）。[②]

本章小结

组织文化于组织发展至关重要。虽然组织是由具有不同观点、不同文化和不同特征的员工组成的，但这些员工为了组织的目的走到一起，形成了一个共同的信仰和价值观体

① Hussain, T., Lei, S., Akram, T., et al. Kurt Lewin's Change Model: A Critical Review of the Role of Leadership and Employee Involvement in Organizational Change[J]. Journal of Innovation & Knowledge, 2018(3): 123-127.

② Anderson, D., Anderson, L. A. Beyond Change Management: How to Achieve Breakthrough Results through Conscious Change Leadership[M]. San Francisco: Pfeiffer, 2010: 23-167.

系，这个系统的名称是组织文化。组织文化是区分组织、赋予组织身份并使员工处于同一屋檐下的重要现象，组织文化影响多个组织变量。组织文化并非凭空而生，是经历多重因素社会化逐步形成和发展起来的。组织文化的管理学意义主要表现在组织管理上，即发挥诸如引导、激励、凝聚、约束等的组织管理功能。组织文化并非一成不变，会随时代的发展而不断进行建设。组织文化建设贯穿组织文化形成与发展的全过程，这一过程也被称为组织的软管理。组织文化建设有着深厚的学科理论背景与现实依据，文化建设方法已较为系统。领导作为组织文化的塑造者、管理者和变革者，要能强烈意识到组织文化的存在，而且高度重视组织文化建设工作。

 课后思考题

1. 组织文化有哪些作用？
2. 组织文化建设的方法有哪些？
3. 组织文化建设分为几个阶段？分别为什么？
4. 如何理解组织文化建设中的领导者角色？

 **案例 9-1**

知敬畏　守规矩　做表率
——小店镇组织参观红旗区廉政文化教育展馆

为切实加强党风廉政建设，进一步提高党员干部的拒腐防变能力，激发爱岗敬业的工作热情，2022 年 7 月 17 日下午，河南省新乡市小店镇党委书记郝思奇带领班子成员及各村支部书记，到红旗区廉政文化教育展馆参观学习，接受廉政文化教育。在廉政文化教育展馆工作人员的带领下，先后参观了廉史流韵、廉洁之路、警钟长鸣、红旗高扬四个展厅，通过丰富的图片、场景、视频资料，全方位展示了古今中外反腐倡廉历史和身边发生的典型腐败案例，这些案例充分阐释勤廉主题，凸显廉洁内涵，让参观者深刻感受到违法违纪的危害，也身临其境地感受了腐败带给个人和家庭的巨大伤害，为全体干部敲响了拒腐防变、正风肃纪的警钟。时刻警醒着党员干部要"作风建设永远在路上"，切实做到"扬清风正气，让警钟长鸣"。通过参加此次活动，全体人员接受了一次精神洗礼。参观结束后，大家一致认为要从典型案例中吸取教训，引以为戒，守住底线、远离红线、不碰高压线，以腐败典型为教训，警醒自己，以先进模范为榜样激励自己，保持好党员清正廉洁的政治本色。随后，在镇政府三楼会议室召开廉政教育会议，南街村支部书记冉法成、汾台村支部书记孙旭峰分别就下午参观学习进行发言，分享自己的感受。

郝思奇同志强调，党员干部要充分认识到开展党风廉政教育的重要性和必要性，党风廉政教育是一项基础性、常态化的工作，要常抓不懈、锲而不舍。党员干部要在日常工作中严格要求自己，做到知敬畏、守规矩、做表率，筑牢思想上拒腐防变的防线，守好生活中必须恪守的底线，明确工作中不能跨越的红线，常怀律己之心，常思贪欲之害，扎实做好党风廉政建设，持续深化全镇"不敢腐、不能腐、不想腐""三不"一体推进。

资料来源：知敬畏　守规矩　做表率——小店镇组织参观红旗区廉政文化教育展馆［OL］. 河南省新乡市小店镇党政办微信服务平台 . https：//mp. weixin. qq. com/s? __biz＝MzI 0NzM0NjU5NQ＝＝&mid＝2247505389&idx＝1&sn＝9dfd58d62bf269c2f704fdfdf39478e2&chksm＝e9b3f121dec47837d4ac7aaed6feefda18fc1dcc76db37ad07149891abd7afb0d1325cb2290b&scene＝27.（2022-07-18）（2023.08.29）

案例 9-1 思考题

1. 该镇是如何利用廉政文化教育展馆参观进行组织文化建设的？
2. 论述廉政文化教育展馆参观对良好组织文化建设的作用。

参考文献

［1］Anderson，D.，Anderson，L. A. Beyond Change Management：How to Achieve Breakthrough Results through Conscious Change Leadership［M］. San Francisco：Pfeiffer，2010：23-167.

［2］Hussain，T.，Lei，S.，Akram，T.，et al. Kurt Lewin's Change Model：A Critical Review of the Role of Leadership and Employee Involvement in Organizational Change［J］. Journal of Innovation & Knowledge，2018(3)：123-127.

［3］James L R，Jones A P . Organizational Climate：A Review of Theory and Research［J］. Psychological Bulletin，1974，81(12)：1096-1112.

［4］陈春花，段淳林. 中国行政组织文化［M］. 广州：华南理工大学出版社，2005：13，100，170.

［5］富立友. 知识视角的组织文化［M］. 上海：上海财经大学出版社，2010：17.

［6］韩平. 组织行为学［M］. 西安：西安交通大学出版社，2015：299.

［7］黄昆辉. 教育行政学［M］. 台北：台北东华书局，1988：160-202.

［8］鞠强. 领导心理学［M］. 上海：复旦大学出版社，2018：140.

［9］梁宁娜. 构建适应组织文化的心理契约问题研究［M］. 北京：经济日报出版社，2019：18.

［10］刘光明. 现代组织文化［M］. 北京：经济管理出版社，2005：75.

［11］马作宽. 组织文化［M］. 北京：中国经济出版社，2009：3.

［12］［美］斯蒂芬·P. 罗宾斯. 管理学［M］. 孙健敏，译. 北京：中信出版社，1997：213-215.

［13］［美］斯蒂芬·P. 罗宾斯. 组织行为学［M］. 孙健敏，李原，译. 北京：中国人民大学出版社，1997：67-69.

［14］［美］约翰·科特，詹姆斯·赫斯奇特. 组织文化与经营业绩［M］. 曾申，李涛晓，译. 北京：华夏出版社，1997：43.

［15］［美］Deal，T. E，Kennedy，A. A. 公司文化［M］. 北京：生活·读书·新知三联书店，1989：89-93.

［16］［美］埃德加·沙因. 组织文化与领导力［M］. 马红宇，王斌，译. 北京：中国人民大学出版社，2011：46，61.

［17］唐京，陈卫旗. 从组织气氛到组织文化——概念发展的逻辑［J］. 心理学动态，2001（1）：64-65.

［18］［日］威廉·大内. Z 理论——美国企业界怎样迎接日本的挑战［M］. 北京：中国社会科学出版社，1984：490.

［19］石伟. 组织文化［M］. 上海：复旦大学出版，2010：10.

［20］王今舜，庄菁. 组织文化［M］. 长沙：湖南师范大学出版社，2007：29，15，210.

［21］吴岩. 领导心理学［M］. 北京：中央编译出版社，2002：360.

［22］赵平. 组织行为学［M］. 北京：北京理工大学出版社，2021：269.

第十章　领导与决策

第一节　领导决策概述

一、决策与领导决策

（一）决策

决策含义有狭义和广义之分。狭义的决策指的是在众多方案中进行选择的最后决定，仅指"决策行为"本身；广义的决策指的是某项工作从问题提出、调查研究、形成方案、方案论证及方案选择，直到方案实施和反馈再决策的全过程，这一过程覆盖组织多个部门的工作，需要组织进行大量的研究分析，投入充足的人力、物力、时间。本章中的决策指广义的决策。

构成一项决策，一般要具备以下四项基本要素。

1. 明晰决策问题的性质

分析问题的性质是经常性还是偶发性问题，这是做出决策的第一步，需要在繁杂的问题中抽象地识别出对象以及其结构、属性等。问题性质会随着内外部条件、时间空间的不同而变化。如果决策者难以认清问题的面貌，将新问题看成是旧病复发，而继续用老办法，就难以解决问题。

2. 把握决策时的最低目标

这在决策中是比较困难的一步。最低目标往往不容易找出，组织内部结构复杂性决定了组织内部目标的多元性。组织决策的最低目标不一定符合所有人的利益，所以决策方案提出时可能会有反对的声音。选择哪一种决策方案，就要根据所面临问题的性质来考量，选择能解决更需要解决的问题的那个方案。

3. 设计多种可选择的方案

没有多个可供选择的方案，就无从谈起决策。在现实生活中，最佳方案往往是难以找到的，而是存在多种比较满意的方案。为了选择最大程度符合组织利益的方案，就需要努力探讨更多的方案和道路，尽量启发组织成员的智力和创造力，最终找出正确的决策。

4. 可执行的决策才有价值

能被贯彻为实际行动的决策才有价值，若决策不能转化为行动则对组织不会有任何意义。如果决策没有具体的行动步骤做支撑，并使工作安排责任到人，决策就难以称为决策，无法实施的决策最多只能算是意愿而已。决策必须与执行人的能力相适应，此外，制定相应的衡量标准和激励制度也同样重要。

(二) 领导决策

领导决策与其他决策的不同之处在于决策主体的特殊性与重要性，其决策行为和决策结果将会对全局产生重大影响。决策是领导工作内容中最核心的部分，领导做出决策的正确与否足以决定一个组织甚至社会的命运。

领导者是权力和能力的统一体。全面深入理解领导决策的含义是十分必要的。根据领导决策的操作过程和实际表现，可从以下七个方面理解领导决策的特征：

1. 领导决策是引发集体行动的特殊行为

领导者身处组织内部，领导决策的行为结果必定与组织部分群体或全体成员密切相关。领导决策的根本目的和动机是为组织群体指出行动的方向和依据，在领导决策的引导下，领导对象开展相关的活动。

2. 领导决策是能够产生现实结果甚至重大后果的行为

领导者要以自己的决策来推动工作，因而就要产生现实的结果。正确的决策能够解决矛盾、推动组织的变革与发展；错误的决策不但难以解决问题，还有可能扩大矛盾，危害波及整体。

3. 领导决策是带有明显价值色彩的行为

不同的领导者看待同一个决策方案的角度和方式是不同的，绝对客观是不存在的。领导者在决策中常常以自己的价值取向为标准，来选择解决问题的方案和确定组织的发展方向，因而领导决策体现着领导的价值色彩和主观倾向性。

4. 领导决策是一种综合信息的处理行为

在领导决策过程中，有多种信息流的存在。首先，最主要的是关于决策对象的信息，没有充分的此类信息就无法决策；其次是领导权力、权威和意志，决策本身其实就是融入了领导权力、权威和意志的特殊信息流；最后是来自社会环境的其他信息。

5. 领导决策是以抉择为关键环节的决策行为

决策是经历多个环节的完整过程。在这个过程中，领导者未必每一个环节都要参加，但最关键最困难的一个环节，必须由领导者直接进行，这就是"抉择"。遇到棘手的问题或者难以抉择的分岔路口，需要领导者根据有关原则做出更加有利的选择。

6. 领导决策是高度依赖领导素质的行为

领导者的决策活动比其他工作都更加依赖于领导者的素质能力。领导者素质的高低是科学和正确决策的内在基础和前提条件。领导素质内容丰富，包括文化素质、专业素质、心理素质、思想道德素质等。领导素质直接关系到决策的水平和质量。

7. 领导决策是领导科学和领导艺术统一体

科学、正确的决策就是理论与实践相结合、主观与客观相统一、思维与现实相转化的高级活动形态。一切客观规律、科学原理和领导艺术所包含的各种经验和技艺等都不是孤立的、静止的理论存在，而是始终贯穿于领导过程，并且首先集中表现在决策过程中的行为智慧。

二、决策的类型

实际生活中，决策类型是多种多样的。在不同的分类标准下，决策可划分为不同的类型，不同的决策各有性质、特点。下面重点讨论四种主要的决策类型。

（一）经验决策与科学决策

分类依据是决策的方法。

（1）经验决策，是指决策者根据个人的知识、才干、知识、经验、智慧做出的决策。经验决策简单易行，经济方便，因而最为常用。在面对复杂情况又需要紧急做出决定时，经验决策是十分有效的办法。经验决策最适用于简单问题的决策。

（2）科学决策，是指决策者根据科学的理论、程序、方法、设备做出的决策，其科学性主要是由科学的决策程序、科学的决策技术和领导科学的思维方法三方面决定。科学决策依赖于领导者个人的经验和智慧，同时，个人经验与智慧作用的发挥需要建立在科学的基础之上。科学决策是决策重大、复杂问题时所必需的，它弥补了经验决策的不足。但由于它的程序、方法比较复杂，不用于一般而简单的问题。

经验决策和科学决策各有长处，相辅相成，领导者应当善于将两种方法结合起来。

（二）战略决策、管理决策与业务决策

分类依据是决策的作用。

（1）战略决策，是指由高层管理人员做出的有关组织发展方向的重大全局决策。

（2）管理决策，是指中层管理人员为保证总体战略目标的实现而做出的解决局部问题的重要决策。

（3）业务决策，是指基层管理人员为解决日常作业中的问题所作的决策。

（三）程序化决策、半程序化决策、非程序化决策

分类依据是决策的性质差异。

（1）程序化决策，即面对常规的、结构性良好的问题，决策者按照书面的或不成文的政策、程序或规则所进行的决策。

（2）非程序化决策，即决策者在处理偶然发生的或首次出现而又较为重要的非结构化问题时所做出的决策。

（3）半程序化决策，即决策者所面临的决策问题一部分具有良好的结构，另一部分结

构比较复杂或较为特殊，此时需要将程序化决策与非程序化决策结合起来。

（四）确定型决策、风险型决策、不确定型决策

分类依据是决策风险大小。

（1）确定型决策。是指可供选择的方案中只有一种自然状态时的决策。

（2）风险型决策。是指可供选择的方案中，存在两种及两种以上可估计发生概率的自然状态。

（3）不确定型决策。是指在可供选择的方案中存在两种及两种以上无法估计概率的自然状态。

三、决策风格[①]

我们把决策者表现出的相对稳定的决策态度、方式和习惯称为决策风格。信息是决策的重要依据，在信息收集过程中，决策者有检测型（S 型）与洞察型（N 型）两种风格；在加工处理过程中，决策者有思考型（T 型）与感知型（F 型）两种风格。根据决策者在信息收集和信息加工中的不同表现进行组合，可以将决策风格分为四个类型。四个类型的决策风格各有利弊。

（一）ST 型——条理型风格

这种风格的决策者依据可靠的资料进行严格的逻辑分析进而得出理论依据，注重挖掘决策过程隐藏的规则，善于使用数学模型和统计技术这类分析性决策工具，侧重于依靠公理逻辑或统计工具证明选择某个行动方案的必要性。这类决策者不赞同定性分析或感情考量，拒绝决策的感情用事。

（二）NT 型——思索型风格

这种风格的决策者特别注意对逻辑前提的检验，重视问题的前因后果与发展变化，关注重要随机因素，突出分析过程的周密和全面。决策者重点收集的是那些能表明将来可能性较大的重要事实，关注数据与假设之间的关联，主要采用决策树、敏感性分析等决策方法，也常使用直觉观察的方法。

（三）SF 型——判定型风格

这种风格的决策者主要关心那些影响决策的人际关系。决策者认为对决策有现实性或可行性的参照因素就是重要人物及其看法。因此，决策者偏爱群体决策，并把定量分析方法看作辅助工具。

（四）NF 型——协调型风格

这种风格的决策者进行决策的依据是他们长期经验所产生的偏好。他们很少应用分析

---

① 符运能．管理学理论与应用［M］．北京：中国纺织出版社，2015．

工具，认为这类工具无法应付那些极端重要的决策中所包含的高度复杂性。他们认为价值标准是多数决策的关键，对决策有影响的权力持有者们的个性、观点与愿望都需考虑，协调他们之间的价值观与信念是选择行为的前提。为了做出决策，他们力图在互相冲突的各种要求中寻求平衡。

第二节　领导决策的程序

一、提出正确问题

（一）提出问题

决策问题的产生有两种可能性：一是某方面问题和障碍的出现阻滞组织目标的实现，具有被动色彩；二是确定组织目标、制定方略后对有可能发生的问题进行主动的分析预测。决策问题是进行领导决策的起点和解决问题的前提。

（1）发现问题。纳入领导决策的问题有一定特征，领导决策的时间精力应该投向更具有价值的问题。例如，事关组织目标实现、影响组织大局、成为制约瓶颈的问题等重大关键问题。特别是高层领导者更要运用前瞻力和洞察力主动发现并确认问题，甚至预见问题。

（2）界定问题。对于决策问题，要深入考虑问题的性质、影响范围、发生时间、风险、复杂性，对于比较严重的决策问题，需要领导者更多精力、资源的投入，并且需要严格执行决策程序，慎重决策。

（3）原因分析。在界定问题的基础上，由表及里、从组织所处环境到组织内部深入分析研究问题发生的原因，尽可能得出更多的原因，为确定目标和提出解决方案奠定基础。

（二）确定目标

决策目标，即在现实条件下组织期望最终实现的成果。决策目标的合理性与掌握信息和利用信息的程度呈正相关。目标应当具有以下四个特点：

（1）具体明确，而非含糊其词、模棱两可。

（2）确定目标的主次顺序。

（3）总体目标一般为定性描述，分目标可以是定量目标，以便制定可衡量的标准。

（4）明确约束目标的主客观条件。

目标的重要性不言而喻，确定决策目标的具体步骤有以下三个：①了解组织理念体系，包括使命、愿景、价值观等，应当始终以使命为核心进行决策；②构建战略为组织提供方向，依据战略确定某一阶段内要完成的总目标和分目标；③反复论证目标合理性，切实可行的目标才有价值。

(三) 价值准则

价值准则即评估决策方案的标准。价值准则包括物质性的价值准则和精神性的价值准则，前者以经济指标为主，后者主要包括道德、伦理在内的一系列价值层面的影响指标，这两大类价值准则要互相兼顾，不能偏废。由于决策系统的动态性、决策者主观性和局限性以及价值准则的复杂性和多变性，决策所依赖的价值准则也具有相应的特点。领导者确定价值准则时要具有系统思维，从大局出发，明确约束条件，尽量做出科学的价值判断。

二、选择正确方案

(一) 拟定方案

寻找方案阶段要把问题的解决方法尽可能多地展示出来，方案的数量和质量直接关系到领导决策的优劣。领导者要积极组织方案的识别工作，为提升决策科学性，方案制定人员至少应当包括智囊机构领域内的专家以及涉及方案执行的业务人员。方案不能偏离组织目标，要在价值准则的指导下开展方案制定工作。

(二) 分析评估

方案评估是选择方案的前提。分析评估就是采用特定的方式、方法对所有拟定方案的成本-收益、危害、风险水平、可行性等进行综合分析，判断各方案优劣利弊及主要差异。分析评估过程可以进行多轮，每一轮都可以排除错误方案和劣质方案、讨论优化其余方案。方案评估仍然需要智囊团和专业人员的全程参与，从而论证决策的科学性和合理性。

(三) 方案择优

领导者是决策的主体。在对各种拟定方案分析评估的基础上，领导者需要运用良好的判断力拍板敲定最终决策方案。同方案优化的相对性一样，选优也是只能选择相对满意的方案，完美的方案只存在于理论之中。方案择优可以是从多种方案中择优选取一种，也可以选择整合几个方案为一个方案，最好不要重新拟定方案。

三、有效解决问题

(一) 试验证实

在方案选定之后，需要通过局部试验来检验决策方案正确与否，以防实施后造成难以挽回的后果和损失。首先，选择局部实验点要考虑其典型性，过于特殊的试验点具有的推广意义有限；其次，试验中最好有对照组以比较方案试验的实际效果；最后，试验结果不完全符合客观实际状况是正常的，但如果同预期结果差异过大，那么需要考虑延长试验时间或者增加局部试验点，并做好数据监测、观察分析其背后原因，用以调整优化决策方案。

（二）方案实施

通过试验验证的方案，即可组织贯彻实施。实施过程包括编订执行计划、组织动员、追踪反馈、方案调整、经验总结等连续的过程，有些环节可能需要多次重复。决策技术和方法的综合运用贯穿方案实施全程。在方案实施时，原则性和灵活性要兼顾；在执行中意外情况发生时，执行者需要在执行手段和方式上进行创新，随机应变。如果有重大问题发生则需要领导再决策，重新启动决策程序为执行人员提供指示和引导。

第三节　领导决策的理论与方法

一、领导决策理论

（一）完全理性决策论

完全理性决策论又称客观理性决策论，属于古典决策理论。代表人物有英国经济学家J. 边沁、美国科学管理学家 F. W. 泰勒等。这一理论基于人是坚持寻求最大价值的"经济人"的假设，决策者是完全理性的。其在决策上的表现是：决策者全面掌握需要的信息情报，能充分了解所有方案的情况以及实施后的影响；决策者能够选择使组织获得最大经济利益的行动为最佳决策（郭艺、艾晶晶，2011）。[①]

（二）连续有限比较决策论

这一理论属于行为决策理论，代表人物是赫伯特·A. 西蒙。他认为决策者是有限理性的"行政人"而非完全理性的"经济人"，进而提出"有限理性"和"满意度"原则，即人既不是完全理性也不是非理性，而是有限理性的，决策者在决策中往往寻找的是满意的方案而不是最优化方案。行为决策理论更能解释实际的决策活动，缺点是在一定程度上忽视了组织因素的作用。

（三）理性、组织决策论

代表人物有美国组织学者 J. G. 马奇。他认为必须借助组织的作用来克服人有限理性的缺陷。组织将属性各异的活动的责任主体确认下来，通过组织内部的群策群力，决策者了解更多的决策方案及后果，从而选择更有益于组织目标的行动方案，提高决策的理性程度。组织目标代替个人目标成为衡量决策者理性的根据。

（四）组织决策论

代表人物有美国学者巴纳德。他将组织中的决策分为个人决策和组织决策两种，前者

---

① 郭艺，艾晶晶. 决策理论在科技创新中的应用［J］. 科技创业月刊，2011，24（9）：15-16，19.

主要出自个人动机；后者是组织成员为组织目标而合理做出的决策，与组织而非个人直接相关。组织决策是非人格化的，"非人格"是指主要根据职位要求、组织目标、组织规范等对组织问题做出决策，基本上失去了决策者个人动机上的色彩（张晓红、宁小花，2011）。① 组织决策有目标和环境这两大客观要素，物理、经济和社会的环境制约着要实现的目标。

（五）现实渐进决策论

代表人物是美国政治经济学者 C. E. 林德布洛姆。这一理论也是在对"完全理性"的质疑下产生的，他认为决策过程是逐步前进的过程，该理论的基点源自人所面临的现实状况。现实中的问题不可能一成不变，加之决策者的智慧和能力也有限，穷尽的、高昂的信息收集和分析工作经济性低且有可能错过时机。因此，要在决策制定中通过对早期决策的"连续性的有限比较"形成新决策。这种理论强调现实和渐进改变，无疑是经济和理性的，很受决策者的重视。

（六）非理性决策论

非理性决策论代表人物有奥地利心理学家 S. 弗洛伊德和意大利社会学家 V. 帕累托等（郭艺、艾晶晶，2011）。② 非理性决策论的基点是人的想法和欲望，而非对现实或理性的崇尚。他们认为不能忽略潜意识对人的行为的支配程度，许多决策者在处理问题时常常感情用事，从而做出不明智的安排，决策行为往往表现出不自觉、不理性的欲望。

二、领导决策方法

（一）经验决策方法

1. 调查研究

对于经验决策来说，调查研究是基础工作，同时也是一种重要的决策方法。调查研究的主要目的是了解与决策相关的信息情报，获得优质的资讯。调查研究是领导者做出高质量决策的必经步骤。调查研究可分解为调查和研究两步，前者是对特定对象通过文字资料、现场观摩等形式进行了解，获得研究所需要的信息，研究是在分析、研判各类资料的基础上，找寻事物表象之下的规律，得出可信的结论。调查研究需要细致而又专业地开展。每一项重大决策，都不是短期内仓促做出的，决策都需经过深入细致、费时费力的可行性调查。调研既需要找到典型对象，又需要开展多点调研，多点调研对于决策的适用性来讲助益较大。

调查研究与决策的民主化与科学化关系都十分密切。与公众利益密切相关的决策领域更强调民主化，涉及公共利益的领域要充分听取相关群众的意见和诉求，在充分征集意见

① 张晓红，宁小花. 服务型社会治理模式下的公共决策价值取向[J]. 中国行政管理，2011(2)：31-34.
② 郭艺，艾晶晶. 决策理论在科技创新中的应用[J]. 科技创业月刊，2011，24(9)：15-16，19.

的基础上优化决策。专业性较强的决策领域更强调科学化，遇到重大专业性难题，则一定要通过正式渠道咨询相关专业人士和机构，听取本领域专家的意见和建议。咨询他人意见时要具备独立的判断能力。

2. 直觉决策

决策者需要在准确与效率之间做出权衡。重大决策由于影响范围之广、程度之深，更注重决策的准确性和科学性，决策形成周期一般比较长，涉及的方法和程序也比较复杂；而日常决策主要解决发生频次高的问题，天平更倾向于效率，所以更讲究的是决策的速度。

高效率的直觉决策方法就是一种最典型的经验决策方法。直觉决策具有时效性，能快速解决很多比较简单的日常琐事。直觉决策不等于盲目决策。领导者在长期工作中形成的有效的知识积累和经验积累，充分发挥自己的直觉判断能力以及由此可能激发潜意识中的灵感，挖掘出可行的方案。特别是在信息严重不足的情境下，依靠领导者高超的直觉是最可行的决策方法。相对于理性决策来说，直觉决策具有发散性思维的特点，受到的束缚比较少，因而具有更大的创新空间。

(二)科学决策方法

1. 统计决策方法

统计分析是对收集到的有关数据资料进行整理分类、定量处理及解释说明的过程。统计决策方法的优势在于精确、可靠、直观。但是适用范围相对有限。现实事物极其复杂，有很多数据难以统计或者统计的数据准确性和真实性难以保证，统计分析方法并不是能处理所有数据。即使数据可行，统计分析方法的运用效果还与统计方法的适用程度和决策者对统计原理及统计技术的理解、掌握程度与应用水平关系很大。方法选择不当，往往易得出错误的结论。统计决策也存在一定的误差，得出的结论并非完全正确。越是重大决策，应用统计分析方法时就越该更加审慎。

2. 计算机模拟决策

计算机模拟决策又称计算机仿真，是指用来模拟特定系统之抽象模型的计算机程序。计算机模拟能用来帮助领导者在不确定的复杂条件下进行决策。该方法建立研究对象的数学模型或描述模型并在计算机上加以体现和试验。研究对象包括各种类型的系统，它们的模型是指借助有关概念、变量、规则、逻辑关系、数学表达式、图形和表格等对系统的一般描述(刘鹏，2012)。[①] 计算机模拟主要应用于对大型复杂系统进行分析，它为决策者提供分析问题、建立模型、模拟决策过程和方案的环境，调用各种信息资源和分析工具，帮助决策者提高决策水平和质量(魏琨，2013)。[②]

3. 决策树

决策树的基本原理是用决策点代表决策问题，用方案分枝代表可供选择的方案，用概

---

① 刘鹏. 数量特征敏感问题分层随机抽样调查的统计方法及其应用[D]. 苏州大学硕士学位论文，2012.
② 魏琨. 基于库存管理的城市增长边界扩展方式模拟[D]. 浙江大学硕士学位论文，2013.

率分枝代表方案可能出现的各种结果，经过对各种方案在各种结果条件下损益值的计算比较，评价项目风险，判断项目可行性，为决策者提供决策依据。"决策树"名称的由来是因为决策分支画成图形时与一棵树的枝干相似度很高。决策树的优点是易于理解和实现，具有直观性，缺点在于树的结构会随样本的改变发生改变，决策树并不十分稳定。

4. KT 决策法

KT 决策法是由美国学者查尔斯·H. 凯普纳（Charles H. Kepner）和本杰明·特雷高（Benjamin B. Tregoe）两人共同提出的把发现问题分为界定问题和分析原因两步的方法，基本含义是"合理的思考程序"。该方法就事情各自的程序，按照时间、场所等，明确区分发生问题和没有发生问题的情形，由此找出原因和相应的解决办法。运用方法时的一个关键步骤是对加权分值前两名或三名方案的负面影响进行评估，评估内容包括影响发生的可能性（高、中、低）及严重性（高、中、低）。

除了上述五种常见的决策方法外，还盛行 SWOT 分析法、波士顿矩阵、波特五力模型、多维决策矩阵、鱼骨图法、西蒙满意度模型，以及哈佛大学肯尼迪政府学院的三圈理论等，都是供企业经营者和公共领导者进行科学决策的经典工具。

（三）集体决策方法

参与式决策方法属于集体决策，是根据特定的程序，由所有相关成员共同参与分析与解决问题并最终形成共识的一系列团体决策方法的统称。总体上，参与式决策方法是挖掘团队智慧的方法，它支持个人创新，强调组织成员的作用和潜能得到最大限度的发挥。下面介绍三种参与式决策方法。

1. 头脑风暴法

发明者是美国 BBDO 广告公司的创始人之一亚历克斯·奥斯本，他于 20 世纪 30 年代末首次提出这种方法，并于 1953 年在《应用想象力》一书中正式发表。头脑风暴法又称思维共振法，通常指的是一群人开动脑筋，进行自由且具有创造性特点的思考与联想，突破思维定式和旧观念的束缚，并各抒己见，在短暂的时间内提出解决问题的大量构想的一种方法。

头脑风暴法通常以会议的形式将少数人（5~10 人为宜）召集在一起，会议氛围轻松融洽，与会人员互相鼓励、互相启发。在使用头脑风暴法时，为了减少群体内的社交抑制因素，必须遵守以下四种基本规则：一是暂缓评价；二是鼓励提出独特的、甚至是异想天开的想法；三是追求数量；四是重视对想法的组合和改进，取长补短。还应当对专家的人选严格限制，减少带给与会者的心理压力。

2. 名义小组技术

名义小组技术是指在决策过程中对群体成员的讨论或人际沟通加以限制，但群体成员是独立思考的。相对于头脑风暴法，名义小组的收缩功能更佳。使用名义小组技术时，管理者选择对决策问题有研究或有经验的人作为成员，并提供决策的相关信息。名义小组技术也采取会议的形式，但群体成员互不通气，首先进行个体决策。使用这一方法时包括三个步骤：一是围绕问题，每个人独立写出自己的观点、建议或者方案。二是按照次序——陈述想法，给予充分的时间让每个人阐述观点，允许非批评式的追问，也要注意控制时间。三是集合观点并进行独立投票表决。决策过程在充分释放个体观点、发挥个体创造力的基础上，最终得到大多数人能接受的结果。

3. 德尔菲法

德尔菲法也称专家规定程序调查法，通过专家咨询方式进行大规模调查，背对背通信无记名调查收集专家们的意见，最后达成技术预见共识，对未来发展技术进行研判。该方法在技术预见方法中处于核心地位(庄芹芹，2022)。[①] 实施步骤有以下七个：①确定调查题目，拟定调查提纲，准备资料；②根据研究项目范围构建不超过 20 个人的专家小组；③首次发放附有支撑材料的问卷；④专家提出自己的预测意见及预测结果的思考过程；⑤汇总专家第一次判断意见后匿名分发给各位专家，专家再修改自己的意见和判断；⑥进行三四轮匿名的意见汇总及意见反馈，直到所有专家均不再改变意见；⑦综合处理专家意见。

德尔菲法的优点是能够充分发挥各位专家的作用，集思广益，匿名方式也能使结果更为客观。同时，缺陷也很明显表现在以下两个方面：一是过程比较复杂，花费时间较长；二是交流不充分，受专家和组织者主观意见的影响较大。

第四节　领导者的决策心理

一、影响领导者决策的心理因素

(一) 个体心理

领导者作为决策主体，其个人的心理活动过程对影响决策动机的产生和决策行为的推进。

1. 首因效应

首因效应，即个体在社会认知中，最先出现的信息或知觉对象给知觉者的第一印象影响知觉者的判断，最先输入的信息对后面的信息产生了显著的影响。首因效应印象具有先入为主的特点，往往呈现出不稳定性和误导性。首因效应对决策中的信息收集会产生比较大的影响，当信息数量繁杂时，信息输入顺序的不同会产生不同的效应，后续的信息被同化到最先输入信息所形成的记忆结构，不利于全面彻底地了解问题和事情的本质。

---

① 庄芹芹. 产业发展对工程科技的需求分析方法与实践[J]. 科技管理研究，2022，42(10)：27-33.

2. 近因效应

近因效应强调当人们识记一系列事务时，最后接收的信息对人的影响程度最大，留下的印象也相对更深刻。信息前后间隔时间越长，近因效应的作用越大。近因效应是与首因效应相反的效应，近因效应容易使决策者更重视新近的信息，并以此为根据做出与事实不符的判断，产生对决策对象的片面了解，而忽略掉从前也具有参考价值的信息，易使决策信息失真。

3. 晕轮效应

晕轮是太阳周围偶尔会出现的一种光圈，在光圈的视觉影响下，太阳看起来似乎扩大很多。晕轮效应指的是决策者对某人或某事突出的特征有非常清晰鲜明的知觉，这种特征会掩盖其他的行为品质，发挥着类似晕轮的作用，让决策者仅凭借一部分信息就做出判断。晕轮分为"积极肯定的晕轮""消极否定的晕轮"两种，两者都会产生对信息的认知偏见。

4. 刻板效应

刻板效应是指对事物或个人形成的一般看法和评价，建立在对个性品质抽象概括认识的基础上，可以简化人们的认知过程，有助于提高决策者判断的速度。但是，刻板印象毕竟只是一种概括而笼统的看法，容易以偏概全，僵化保守。以这种简单机械的定型观念作为衡量标准，就会造成认知上的偏差（鲁笑英、孟素平，2002）。[1] 决策中决策者对决策对象根据一贯的处理方法或习惯性的措施来处理解决问题，"惯例"的运用某种程度上也是刻板印象的体现，很容易忽视看似旧问题实则是新问题的问题，因此产生决策偏差，误导决策。

（二）组织心理

1. 从众心理

从众心理是指个人受他人行动的影响，在社会群体的压力下放弃自己的意见，根据他人而改变自己的行为或者信念。从众可细分为顺从、服从和接纳三种。顺从是指因外在力量的强迫而表现出的从众行为；服从是指由明确命令或指导而引起的行为；接纳是指真诚的、内在的从众行为。从众一词的价值判断可因情形的不同而不同。但不可否认的是，过分追求一致所产生的从众行为会导致一定程度的对决策质量的忽视，这样有可能导致不正确的决策被通过。从众现象是各级领导者应特别注意的问题，特别是越是在团结性高、组织凝聚力强的组织内部，越容易发生这样的错误。

2. 群体极化

群体极化是指在群体互动中群体成员的平均倾向被加强，即冒险者会表现得更加冒险，审慎者会更加趋向于审慎小心。在群体中，和他人行动保持一致会给个体带来强烈的愉悦感，一致行动所产生的感受会使个体强化某种原来的感受。在群体互动中，积极参与

---

① 鲁笑英，孟素平. 运用心理学知识提高思想教育效果[J]. 思想教育研究，2002(11)：46-48.

的个体比消极聆听的个体更容易产生态度上的转变，当某一观点经由自己的话语表达出来时，言语的作用会扩大这种影响，群体成员中重复别人观点的次数越多，在复述过程中对该观点的认同程度也会不断上升。从讨论中收集的信息如果大多有利于大家最初的决策选择，这时领导者需更加注意，需要提出相异的观点引发大家的思考，打破冒险的狂欢或是谨慎的沉寂。

3. 社会懈怠

社会懈怠是指个人只有在单独操作时才会有评价顾忌，而在群体情境中这种评价顾忌被降低，人们会受到搭集体便车的诱惑，成员的责任感就被分散了。如果个人对群体做出的贡献无论大小所对应的报酬都是一样的话，那么付出少的成员就等于搭了集体的便车，努力无法被单独监控和评价时偷懒就会普遍发生。社会懈怠背后的规律是：当个人感觉到自己的行为在被他人评价和观察时，个体的评价顾忌就会有所增强，这时社会助长作用就发生了；而个人一旦隐藏在人群中，评价顾忌减小甚至消失时，社会懈怠就会发生。这提示各级领导者，如果不能对个体进行评价或者责任难以具体到个人时，个体会缺乏更加努力的外在动力，更可能发生社会懈怠，个体作业成绩可识别化可作为激励成员积极参与组织行动的一种策略。

二、领导决策的心理偏差与消除

(一) 领导决策的心理偏差①

1. 领导自我认知心理冲突

如果一个人不能正确评价自己，就会产生自我认知错误，表现出对自我的不满或排斥，或者盲目自高自大。因此，提升认知水平是非常有必要的。在具体工作中，部分领导者认知水平较低，组织内表现为不能正确把握组织目标和发展方向等重大问题；个人情绪受结果左右，进展顺利时产生优越感和自负，进展受挫就怀疑、否定自己甚至有自弃行为。领导自我认知心理冲突主要有以下三种类型：一是个人选择与组织需要的冲突。个人需要未必是组织能够满足的，组织安排也未必符合个人实际需求。二是目标定位与实际贡献的冲突。领导者作为决策核心承载着组织追求目标实现的要求，然而领导者受自身限制和环境因素影响，实际贡献和目标定位之间存在差距。三是理想自我与现实自我的冲突。个体理想中的形象与实际呈现的形象往往存在很大冲突。心理学的研究表明，自己对自己的看法、感受到的别人对自己的看法和实际别人对自己的看法，这三者经常不一致。对自身的角色期望过高却难以实现时，可能会产生自我怀疑和自我否定。

2. 领导自我认知心理障碍

领导者产生各种心理障碍的原因在于难以正确认清自我。以下是四种常见的心理障

---

①　[美]戴维·迈尔斯. 社会心理学(第8版)[M]. 侯玉波，乐国安，张智勇，等译. 北京：人民邮电出版社，2006.

碍。①妄自尊大的心态。领导者在组织担任一定职务，掌握职务权力(胡月星，2015)。①除个人素质外，根深蒂固的家长制这一传统观念也是导致这一心态的重要原因。这种领导者一旦掌握权力就以自我为中心，强迫组织服从个人意志，凌驾于领导对象之上，决策完全出自一人之手，给领导对象带来精神压力和心理负担，也造成组织利益的损害。②消极保守的心态。这类型的领导工作原则是不求有功，但求无过，不以推动组织进步、实现人生抱负为己任，而是偏安一隅，消极等待。部分领导者自我评价过低，放弃组织原本有能力实现的目标。③自我混乱的心态。这部分领导者往往缺乏坚定的原则，自我调节缺乏稳定性和确定性，在现实与理想之间反复摇摆，在重大决策关头容易错失机会。④膨胀骄傲的心态。这种心态的认知偏差是过度高估个人能力，与现实自我脱节，持有这类心态的领导者做出的决策脱离现实条件。

(二)心理偏差的消除

1. 纠正自我认知

个人知识、情感、经验的不断丰富伴随自我认知的发展过程，随着自我认知水平的提高，个体明确的目标会出现并且对行为发生指导、调控作用，同时也是理想自我与现实自我不断达到新的平衡的过程。领导者在与领导对象的接触中需要持续提升、丰富自我认知，将组织利益化为自我认知的一部分，树立大局观念。另外，领导者需要尊重组织规范，加强与组织成员的互动和联系，打破自我意识形成的孤立的封闭系统，消除心理障碍，赢得组织成员的信任和支持。最后，做心理健康和心理成熟的领导者。自我认识体验由生理自我、心理自我和社会自我三方面的体验构成，通过自我评价与社会交往，求得理想自我与现实自我的平衡，从而维护自身的心理健康，形成正确的自我认知。

2. 明确领导责任

结构性权力所对应的职位责任，要求领导者需要为个人行动负责，越大型的组织越是如此，要求最高层级的领导者负起责任。不同情境往往产生不同的领导者，领导者应当承担起的责任也有区别。例如，任务型领导侧重于组织工作、设置规范、形成目标的要求，而社会型领导要求具有团队沟通、调解矛盾、表达支持的能力。但任何类型的领导都需要具备高度的责任感。如果领导者需要对个人行动和手段的后果负责，那么就更有可能将社会后果和组织利益纳入考量。领导者会因为不想要丧失权力和地位而努力控制自己的行为，提高个人的责任心，努力让行为符合组织规范。

3. 系统稳定性的提升

组织系统包括组织结构、组织机制和组织文化。组织结构是外显的组织模式，组织机制是内隐的权责运行。组织结构和组织机制互相影响。组织结构的合理性体现在层级划分、职能划分、岗位职责的界定的明确清晰与否，组织结构的功能健全对组织决策具有决定性。组织结构完好不等于组织机制的完善。组织机制完好应表现为"居上者闲，居中者

---

① 胡月星. 领导者的自我认知障碍及消除思路[J]. 领导科学，2015(21)：40-42.

能，居下者工"，即决策层游刃有余，管理层有条不紊，业务层工作认真规范。组织文化是联结组织机构和组织机制的润滑剂，可以增强组织成员的组织认同感、自豪感，同时通过凝聚功能的发挥可以提高组织系统的稳定性。领导者身处稳定性良好的组织系统，与领导对象形成积极的互动关系，领导者的心理偏差有很大可能得到纠正，群体心理问题也能得到很大程度的避免。

 课后思考题

1. 构成一项决策，需要具备哪几项基本要素？

2. 领导决策有哪些特征？

3. 简要概述决策类型主要包括哪几类？划分的依据是什么？各类决策的含义是什么？

4. 决策风格有哪些？优缺点分别是什么？

5. 简述领导决策的程序包括哪些步骤？

6. 简述领导决策包括哪些理论？理论的含义及优缺点？

7. 试述领导决策的方法包括哪些？

8. 简述经验决策方法、科学决策方法、集体决策方法分别包括哪些方法？这些方法的含义及优缺点？

9. 影响领导决策的心理因素有哪些？

10. 领导决策的心理偏差是如何产生的？如何消除心理偏差？

 案例 10-1

2013 年 2 月 1 日上午 8 时 50 分左右，一辆车牌号为冀 A70380 的解放安凯牌货车，在行驶至连霍高速洛三段南半幅 741+900M 处时突然发生爆炸。事故造成义昌大桥南半幅桥面坍塌达 80 米，8 辆载人和货物车辆坠至 23.6 米下的桥底，共计造成 13 人死亡，11 人受伤，直接经济损失约 7632 万元。爆炸导致大桥南半幅基本完全炸毁，北半幅也有明显松动，连霍高速交通双向断行。

在"义昌大桥垮塌事件"发生之后，消息被第一时间发布到网络媒体上。在事故发生初期，舆论传播的焦点主要集中在披露事件本身核心信息，如伤亡和破坏程度等。但有些媒体及个人为达到其目的，通过夸大甚至捏造一些数据来博人眼球，其重点主要集中在对遇难人数的推测和夸大以及对现场破坏程度的夸张描述上。随着救援和事故原因调查的逐步推进，事件本身的各类数据已经被官方陆续发布。这时，谣言的侧重方向又转移至事故原因调查和事故善后方面，主要集中在事故桥梁质量、善后赔偿等方面。这些不准确、不客观的报道出现后，被一些网站迅速转载，其中"同命不同价"还成了中宣部关注的舆情。谣言迅速传播严重诋毁政府形象的同时，对事故善后工作也进行了道德上的绑架。

领导高度重视是突破舆论绑架困局的前提。在事故发生后，河南省政府领导、三门峡市委市政府主要领导第一时间赶往现场，迅速成立事故处置领导小组，要求各部门不惜一切代价抢救伤员，尽快查明事故原因，正确引导舆论。市委常委、宣传部长亲自担任前后方两个小组的联络员，上下协调、左右沟通，把握舆情走向，指导前方有针对性地开展舆论引导工作。副省长亲自签发新闻通稿。市委副书记等主要市领导多次听取事故舆论引导工作情况汇报，逐字逐句对通稿内容反复推敲，亲自把握通稿发布的内容、节奏、方式等，为事件成功处置奠定了良好的基础。

前方后方密切配合是突破舆论绑架困局的基础。市委宣传部立即启动应急预案，将新闻宣传和网络管理分成现场和后方两个工作组：一组组织新闻科同志在第一时间赶赴事故现场，通过对现场媒体记者进行登记、派发事故现场采访证、组织新闻发布会等形式，迅速做好现场采访管理和舆论引导工作。另一组组织网管办全体工作人员 24 小时密切监控舆情，通过大河网舆情分析平台等对网络舆情进行分析研判，分析舆情走向，适时提出应对意见和建议，为指挥部有针对性地进行舆论引导提供第一手资料。

把握节点，及时准确发布信息是突破舆论绑架困局的关键。事故发生后，市委宣传部及时发布权威信息，主动抢占话语权，按照"早讲事实、重讲态度、慎讲原因、多讲措施"的原则，先后对外集中公开发布新闻 4 次，发出新闻通稿 10 篇，做到了用速度抢占先机、用连续发布回应社会的关切，牢牢把握住了舆论引导的主动权。

借助权威部门和权威媒体准确发布信息是突破舆论绑架困局的重要手段。

（1）省委宣传部。2 月 3 日，现场清理结束后，多数媒体记者仍滞留义马，报道方向由搜救转向善后等情况，经过多次与省委宣传部沟通，通过省委宣传部通知省内各媒体撤回现场记者，大大减轻了前方工作压力。同时，多数省外媒体也于次日撤离。

（2）中央和省主流媒体。充分利用与中央主流媒体的良好关系，针对大桥质量、事故原因、附近河流是否污染、死亡人数为何不断变化、伤员救治、善后赔偿"同命不同价"等舆论热点，通过新华社、中央电视台、河南日报、河南人民广播电台等主流媒体及时发声，解疑释惑，最大限度地挤压了不良记者恶意炒作的空间，从而牢牢把握住了舆论引导的主动权（刘璐等，2019）。①

 案例 10-1 思考题

在此次舆论绑架困局中，领导决策发挥了哪些作用？

参考文献

［1］［美］戴维·迈尔斯. 社会心理学(第 8 版)［M］. 侯玉波，乐国安，张智勇，等译.

---

① 刘璐，谢东方，王会权，等. 领导决策如何突破舆论绑架困局——以"义昌大桥垮塌事件"为例［J］. 领导科学，2019(7)：18-21.

北京：人民邮电出版社，2006.

　　[2]符运能．管理学理论与应用[M]．北京：中国纺织出版社，2015.

　　[3]胡月星．领导者的自我认知障碍及消除思路[J]．领导科学，2015(21)：40-42.

　　[4]郭艺，艾晶晶．决策理论在科技创新中的应用[J]．科技创业月刊，2011，24(9)：15-16，19.

　　[5]刘鹏．数量特征敏感问题分层随机抽样调查的统计方法及其应用[D]．苏州大学硕士学位论文，2012.

　　[6]刘璐，谢东方，王会权，等．领导决策如何突破舆论绑架困局——以"义昌大桥垮塌事件"为例[J]．领导科学，2019(7)：18-21.

　　[7]鲁笑英，孟素平．运用心理学知识提高思想教育效果[J]．思想教育研究，2002(11)：46-48.

　　[8]魏琨．基于库存管理的城市增长边界扩展方式模拟[D]．浙江大学硕士学位论文，2013.

　　[9]张晓红，宁小花．服务型社会治理模式下的公共决策价值取向[J]．中国行政管理，2011(2)：31-34.

　　[10]庄芹芹．产业发展对工程科技的需求分析方法与实践[J]．科技管理研究，2022，42(10)：27-33.

第十一章　如何构建强势团队

人才的使用不应仅限于一个人的单打独斗，正所谓"三个臭皮匠顶一个诸葛亮"，只有通过科学合理的方法将人才聚合起来，才能为组织打造强势团队。可以说，团队的集体作用能够发挥比单独人才更意想不到的能量，是组织确保长久发展的重要人力资本。本章主要从选人用人、领导激励和增强执行力三个方面来阐述构建强势团队的主要内容和一般路径。

第一节　选人用人——慧眼识人知人善任

构建强势团队的首要在于为组织选用合适的人，并能够对合适的人才进行岗位匹配，把人才放到合适的岗位上有时比单独考虑人才的专业知识和学历更为重要。因此，首先要做到灵活、科学、合理的选人用人，达到慧眼识人知人善任。

一、科学选人夯实团队人力资源

(一)选用人才持有的正确观念

日本松下幸之助在其职业生涯中早就认识到，组织作为一个组织想要招聘适用的人才，需要根据组织的具体情况确定，并非人才单方面的因素。因此，选用人才应持有正确的观念，而非以单一原则为参考。

1. 多元化

在选用人才的过程中，不应该只将候选人的学历和工作经验作为唯二的衡量标准，还需要结合组织的实际情况，从多元化的角度考虑候选人的经历和背景。尤其是在全球化的进程中，组织和领导者必须意识到不同国家、文化背景、多元化因素等带来的影响(艾伦·卡特勒，2017)。[1] 例如，在跨国组织中组织应注重候选人的国籍和文化背景，以适应组织多样化的工作环境需求。再如，组织要注重性别和年龄的基本构成均衡。这些多元

---

[1]　[英]艾伦·卡特勒. 领导力心理学——洞悉人心，激活团队[M]. 钱思玎，译. 北京：人民邮电出版社，2017：40.

化的背景和经历能够为组织带来更多的创新精神，在使组织具备更多活力的同时提供更多的客户服务。

2. 适用性

适用性强调候选人所具备的价值观、能力、经历等层面应该与组织发展目标相吻合，并且认同组织文化和组织价值观，与组织当下的发展情境需求相符合。这样选用的人才能更好地融入组织的发展进程之中。一方面，为组织发展贡献自己的力量；另一方面，也能够在组织发展中实现自己的成长。因此，适用性的原则体现在组织与人才之间的"双向奔赴"之中。

3. 关注潜力

在选用人才的时候，除考查目前候选人具备的知识、技能和经验之外，还应该通过一些简单的测试或问答方式考查候选人的潜力和发展空间。从组织发展的长期角度来看，候选人的能力将会带来更大的助力作用。因此，如果候选人当前的经验、技能和知识与组织要求存在一定差距，在后期试用表现出较大的潜力和突出的能力，可以通过专项人才培训并设置个性化的职业生涯发展规划，提高候选人能力的同时使其更好地为组织发展服务。

4. 公平性

在选用人才过程中要保持公平性，避免歧视和偏见，不以主观性观念提前带入对候选人的选用当中，以确保所有候选人都能得到公正的机会。因此，在选人时应该按照相同的标准和程序来评估所有候选人，并避免任何形式的歧视。并且在后续的程序中确保公正、公开和透明。

5. 长远性

选用人才不仅要考虑组织当前的需求，还要结合人才当下的能力和职业生涯规划，考虑组织未来的发展方向和战略规划，以确保选用的人才能够长期为组织服务，避免人才的频繁跳槽导致组织发展受到影响。如果选人只考虑当前需求而忽略了未来的发展方向，那么可能会导致选用的人才无法满足组织未来的需求。因此，结合长远性考虑，选用人才在一开始就应该明确组织战略规划，并明确告知候选人的组织规划及发展期望，在信息沟通的双向透明与互动中确保长远性原则的落实。

(二)识别人才具备的心理法则

1. 具备观察力

观察力需要通过对候选人及选用人才的细致观察培养，例如，通过候选人的言行举止、表情和身体语言等方面，以及对一项问题和观点的看法和反应，了解他们的动机、价值观和个性特征，从中获取有关性格、能力和态度的信息。当然，这一观察应该是具有长期性的，不能在短时间内下定论，通过长期观察确切掌握候选人的性格，使人才的长处得到发展，人才的缺点得到有效规避，就可以充分发挥他们的潜能为组织所用。

2. 具备认知力

从认知心理学的角度而言，作为领导者要通过认知心理学的知识，通过洞察下属言行举止、为人处世、人际交往、工作态度等方面，了解人才的认知过程和思维方式，正所谓"一管可窥全豹"。但同时，领导者也要注意自己的认知偏差，即由于自身的先验经验、偏好或情感等因素的影响，对信息进行了错误的解读或评价。作为领导者，尤其要注意避免自己的认知偏差影响对下属的观察和评价，可以运用多种手段通过多方面获取信息，在对信息进行交叉验证的基础上进行综合判断，避免单一信息来源和主观判断。

3. 具备洞察力

领导者具备洞察力能够发现候选人意识背后的潜意识，潜意识与意识共同作用影响着人才的行为，但潜意识往往不被察觉。领导者可以通过观察非语言行为，例如，在工作中表现出的焦虑、紧张、兴奋、犹豫等情绪，可以反映他们内心的想法和感受。又如可以在沟通和对话中，当候选人在会议中提出一个看似不重要的建议时，有些内容可能是候选人潜意识中的想法和感受。同时，可以利用一些开放性的问题，让候选人自由表达自己的想法和感受，这样可以更好地了解他们的潜意识。在此基础上，领导者可以给予候选人及时反馈，让他们知道自己的内在想法与感受，在更好地认识自己的基础上明确工作目标和职业规划。

二、合理用人提升人力资源水平

(一)任用人才的一般性原则

1. 合理分配工作

工作的合理分配在很大程度上影响组织发展的目标和效率，领导者需要对工作进行合理的分配。不仅要了解每个候选人的能力和特长，使人尽其用，同时还要考虑候选人可以承受的工作负荷，既要避免工作量过多使候选人难以承受，也要避免工作量过少使候选人感到没有压力，合理根据候选人能力、工作习惯和工作时间分配任务，同时为候选人提供必要的培训和指导，以便他们更好地完成工作任务。

并且，要着重确定任务的优先级，领导者要根据任务的重要性和紧急程度。例如，对于重要且紧急的任务，应该优先安排完成，而对于不紧急但重要的任务，则可以安排在稍后完成。

2. 人职相互匹配

正如管仲所言："君之所审者三：一曰：德不当其位；二曰：功不当其禄；三曰：能不当其官。此三本者，治乱之原也。"可见，人职相互匹配才能使人才发挥最大作用，最重要的便是"量体裁衣"。基于此，组织可以对候选人进行评估，包括对其能力、素质、经验等方面进行评估，帮助组织更好了解候选人的实际情况，以便更好地匹配岗位。在此基础上，可以为候选人提供专门的岗位培训，在帮助他们更好地适应该岗位的工作环境和工作要求的同时提升组织认同感和满意度。

3. 坚持因事用人

领导者在任人时应坚持因事用人，以事情的解决和处理为导向合理配置相应的候选人去开展工作，以促进组织发展、提高组织运作效率为出发点，不能基于主观意愿。随意将候选人指派去从事与其能力不符合的工作。同时，因事用人还要考虑人员素质与工作性质之间的匹配程度，如果工作性质以技术为导向，就选派擅长技术处理的人才去展开工作；如果是一些文书工作则选派具有文书工作经验的人才去完成。因此，候选人与职位的匹配一切是因组织发展需要开展的事情和工作而异不能一概而论。

（二）合理规划提升人才效能

1. 评估候选人的技能和经验

在用人过程中，领导者应该询问候选人的具体工作经历和成就，并根据这些信息来评估其技能和经验。可以通过问答、技能测试、案例分析等方式来评估候选人的技能和经验。这些评估应该与岗位要求相匹配，并且应该公正、客观。

2. 了解候选人的个性和价值观

除技能和经验外，候选人的个性和价值观也很重要。领导者应该了解候选人的个性和价值观，以确保其适合组织发展规划。例如，如果组织注重团队合作，那么领导者就需要找到具有良好团队合作精神的候选人；如果组织重视研发创新，那么就应该选用锐意创新且有沉淀耐心的候选人。

3. 提供培训和发展机会

即使候选人不完全符合岗位要求，也可以通过提供培训和发展机会来弥补其不足之处。招聘者可以为新候选人提供培训课程、导师制度等支持，以帮助他们适应新环境并提高技能水平。组织可以在为候选人制定职业生涯发展规划的进程中，逐步了解候选人的职业发展方向、目标、能力归属等，通过提供相应的培训和发展机会，以便更好地发挥其潜力和能力。

4. 拓展多元化职业发展渠道

提供多元化的岗位选择和发展机会。组织应该结合候选人职业生涯发展规划，结合候选人的兴趣、能力和发展定位，主动为其提供多元化的岗位选择和发展机会，为候选人提供更广阔的发展空间和机会，以激励候选人在工作中积极进取、不断提高自己的能力和素质。在多元化的职业发展道路中找准与自己能力相匹配的岗位，反过来促进组织目标发展。

三、管理人才人尽其用

（一）构建心理契约

1. 建立以人为本的企业文化

组织的文化价值应建立在注重人的发展层面，即组织的活动要与更好地发挥人才的能力相契合。强调候选人的价值和作用，鼓励候选人在工作中发挥自己的才能和创造力，让候选人感到自己的工作有意义，能够激发候选人的工作热情和积极性，提高候选人的工作效率和质量。在与组织的共同成长中上下同心，协同推进组织目标实现。

2. 与候选人进行开放性对话

组织应该与候选人进行开放性对话，了解他们的期望和需求。这些对话可以在候选人入职后进行，也可以定期进行。这些对话应该是双向的，候选人可以表达自己的期望和目标，而组织可以表达自己的期望和要求。心理契约的建立，需要组织和成员都知晓对方的期望和为满足应履行的义务(孙科炎，2012)。① 在互动的双向沟通中及时了解双方的需求及期望，更能够从心理层面消除隔阂进而达成共识与一致。

3. 建立透明的沟通机制

组织应该建立透明的沟通机制，组织内的成员期望被公平对待(艾伦·卡特勒，2017)，② 以便候选人了解组织的决策和变化。这些沟通机制可以包括定期会议、内部通信、候选人调查等。此外，组织还应该鼓励候选人提出反馈和建议，并及时回应他们的关注和需求。

4. 确定奖励和激励机制

组织应该确定明确和公平的奖励和激励机制，以激励候选人积极参与工作并取得成果。这些奖励和激励机制可以包括薪资、福利、晋升、表扬等物质方面和精神方面的激励。此外，组织还应该为候选人提供良好的工作环境和工作体验，作为环境激励的一种形式，以增强他们对组织的归属感和忠诚度。

(二) 塑造组织文化

1. 明确组织的愿景和价值观

明确组织的愿景和价值观是塑造组织文化的重要内容。愿景是指组织的长期目标和愿望，价值观则是指组织所重视的品质和行为准则。组织应该明确自己的愿景和价值观，并将其传达给候选人。这些信息可以在招聘广告、组织网站、候选人手册等多个渠道向候选人传达，以便候选人了解组织目标和价值观。此外，组织还可以通过建立文化传承机制，包括培训、传统节日庆祝、候选人活动等，以便候选人能够更好地了解和传承企业的文化。

2. 建立明确的行为准则

行为准则是指规范候选人行为和态度的行为规范，组织应该定义组织的行为准则，包括候选人的行为规范、工作标准、职业道德等，以便候选人能够更好地遵守组织的规定和要求。这些准则应该与组织的价值观相一致，并在候选人手册中详细说明。行为准则应该包括诸如诚信、尊重、合作、创新等方面的要求，并且应该明确规定违反行为准则的后果，设置相应的奖惩机制与其挂钩。

---

① 孙科炎. 领导心理学[M]. 北京：中国电力出版社，2012：137.
② [英]艾伦·卡特勒. 领导力心理学——洞悉人心，激活团队[M]. 钱思玎，译. 北京：人民邮电出版社，2017：40.

3. 发挥组织先进榜样作用

组织应该建立标杆意识，即要有明确的目标和标准，不断提高自身的管理水平和综合实力，成为行业内的佼佼者。这需要组织对自身的定位和发展方向有清晰的认识，同时需要不断进行自我评估和提高，以便成为行业内的先进榜样。在此基础上，积极对组织的品牌形象、文化形象、社会责任等通过各种渠道进行宣传和推广，以便成为行业内的先进榜样。此外，组织还可以建立知识分享机制，包括内部培训、候选人交流、行业论坛等，建立开放式的知识分享平台和文化氛围，以便与其他组织进行知识交流和学习，从而不断提高自身实力和影响力，增强组织文化的塑造。

第二节 领导激励——激活团队工作能量

领导者目标激励及领导意图的价值实现，都需要通过各种激励措施完成（胡月星等，2005）。[1] 恰当的领导激励能够激活团队的工作能力，充分调动团队的活力，使团队成员内心积极向上，在行动上形成合力，从而使团队成员在组织目标的发展进程中做出持久的努力和行为。

一、外在激励——物质层面与精神层面

（一）物质激励

物质激励是指通过给予候选人实质性的奖励来激励他们在工作中更加努力和积极。这种奖励可以是薪资、奖金、股票、福利等形式。实质上，就是候选人通过劳动获得的一切经济奖励，用来确保候选人在生活上能够满足。想要发挥物质激励的作用，应该做到以下四点：

首先，提供公平的薪资和福利待遇是候选人物质激励的基础。除基本的薪资以外，还可以根据候选人当月完成工作的效率及质量给予适当的奖励，做到因事分明，奖惩合理。一个公平的薪资和福利待遇可以让候选人感到自己的努力和付出得到了认可和回报，从而更加积极地投入工作中。

其次，设立奖励计划可以激发候选人的竞争心理和积极性。例如，组织可以设立销售额、客户满意度等指标，对表现优秀的候选人给予奖金或其他奖励。这种奖励可以让候选人感到自己的努力和成就得到了认可，从而更加积极地投入工作中。

再次，股票或股权激励计划可以让候选人分享组织的成长和成功。这种激励计划可以

---

① 胡月星，等. 现代领导心理学［M］. 太原：山西经济出版社，2005：319.

让候选人感到自己是组织的一分子，并且可以获得更多的物质奖励，从而更加投入工作中，并为组织的发展做出更大的贡献。

最后，提供健康保险、退休计划等福利可以让候选人感受到组织的关爱和支持。这种以人为本的激励方式可以让候选人感到自己在组织中得到尊重和重视，相当于额外的物质激励保障，从而使候选人更加投入工作中，并为组织的发展做出更大的贡献。

(二)精神激励

不管一个成员在组织职位里的高低，想要长久留住人才，就必须从心理层面和精神层面留住人(牧之，2015)。① 精神激励可以激发候选人的内在动力和工作热情，促使候选人产生心理认同感和归属感，增加对组织的忠诚度，让候选人更加投入工作中。从精神激励的角度而言，可以从以下三点出发：

第一，为候选人提供清晰的工作目标和使命感。组织应该为候选人设定与组织发展规划相一致的较为清晰的工作目标，让候选人知道自己的工作目标和任务，而非模糊的工作任务使候选人在工作中难以找到归属感。同时，组织应该传达自己的目标和价值观，让候选人感受到自己的工作对组织和社会的意义，提升候选人的自我价值感。

第二，提供良好的工作环境和氛围。外界环境较高的舒适度能够为候选人带来心理层面的愉悦感，使其更投入地展开工作。组织应该提供良好的工作环境，包括舒适的办公室、先进的工作设备、良好的人际关系等。同时，组织应该营造积极向上的工作氛围，鼓励候选人互相支持和合作，在协同互助的良好氛围中增强候选人的精神愉悦度。

第三，提供积极的反馈和认可。来自组织的认可和及时反馈是对候选人最有效、成本最小的精神激励，往往会发挥意想不到的作用。组织应该及时给予候选人反馈，让候选人知道自己的工作表现和成就，提升候选人工作的自信心和积极性。同时，组织应该及时给予认可和赞扬，让候选人感受到自己的努力得到重视和赞赏，在持续的评价肯定中保持积极向上的工作态度和愉悦的精神感知。

二、内在激励——让团队自发运作起来

(一)引入竞争激发团队活力

内在激励相比于外在激励，更加倾向于对组织内部候选人之间的相互作用与激励，尤其是可以在组织内部恰当引入竞争机制，通过构建良性的竞争方式激发组织内部活力，促使组织自发地运动起来。②

---

① 牧之.让你轻松带团队的管理心理学[M].上海：立信会计出版社，2015：104.
② [美]鲁克德.团队行为心理学[M].上海：立信会计出版社，2016：152-154.

1. 设立奖励引发竞争

组织可以通过设立奖励计划、评选优秀候选人等方式激发内部竞争。例如，组织可以设立月度或季度工作优异奖励，对表现优秀的候选人给予奖励或荣誉称号。这种竞争可以让团队成员相互切磋、相互学习，从而提高整个团队的绩效和效率。

2. 评选优秀候选人

组织可以定期评选优秀候选人，让优秀候选人得到表彰和认可。这种评选可以让团队成员相互切磋、相互学习，从而提高整个团队的绩效和效率。例如，组织可以定期评选最佳团队合作奖、最佳服务奖等，通过优秀候选人的标杆作用，以名誉奖励等方式引发团队内部的相互竞争。

3. 设立竞赛活动

组织可以定期组织各种竞赛活动，例如，团队比赛、技能比拼等。这种竞赛可以让团队成员相互竞争、相互学习，在竞赛活动中激发候选人的进取心和好胜心，从而提高整个团队的绩效和效率，同时增强组织内部人员的亲密度和协同性。

4. 提供晋升机会

组织应该为表现优秀的候选人提供晋升机会，让他们有更多的发展空间和激励。这种激励可以让团队成员感受到组织对自己的关注和支持，从而更加积极地投入工作中。例如，组织可以为表现优秀的候选人提供破格晋升的机会。

(二)合作共赢增强团队归属感

团队中的归属感除了践行以人为本的理念外，还要积极展开合作共赢的工作模式，在鼓励团队合作中凝聚多样化的力量，增进彼此之间的相互了解与技术沟通，从而增加团队成员的归属感。

1. 促进跨团队合作

组织可以通过组织跨团队项目、设立跨团队目标等方式促进跨团队合作，使不同部门、不同岗位、不同人才能够在组织内部形成良性交流，增加知识创新、技术创新、人才创新的概率。因此，这种跨团队合作可以让不同团队之间相互竞争、相互协作，从而提高整个组织的绩效和效率。

2. 鼓励知识共享

鼓励知识分享的第一步是建立一个开放的文化氛围，让候选人感到分享知识是受欢迎的。这可以通过领导示范、开放性沟通和鼓励候选人提出问题来实现。领导可以通过分享自己的知识和经验来树立榜样，同时也要鼓励候选人分享他们的想法和经验。此外，开放性沟通非常重要，候选人应该感到他们可以随时向同事和领导提出问题和建议。同时，必要的支撑条件也不能少，可以打造一个知识共享平台，让候选人轻松地共享和访问信息。这可以是一个内部论坛、知识库或在线文档库。这些平台应该易于使用，且能够让候选人快速找到他们需要的信息。此外，这些平台也应该具有搜索功能，以便候选人可以快速找到他们需要的信息。

3. 定期举办内部研讨会

确定研讨会的主题和目标非常重要。主题应该与组织的业务相关，同时也要考虑候选人的兴趣和需求。目标应该明确，例如，提高候选人的专业技能、分享最佳实践或讨论新技术趋势等。为了确保研讨会的质量，可以邀请专家和内部讲者来分享他们的知识和经验。专家可以是行业领袖、学者或顾问，他们可以分享最新的技术趋势和最佳实践。内部讲者可以是组织内部的候选人，他们可以分享自己的经验和知识。更重要的是，研讨会应该是互动和讨论的平台，而不是单向传递信息的场所。为了促进互动和讨论，可以采用小组讨论、案例分析和问答环节等形式。这些形式可以帮助候选人更好地理解和应用所学知识。最后，收集候选人的反馈非常重要。反馈可以帮助组织了解候选人对研讨会的看法和建议，并根据反馈不断改进研讨会的质量。

第三节　增强执行力——提升团队运作能力

增强执行力是组织把人才盘活、把人才用好、把团队运作好的关键，只有增强执行力，提升团队的运作能力，才是组织规划实现及组织目标发展的强有力手段。因此，增强执行力以提升团队的运作能力，可以从塑造领导者本身、完善组织制度及高效管理组织运作三个层面展开。

一、做优秀的精神领袖

(一) 团队领导应具备的成功素质

1. 具备较高的职业道德

团队领导应该始终遵守职业道德规范，以身作则地遵循组织及行业领域规定的职业道德，并且提升个人道德素质，包括诚实、友善和公正等良好的品德。这意味着团队领导应该始终如一地遵守组织的价值观和道德准则，以个人形象为代表树立良好的风评形象，并且在处理问题时始终遵循公正的原则。这可以建立起团队成员对领导的信任和尊重，并且树立起组织的良好声誉。

2. 不断提升决策能力

团队领导需要具备优秀的决策能力，使团队在面对各种问题的时候能够迅速做出反应，并且在面对复杂的问题时做出客观而正确的决策。这便需要团队领导能够考虑所有可能的解决方案，并且能够做出最佳决策。此外，团队领导还需要在压力下保持冷静，成为团队的"定心丸"，能够在必要时正确分析危机情景，广泛调动可用资源进而做出迅速而明智的决策。

3. 保持持续学习能力

团队领导需要具备良好的学习能力，树立终身学习的思维和想法，以便不断提高自己的技能和知识。这需要团队领导保持开放的心态，保持积极向上的态度，不断从不同群体和不同领域学习新知识和新技能，并将其及时地转化应用到工作中去。此外，团队领导还应该鼓励团队成员不断学习和提高自己，为成员提供充足的学习资源和广泛的学习渠道，以便为组织带来更大的价值。

4. 具备高超的沟通能力

团队领导需要具备优秀的沟通能力，以便与团队成员进行有效的交流。信息的有效沟通能避免信息不对称、信息孤岛等问题带来的沟通失效或信息传递的失真。这需要团队领导能够清晰地表达自己的想法和指示，并且能够倾听团队成员的反馈和建议。此外，团队领导还需要善于处理冲突和协调工作，在加强沟通的过程中以确保团队成员之间的合作和协作。

(二)提升团队领导的个人魅力

1. 注重细节成就大事

领导者既要有大局观，也要有细节观，大局观和细节观的有机结合才能完整地体现领导者的个人魅力及立场原则，尤其在细节上的一些具体表现能够展现领导者的一些个人特质。例如，在组织工作中，领导者可以根据清晰的组织计划和目标，详细列出每个步骤和任务，在分配任务的同时采取随机跟进的方式，更好地了解任务的细节，并且能够及时发现和解决问题。同时，领导者还可以建立检查机制，并且对任务的每个细节进行检查和审查。这可以帮助领导者及时发现和解决问题，并且提高任务完成的质量和效率。

2. 脚踏实地做事情

除了领导者个人魅力以外，最重要的是领导者能够脚踏实地地做事情，以行动力展现领导者的个人魅力，更能够提升团队成员对领导者的信服度。因此，作为领导者虽然口头语言的"命令"能够依靠职位赋予的权威，要求团队成员去完成相应的事情，但是命令发挥的作用并不比领导者在日常工作中以身作则、脚踏实地地办事情树立的领导魅力更为直接和形象。正如有研究表明，领导者魅力更多表现在非语言的沟通和交流方式，通过行动体现出来的领导者个人魅力将会对团队和组织产生更多的积极作用。

3. 提升自身感召力

领导者的魅力和感召力是相通的，有强大的感召力能够把人才聚合起来形成新的组织竞争力，为组织带来更多的发展空间。因此，提升领导者的感召力，领导者首先应该注重自身形象和仪表，包括穿着、言谈举止等方面。这可以让团队成员更加信任和尊重领导者，并且增强领导者的感召力。还要在具体的工作中，与团队成员共同建立价值观，并且给予成员积极的工作协助和帮忙，进而推动团队成员落实相应价值观。这可以让团队成员更加认同和支持领导者，并且愿意为实现共同目标而努力。

二、维护组织制度的权威性

(一)规避团队弱点制定制度

1. 正确识别组织面临问题的本质

这可能需要进行调查、分析数据、收集反馈等操作,以了解导致问题的原因。例如,如果组织缺乏协作精神,那么可能需要了解各个成员的角色和职责、沟通方式、工作流程等方面的问题,并设立相应的制度进行明确保障。

2. 制定解决组织弱点的解决方案

根据团队的弱点,需要制定对应的解决方案,提升组织运作的效率。这可以包括制定协作规范和流程、明确沟通方式和频率、规定工作时间和任务分配等。这些解决方案需要根据团队的实际情况进行制定,并且需要考虑到不同成员之间的能力差异性和个性特点。

3. 建立明确的制度和流程

为了确保所有团队成员都了解和遵守规定,需要建立明确的制度和流程。这可以包括制定项目管理流程、沟通规范、工作时间安排等制度。这些制度需要具体明确,包括具体的实施步骤、责任人、时间节点等,并且需要向所有团队成员进行宣传和培训。

4. 定期评估和改进

为了确保制度和流程能够适应团队发展和变化,需要定期进行评估和改进。这可以包括收集反馈、进行调查和分析数据等方式,以发现问题并及时进行改进。同时,需要及时调整制度和流程,以适应组织的实际发展情况。

(二)奖惩分明维护组织权威

1. 明确奖惩标准

要建立奖惩分明的机制,需要明确奖惩标准。这需要根据组织的目标和价值观、成员的角色和职责等方面进行制定,明确各种行为对应的奖惩标准,标准要做到条理清晰、细则明确、通俗易懂并且能够覆盖日常工作要求。例如,可以根据成员的绩效、工作质量、工作态度等方面进行相应标准的制定,以确定奖惩标准。

2. 制定奖惩政策

根据奖惩标准,需要制定相应的奖惩政策。这可以包括奖励优秀成员、处罚违规行为、制订激励计划等。这些政策需要具体、可行并且没有歧义,需要确保政策的公正性和透明度。奖惩政策制定完成的同时需要向所有成员进行宣传和培训,积极听取组织内成员的建议并进行完善和修改,确保奖惩政策的普遍接受性和组织内部的成员认可度。

3. 实施奖惩措施

为了确保奖惩分明机制的有效性,需要在实际操作中得到有效执行。这需要领导者和管理人员严格执行奖惩政策和机制,积极的奖励措施可以包括工资、奖金、福利、晋升机会等。面对负面行为要及时反馈和纠正,例如,可以警告、减薪、解雇等。同时,还要通过建立成员奖惩档案，包括成员的个人信息、奖惩记录、奖惩原因、奖惩时间和执行人等信息，实时阶段性地记录成员的奖励和处罚情况，以便管理人员和领导者对成员的绩效进行评估和反馈。

三、高效管理工作行为与时间

(一)推广韧性化的工作方式

1. 树立韧性化的思维方式和价值观

领导者需要树立韧性化的思维方式和价值观，通过自己的行动和言行，向成员传递韧性化的理念和信念，以鼓励成员积极面对挑战和变化。同时，还要建立韧性化的目标和标准，以确保组织在面对变化和挑战时能够保持稳定。韧性化的目标应该具有可衡量性和可操作性，以便组织成员了解自己的工作目标和要求。

2. 了解团队的能力和弱点

韧性工作需要建立在识别团队的优势和劣势基础上，并且制定相应的应对策略。例如，如果团队在某个领域比较擅长，可以将其作为自己的优势，在日常工作中便可以充分发挥团队的优势，提高工作效率和质量。如果在某个领域比较薄弱，可以采取学习、培训或外包等方式，尽量减少薄弱之处给组织发展带来的弊端。

3. 建立灵活的工作流程

需要对现有的工作流程进行全面的分析，了解其中的瓶颈和不足之处。可以采用流程图等工具，将工作流程可视化，找出其中的瓶颈和不足之处。例如，某个部门的工作流程中可能存在重复性工作、人为错误等问题，需要针对这些问题制定相应的改进方案。在此基础上，可以采用弹性工作制度、远程办公等方式，提高组织成员工作效率和个人适应能力。需要将灵活的工作计划与组织的战略目标和业务需求相结合，以确保工作计划的可行性和有效性。此外，进入人工智能时代，引入自动化工具成为提高工作效率和减少错误率的重要手段。可以采用自动化流程工具、自动化数据处理工具等，以减少重复性工作和人为错误。

4. 建立相对完善的应急体系

韧性工作也代表着面对危机时有着相对完善的应急体系，确保组织面对危机时损失降到最小。首先，需要对组织面对的风险进行评估，以了解可能出现的突发事件和不确定性因素，对可能出现的风险进行分类。其次，根据风险评估的结果，制订应急计划，以应对突发事件和不确定性因素。应急计划需要具体、可行，并且需要向所有成员进行宣传和培训。此外，还可以建立应急组织，以负责应急工作的组织和协调。应急组织需要具有明确的职责和权限，并且需要制定相应的工作流程和协调机制。同时建立应急资源，以保障应急工作的进行。应急资源包括人员、设备、物资等，需要根据实际需求进行配置和储备。

(二)将固定时间划出优先级

1. 列出待办事项清单

将需要完成的任务和工作列出来，能够在阶段性的时间内组织应该完成的各项工作，使组织发展有较为清晰的规划。并可以采用工作日历、任务管理软件等工具，将待办事项清单可视化，方便管理和调整。列出待办事项清单可以帮助人们更好地了解自己的工作和任务，以便更好地规划和安排时间。

2. 评估任务重要性和紧急性

对待办事项进行评估，确定任务的重要性和紧急性。可以采用 Eisenhower 矩阵等工具，将待办事项按照重要性和紧急性进行分类，以便确定优先级。其中，重要性和紧急性是确定优先级的两个重要因素，应该与组织发展阶段、发展目标、外部环境、既有资源等因素综合判断考虑，即需要根据实际情况进行权衡和评估。

3. 划出固定时间

根据待办事项的重要性和紧急性，划出固定时间，确保优先完成重要和紧急的任务，留有缓冲的余地。可以采用工作日历、时间管理软件等工具，将固定时间可视化，对预留时间进行方便管理和调整。划出固定时间可以帮助人们更好地规划和安排时间，以确保完成重要和紧急的任务。

4. 分配时间比例

根据待办事项的数量和重要性，分配时间比例，以确保优先完成重要和紧急的任务。例如，可以将80%的时间用于完成重要和紧急的任务，将20%的时间用于处理其他任务和应对突发事件。分配时间比例可以帮助人们更好地掌握时间分配的比例和节奏，以确保高效地完成任务。

5. 定期调整优先级

根据工作进展和变化，定期调整待办事项的优先级。需要根据组织发展规划以及外部环境变化的情况进行调整，以确保工作计划的有效性和可行性。定期调整优先级可以帮助人们更好地应对变化和挑战，以确保高效地完成任务。

 课后思考题

1. 如何科学识别人才？
2. 如何构建心理契约？
3. 维护组织制度的权威性有哪些方法？
4. 采取哪些途径可以高效管理工作行为与时间？
5. 构建强势团队可以从哪几个方面开展？

 **案例 11-1**

雷诺兹成为领导者构建强势团队的因素

雷诺兹今年22岁，即将获得哈佛大学人力资源管理专业本科学位。在过去的两年里，她每年暑假都在康涅狄格互助保险公司打工，填补去度假员工的工作空缺，因此，她在这里做过许多不同类型的工作，目前她已接受该公司的邀请，毕业后加入互助保险公司，成为保险单更换部主管。

康涅狄格互助保险公司是一家大型保险公司，仅雷诺兹所在的公司总部就有 5000 多人。公司奉行员工的个人开发，这已成为公司的经营哲学，公司自上而下都对员工十分信任。

雷诺兹将要承担的工作要求她直接负责 25 名员工。他们的工作不需要什么培训而且具有较高的程序化，但员工的责任感十分重要，因为更换通知要先送到原保险单所在处，要列表显示保险费用与标准表格中的任何变化；如果某份保险单因无更换通知的答复而将取消，还需要通知销售部。

雷诺兹工作的群体成员全部是女性，年龄为 19～62 岁，平均年龄为 25 岁。其中大部分人是高中学历，以前没有过工作经验，他们的薪金水平为每月 1420～2070 美元。雷诺兹将接替梅贝尔的职位。梅贝尔为互助保险公司工作了 37 年，并在保险单更换部做了 17 年的主管工作，现在她退休了。雷诺兹去年夏天曾在梅贝尔的群体中工作过几周，比较熟悉她的工作风格，并认识大多数群体成员。她预计除了丽莲之外，其他将成为她下属的成员都不会有什么问题。丽莲今年 50 岁，在保险单更换部工作了 10 多年。而且，作为一位"老太太"，她在员工中很有分量。雷诺兹断定，如果她的工作得不到丽莲的支持，将会十分困难。

雷诺兹决定以正确的步调开始她的职业生涯。

资料来源：百度题库 . https：//easylearn. baidu. com/edu－page/tiangong/questiondetail？id＝17516790 22710481236&fr＝search.

 案例 11-1 思考题

如果你是雷诺兹，你将如何通过有效领导构建强势的团队？

参考文献

[1][2][英]艾伦·卡特勒. 领导力新经典译丛 领导力心理学——洞悉人心，激活团队[M]. 钱思玎，译. 北京：人民邮电出版社，2017：40.

[3][美]鲁克德. 团队行为心理学[M]. 上海：立信会计出版社，2016：152-154.

[4]胡月星，等. 现代领导心理学[M]. 太原：山西经济出版社，2005：319.

[5]牧之. 让你轻松带团队的管理心理学[M]. 上海：立信会计出版社，2015：104.

[6]孙科炎. 领导心理学[M]. 北京：中国电力出版社，2012：137.

第十二章　领导者的授权与沟通

第一节　领导授权

授权是一种领导艺术，一方面，充分而合理的授权可以使领导者从繁杂的日常事务中解放出来，重新回到战略的、全局的位置，将精力集中在事关组织发展的重要事情上，为组织的发展做出更大的贡献。另一方面，它可以对下属起到激励和促进作用。通过充分调动下属的积极性和创造性，不仅能够提高下属的工作效率和工作能力，还有助于为组织培养独当一面的人才，有利于提高整个组织的凝聚力。

一、领导授权的含义

领导授权是领导者将自己一定的职权授予下属去行使，使下属在其所承担的职责范围内有权处理问题，做出决定，并承担相应的责任(胡月星，2005)。[①] 授权是领导工作中的一项重要任务，是员工参与管理和实现自我领导的有效途径。我们可以从以下三个方面来更好地理解领导授权的含义：

(1)权力委托。领导通过授权，将自己的一部分权力委托给下属，这包括决策权、资源分配权和任务分配权等。这也意味着下级在特定的事务中有权独立做出决策和采取行动，而不需要频繁地征求上级的意见或进行报告。

(2)责任承担。领导授权也意味着领导者将一部分责任和结果承担权转移给了下级。下级在行使权力的过程中，需要对自己的决策、行动以及结果承担相应的责任。

(3)自主权。领导授权的一个关键特点是赋予下属更多的自主权和决策自由。下属有权利根据自身的专业知识和能力做出决策和行动，可以根据实际情况，自主地制订计划、安排资源、解决问题，从而更好地适应环境变化和应对挑战。

---

① 胡月星. 现代领导心理学[M]. 太原：山西经济出版社，2005：438.

二、领导授权的特点

领导授权是一种重要的管理方式，具有以下五个特点：

(1)明确的权限范围。领导授权需要明确规定被授权人可以行使的权限范围，包括决策、行动和资源等方面。这有助于避免权限的混淆和冲突，确保授权的有效性和可操作性。

(2)适度授权。领导授权应该根据下级的能力和经验，适度地确定授权的程度。过度的授权可能导致下级无法完成既定任务和目标，而过于保守的授权则可能限制下级的创新和发展。

(3)双向沟通与反馈。授权不是一次性的行为，而是一个持续的过程。领导和下级之间需要保持良好的沟通和反馈机制，及时了解授权执行的情况，随时进行必要的调整和指导，以确保授权的顺利进行。

(4)责任与权力的平衡。领导授权需要平衡下级的责任和权力。被授权人在行使权力时要承担相应的责任和后果，这有助于建立良好的管理秩序和激励机制，同时也能够提高下级的归属感和责任感。

(5)强调结果导向。领导授权的目的是实现组织的目标和效益，因此，强调结果导向是非常重要的。被授权人需要在授权范围内，积极主动地追求卓越的绩效和成果，以实现个人和组织的共同成功。

三、领导授权的作用

(1)提高工作效率和应变能力。领导授权将决策权下放到合适的层级，能够使下级在一定范围内自主决策和行动。这一方面减少了领导者的工作负担，使领导者能够将更多的精力和时间投入到战略规划、资源协调和团队培养等方面，更好地专注于组织的整体发展和长远目标，发挥更大的价值和影响力。另一方面，下级能够根据实际情况迅速做出决策和采取行动，减少信息传递和等待的时间，提高工作效率和灵活性，提高组织的应变能力，实现持续创新和发展。

(2)激发员工的积极性和创造力。通过领导授权，下级获得了更多的自主权和责任，他们有机会参与决策和承担重要任务。这可以增加员工的参与感和自主性，激发员工的积极性和主动性，充分发挥其潜力和创造力。

(3)增强组织的凝聚力。领导授权意味着领导对下级的信任和认可，当下属感受到领导对他们的信任，感受到自己在组织中的重要性和价值时，他们的责任感和归属感便会油然而生，这将使他们对组织更加忠诚，更愿意为团队的共同目标努力，提升协作效率和工作质量。这也有助于形成积极向上、充满活力、乐于协作的工作氛围，使组织的凝聚力得以增强。

(4)培养和提升员工能力。通过授权，下属被赋予了更多的责任和机会去承担新的任务和挑战，发展自己的能力和技能。面对工作中的各种问题，他们一边学习，一边迎接挑战。这有助于他们的职业发展和成长，有助于培养员工的领导能力，有助于提高组织整体的人才素质。

综上所述，领导授权具有提高工作效率和应变能力，激发员工的积极性和创造力，增强组织的凝聚力，培养和提升员工能力等作用。有效的领导授权可以建立一种相互信任和协作的工作环境，激发员工的潜力，实现个人和组织的共同成长。

四、领导授权的基本原则

(1)目标明确原则。在授权时，目标的明确性非常重要。领导者需要确保授权对象清楚地了解任务、目标和预期结果，并设定可衡量的指标体系以方便对授权效果进行评估。明确的目标能够帮助授权对象更好地理解任务的重要性、优先级和预期结果，为他们更好地完成任务提供明确的方向。

(2)权限适度原则。授权的范围应该适度，既不过度也不过于保守。领导者需要根据授权对象的能力和素质，合理确定授权的范围和权限。过度的授权可能导致责任不明确或风险难以控制，而过于保守的授权则可能限制员工的发展和创造力。

(3)资源支持原则。为了使授权有效，领导者需要为被授权者提供必要的资源支持，包括物质资源、信息资源、人力资源等，确保授权对象具备顺利实施任务所需的一切资源，能够增强被授权者的工作信心，提高任务完成的成功率。

(4)信息透明原则。在授权时，领导者应该共享重要的信息。透明的信息可以帮助被授权者更好地理解任务的背景、意义和目标，从而做出准确的判断和决策。

(5)风险管理原则。领导者需要明确风险责任和控制范围。授权的过程中可能存在一定的风险，领导者需要与被授权者共同识别和评估风险，并建立监控机制和反馈系统，及时调整和改进授权方案。

以上这些原则可以帮助领导者更好地实施授权，充分激发下属的能力、潜力、积极性和创造力，从而提高整个团队和组织的绩效和竞争力。

五、领导授权的步骤和方法

1. 确定授权内容和目标

领导者要想通过授权取得比较好的成效，需要明确任务的具体内容和所需达到的目标，并确定任务的优先级和重要性。同时，领导者也要确保授权任务目标与组织的整体目标和战略相一致。只有让被授权者非常清晰地明白这些，才能使他们更快、更好、更有动力地完成工作。在某种程度上，内容和目标的质量直接决定着授权的成败。管理者必须把授权内容和目标落到实处。领导者可以在授权前列出"授权工作清单"。具体内容有以下四个：

（1）必须授权的工作。此类工作授权的风险最低，如日常事务性工作等。

（2）应该授权的工作。此类工作总体上是一些下属完全能够胜任的例行的日常公务。这类工作的授权不但可以节约管理者的精力，还有利于调动下属的积极性。

（3）可以授权的工作。这类工作具有一定的难度和挑战性，这类工作的授权需要为下属提供培训和指导，可以让下属获得发挥他们才能的机会。

（4）不能授权的工作。这类工作包括战略计划的制订、下属的考核与晋升、实施奖惩等，这类工作只能由管理者本人来完成（权锡哲，2014）。[①]

2. 确定授权对象

领导者需要观察组织成员在以往的工作中的表现和态度，包括他们的责任感、积极性、自主性、决策能力等，需要评估他们的知识水平、技能、能力、经验等，将任务的特点与团队成员的实际情况进行匹配，尽量选择匹配度高的成员来进行授权。领导者还要了解和考虑组织成员的兴趣、发展意愿和个人职业目标，可以将任务分配给感兴趣且愿意承担挑战的成员，以提高工作动力和投入度。领导者还需要了解团队成员当前的工作负荷和时间安排，确保授权任务不会超出他们的能力范围和时间限制。领导者可以进行逐步授权，初次授权时可选择较小、相对简单的任务，通过观察和评估被授权者的表现来逐步增加授权程度。总之，在确定授权对象时，要综合考虑以上因素并根据实际情况进行细致判断，选择合适的人选授权，以确保任务圆满完成。

3. 确定授权权限和责任

领导者在授权时需要明确授予下属的权限，包括决策权、行动权、资源分配权、协调权等。同时，领导者也应该为下属提供足够的自主性和灵活性，让下属能够自主地完成任务。通过明确授权范围，下属可以更好地理解自己的工作职责，有针对性地开展工作。领导者在授权时还需要明确下属所需承担的责任，包括任务完成的时限、质量、成本、效益、效果等方面。同时，领导者也应该明确下属在完成任务时所需遵守的规范和标准，以确保任务能够按照预期的目标顺利完成。领导者要善于分析任务的重要程度和风险程度，对于重要和风险较高的部分，可能需要保留更多的权限在领导者手中，或经过严格的授权程序才能操作，而对于相对简单和低风险的部分，可以将更多的权限分配给下属。在授权时，领导者还应该注重权力与责任之间的统一。也就是说，下属享有了多大的权力，就必须承担与之对应的责任（温毓良，2016）。[②]

4. 提供资源支持

领导者应当积极与下属沟通，了解他们的需求，确保下属在承担任务时能够得到必要

---

① 权锡哲. 领导能力培训全案[M]. 北京：人民邮电出版社，2014：66.
② 温毓良. 北大领导课[M]. 济南：山东文艺出版社，2016：131.

的资源支持。了解下属所需的工具和设备，确保他们可以获得合适的资源。这可能包括计算机、打印机等办公设备以及特定软件、工作空间、实验设备等。评估下属的技能和知识水平，为其提供必要的培训机会，以帮助他们提升能力和适应任务的要求。确保下属获得所需的信息和数据支持，以便他们能够更好地完成任务。这可能涉及提供访问相关数据库、文件和文档的权限，或分享与任务相关的关键信息。鼓励下属提出自己的想法和解决方案，为他们提供创新和实验的机会，鼓励尝试新方法和新技术。鼓励下属之间的协作，激励下属共同成长。通过为下属提供资源和支持，领导能够激发其潜力、增强工作动力，并促进整个团队的高效运作。

5. 监督和评估授权结果

尽管任务被授权给下属，但领导者仍需要进行适度的监督和跟踪，并提供及时的反馈。通过定期例会、进度报告、项目评估、个别讨论等方式，定期与下属进行沟通，了解任务进展情况，并提供针对性的反馈和指导。建立适当的追踪机制，通过项目管理工具、报告系统或定期汇报等方式，监测下属的工作进度和结果。设立明确的任务评估指标，确保其具体、可衡量、与任务目标一致。这些指标可以涵盖质量、效率、成本、客户满意度等方面。通过监督和评估授权结果，领导能够及时发现问题和挑战，并采取适当的行动来解决和改进。同时，这也为下属提供了成长和发展的机会，促进整个团队的协作和绩效提升。

六、领导授权的风险和管控

通过科学有效地进行领导授权，可以提高组织的灵活性、减轻领导者的负担，同时激发下属的潜力和创造力。但是它也会带来一定的风险。因为当下属被赋予了更多的自主权和决策权时，如果下属在完成任务时犯下错误或做出不当决策，可能会导致不良影响和巨大损失。因此，领导者需要认识到领导授权所面临的潜在风险，并采取适当的策略和措施来最大限度地发挥领导授权的优势，同时降低其潜在的负面影响。

（1）权力滥用。缺乏制约的权力会使授权失去控制，被授权者可能会滥用所授予的权力，违背约定的授权范围，或将个人利益凌驾于组织利益之上，影响工作的进展以及整个团队的和谐。领导者需要保持警惕，及时识别和解决可能存在的权力滥用问题。

（2）控制失衡。被授权者可能倾向于过度依赖自己的判断和决策，而忽视领导者的指导和意见。这可能导致团队失去整体的协调性和一致性，产生分散的行动和目标不一致的情况。领导者要善用监督和反馈系统，这将有助于纠正控制失衡。

（3）沟通不畅。领导授权需要良好的沟通和信息流。如果沟通不畅、信息传递不及时，信息不对称、理解有偏差的话，那么可能会导致误解、冲突和无法协作等问题。因此，领导者需要建立有效的沟通渠道，并确保下属可以获得必要的信息和指导。

（4）管理难度。领导授权要求领导者具备良好的管理和指导能力。如果领导者无法有效地管理和指导下属，那么可能会导致任务无法保质保量完成和员工不满等问题。领导者需要学习管理技能，提升管理能力，以应对授权所带来的挑战。

 课后思考题

1. 为什么要进行领导授权？
2. 如何进行领导授权？
3. 如何提升口头沟通能力？
4. 非语言沟通包括哪些方式？进行非语言沟通时需要注意些什么？

 **案例 12-1**

艾森豪威尔是美国历史上一位以出色的授权能力而闻名的领导者。在二战期间，艾森豪威尔担任盟军最高指挥官，并负责统筹协调作战计划。有一次，艾森豪威尔收到一份非常重要的情报，涉及即将发生的一系列重要军事行动。然而，他正忙于其他事务，无法分身处理这份报告。于是，他将报告交给他的高级军官。艾森豪威尔没有详细地告诉军官如何处理这份报告，而是简单地说："我相信你的决断，请你根据自己的判断处理这个问题。"艾森豪威尔相信军官拥有足够的经验和能力来权衡各种因素，并做出正确的决策。军官接过报告后，仔细研究了其中的情报和相关信息后，制订了一项行动计划，并将其付诸实施。最终，这个计划取得了巨大的成功，对于盟军的战略目标起到了至关重要的作用。

"二战"结束后不久，艾森豪威尔出任哥伦比亚大学校长，副校长安排他听取有关部门汇报。考虑到系主任级别的人员太多，只安排会见各学院的院长及相关学科的联合部主任。每天会见三位，每位谈话半小时。在听了十几个部门的汇报后，艾森豪威尔把副校长找来，不耐烦地问他总共要听多少人的汇报。副校长回答说："共有63位。"艾森豪威尔大惊："天啊！太多了！你知道我从前做盟军总司令，那是人类有史以来最庞大的一支军队，而我只需要接见三位直接指挥的将军，他们的手下我完全不用过问，更不需要接见。想不到，当一个大学的校长，竟然要接见63位领导！他们谈的，我大部分不懂，又不能不耐心地听他们说下去，这实在是糟蹋了他们宝贵的时间，对学校也没有好处。你订的那张日程表，是不是可以取消了呢？"

1953年艾森豪威尔当选为美国第34届总统。1957年，在苏联发射第一颗人造卫星之后，美国陷入了空间竞赛的竞争中，亟须加大对航天和卫星技术的投资。作为总统，艾森豪威尔可以决定美国政府对这个领域的资源分配。然而，他并不是一个专业的天文学家或科技权威，因此需要依靠科学家和技术专家的建议来做出决策。在这种情况下，艾森豪威尔创立了美国国家航空和航天局（NASA），任命格伦南为第一任局长。艾森豪威尔深知NASA的成功与否取决于该机构的自主权和自由裁量权，在不危及国家利益的情况下，他授权格伦南以及其他NASA高管和科学家自主决策，以便他们可以更有效地推动美国的航天和卫星技术的发展。通过授权，艾森豪威尔鼓励了 NASA 的员工们在不断地试验和创新中尝试新的想法和技术，这最终也为美国在太空竞赛中取得重要胜利做出了贡献。

资料来源：笔者根据网络整理所得。

案例 12-1 思考题

在本案例中，艾森豪威尔授权成功的原因有哪些？通过授权，获得了哪些益处？

第二节 领导沟通

沟通在领导工作中具有非常重要的作用，领导的每一项工作都离不开沟通。从沟通对象来讲，与上级、下级、同级需要进行沟通，从管理活动来讲，决策、组织、指挥、控制、协调等各个环节都需要沟通。此外，无论是开会还是演讲，是谈话还是做工作，都需要与人沟通。所以领导沟通能力是一项非常重要的管理能力。提升领导沟通能力是提升领导能力的重要内容之一。

一、领导沟通的含义

领导沟通是指领导者与组织成员之间进行信息交流的过程。它是领导者进行有效管理的关键组成部分。领导沟通不仅包括领导者向下属传达指示、任务和目标，还包括从下属那里获取反馈、意见和建议。我们可以从以下两个方面来理解其含义：

（一）信息的传递

领导沟通首先涉及领导者向组织成员传递重要信息。这些信息可能涵盖任务内容、任务目标、工作要求、预期结果、时间表等。领导者需要确保信息能够清晰、准确地传达给下属，并且下属能够充分理解。如果不能，则下属可能会做出错误的决策，采取不适合的行动，从而导致任务执行错误，浪费时间和资源，错失机会，最终影响工作质量和效率，影响组织的发展。团队成员之间也可能出现误解、争执或者无法协调合作，从而影响团队的合作力和凝聚力。

（二）信息的反馈

领导沟通应该是双向的，信息可以在两个方向上自由流动，领导者和组织成员都能够有效地表达自己的观点、理解对方的观点以及做出相应的回应。领导者不仅要传递信息，还需要鼓励下属表达自己的想法，通过倾听下属的反馈、意见和建议，领导者可以更好地了解组织成员的需求和问题，帮助他们解决困难和改进工作。通过组织成员的反馈和提问，可以减少信息失真和误解的风险，领导者可以及时纠正可能存在的误解和偏差，确保所传达的信息被准确理解。通过双向沟通，给予组织成员表达意见和参与讨论的机会，当他们感到自己的声音被听到和重视时，他们更容易参与到团队的工作中，变得更加积极和富有创造力。

二、加强领导沟通的重要意义

(一)有利于达成共识

由于组织成员的教育背景、经历、阅历、地位、责任等不同，观察事物和看待问题的角度、评价的标准、对同一事物的看法也会不同。领导沟通可以确保领导者的指示、目标和期望清晰地传达给组织成员。领导者还需要向组织成员传达组织的愿景、战略和目标，并与他们分享相关计划和变更信息。只有当组织成员充分理解领导者的意图和要求时，他们才能有统一的认识，在工作中采取正确的行动，并朝着共同的目标努力。

(二)有利于建立信任和良好的关系

领导沟通有助于建立领导者与组织成员之间的信任和良好的人际关系。有效的沟通可以让组织成员感受到领导者的关注和支持，增强他们对领导者的信任。通过开放和透明的沟通，组织成员也更愿意分享自己的想法、意见和问题，促进积极的互动和协作，增进彼此之间的理解和共识，促进团队凝聚力和协作。

(三)有利于激励和提高士气

领导沟通可以激励组织成员，并提高整体士气。当领导者通过有效的沟通，鼓励、赞扬和认可下属的努力和成就，让他们感受到他们所做工作的重要性和价值时，就可以使他们的自信心和工作动力得到增强。同时，通过领导沟通，领导者还可以提供指导、建议和支持，帮助组织成员克服困难，不断发展和成长。

(四)有利于解决问题和冲突

有效的领导沟通有利于处理问题和冲突。领导者通过倾听各方的意见和观点，了解彼此的立场和需求，促使各方相互理解，减少对立情绪。领导者可以帮助冲突双方发现彼此的共同利益和共同目标。这有助于组织成员从对立和竞争的立场转向寻找共同解决问题的方案。领导者可以引导各方共同思考，并鼓励他们寻找双赢的解决方案，从而协调冲突并避免偏袒任何一方，最终达成共识。领导者通过为团队创造一种开放和安全的沟通环境，让他们更容易表达自己的观点和担忧，而不必担心受到批评或惩罚。这种积极的沟通氛围有助于减轻紧张感，使各方更愿意通过合作解决问题。

(五)有利于提高工作效率和执行力

领导沟通可以提高组织成员的工作效率和执行力。当领导者有效地传达工作要求、目标和信息时，组织成员可以更清楚地理解任务，并准确执行。另外，通过正式和非正式的沟通渠道，领导者可以及时了解工作进展情况，并在需要时进行调整和指导，以确保任务按计划完成。

总之，领导沟通是一个复杂而重要的过程，它对于组织和团队的成功至关重要。通过积极主动地进行有效的领导沟通，可以提升团队的凝聚力和工作效率，推动组织的持续发展和成长。

三、领导沟通的方法

(一)建立良好的沟通基础

1. 建立信任

信任是良好沟通的基石。作为领导者，要积极建立与团队成员之间的信任关系。建立信任的方式包括保持诚信、言行一致、履行承诺、公平公正等。领导者在沟通的过程中要遵循一个"真"字，说话要说真心话，待人要用真感情，做事就要动真格，要无所保留地讲想法，不搞似是而非和模棱两可，不要怕暴露缺点，不要说那些言不由衷的大话和空话，更不要不冷不热，矫揉造作地对待下属。要放下架子、去掉偏见，与下属真心交朋友。同时，要给予团队成员信任和尊重的空间，鼓励他们表达意见和提出问题（杨国欣，2007）。①

2. 倾听与理解

积极倾听是高效沟通的关键。领导者应当认真倾听组织成员的需求、愿望、意见、感受和想法，给予他们充分的表达机会。在倾听时，领导者要给予组织成员关注和尊重，例如通过保持眼神接触、面带微笑等方式传达出是真正关心对方所说的内容。不随便打断对方，允许对方表达完整的意见和观点。倾听对方的完整想法有助于领导者全面理解组织成员的意见，并展示出对他们的尊重。使用肯定性的语言回应对方，如"明白了""好的"等，以表达对对方观点的理解和认同。如果对对方的观点或意见有疑惑或不理解的地方，可以进行询问，这有助于更好地理解对方的意图，并让对方感受到领导对他们意见的重视。在倾听他人意见时，尽量保持中立，避免偏见。不要提前下结论，以开放的心态去倾听，尊重和理解对方的独特观点，并与组织成员进行积极的互动和深入的探讨。这既可以真正了解对方的想法，也可以向对方传达一个信息——领导对他的意见很重视。这样可以增强双方之间的沟通效果，减少误解和冲突的发生。

3. 及时有效的反馈

反馈是沟通的重要组成部分。领导者应使用积极、鼓励和肯定的语言来表达反馈，如赞赏组织成员的努力、取得的进展和成果。避免过于负面或批评性的措辞，重点关注问题的改进和解决，提供建设性的反馈意见，帮助他们改进工作和解决问题。明确具体的反馈

---

① 杨国欣. 领导理论与实践[M]. 北京：中国社会科学出版社，2007：251-252.

有助于组织成员理解领导者的观点并采取相应的行动，避免含糊不清、模棱两可和抽象的表达。提供及时的反馈也是至关重要的，不要让组织成员等待太久，以免他们无法及时了解领导者的意见而没有调整行动。与组织成员保持一定频率的沟通，定期的沟通可以帮助领导者及时调整反馈和指导，以确保组织成员的行动与预期保持一致。对于重要的问题或需要更深入讨论的情况，最好选择面对面或电话的方式进行反馈，这样可以使沟通更顺畅。

(二)提升口头沟通能力

1. 提前做好准备

在进行重要沟通之前，做好充分的准备工作。首先，要明确沟通的目标、内容和重点，对于自己不熟悉的内容，提前查阅资料。充分的准备工作，有助于更自信地表达。其次，厘清自己的思路，让自己的表达更有逻辑和条理。再次，预测对方可能会提出的问题或意见，提前想好该如何回应。最后，了解沟通对象的沟通风格和偏好，并根据对方的习惯进行调整。有些人喜欢直接、快速的沟通方式，而有些人则更倾向于细致、详尽的表达。作为领导者，要学会灵活应对，适应不同的沟通风格，以便更好地进行沟通。

2. 用词清晰简洁

使用简单明了的语言进行口头沟通，避免使用过多的行业术语、复杂的措辞、方言、俚语。确保自己的表达结构清晰，条理分明，没有歧义。用简短的句子表达观点，并强调关键信息。简洁的表达方式能够提高对方的理解度，降低误解的可能性。

3. 注意非语言交流

口头沟通不只是依靠语言表达，还包括身体语言、面部表情、语音语调等。作为领导者，要注意自己的非语言交流，保持积极的姿态，有自信和亲和力的面部表情，运用适当的手势和肢体语言来支持自己的表达。这样可以更好地与对方建立联系和共鸣。

4. 刻意练习

口头沟通是一项技能，需要不断地练习和提升。通过参加沟通技巧的培训课程、阅读相关书籍或参与演讲活动等方式，不断提升自己的口头沟通能力。此外，积极寻求反馈并从中学习，也是提升口头沟通能力的重要途径。

5. 注意语言和文化差异

语言差异可能导致沟通的误解和困难。不同的语言有各自独特的发音、词汇、表达方式、语法结构和句法规则，当涉及不同的语言、方言、口音时，都可能会出现理解上的障碍。语言与文化紧密相关，其中的词汇、表达和习惯用语都承载着文化背景和含义。因此，在不同的语言中，同一个词或表达可能具有不同的文化含义和语境上的差异。这样的差异可能导致跨文化交流中的误解和混淆。如果涉及跨文化沟通，了解对方的语言和文化背景，并学习一些关键词和礼节表达，可以有助于更好地理解和被理解。在需要翻译或口译时，寻求专业的翻译服务或可靠的翻译工具，以确保信息的准确传递。尽管语言差异可能对沟通产生一定的影响，但通过尊重、理解和灵活调整，可以克服这些差异，实现有效的跨文化和多语言沟通。

不同的文化背景和价值观可能会导致沟通障碍。某些言辞、动作或习惯在一种文化中被视为正常的和可接受的，但在另一种文化中可能被看作冒犯性的。例如，在一些文化中，直接表达意见被视为失礼，而在其他文化中，直接表达则被视为坦率和诚实。不同文化对社会角色和地位的看法也可能影响到沟通。在一些文化中，权威和地位高的人具有更大的发言权，而在其他文化中，则更注重平等交流。文化背景塑造了每个人的价值观和信仰体系，这些差异可能导致在沟通中的分歧。因此，要主动了解对方的文化、习俗和礼仪，避免使用冒犯性的语言和行为。

作为领导者，良好的口头沟通能力对于推动团队合作和实现组织目标至关重要。通过积极的提前准备、清晰简洁的表达、注意非语言交流、持续的练习和培训，在跨文化沟通中注意语言和文化的差异，口头沟通能力将会得到很大的提升。

(三) 提升书面沟通能力

1. 结构清晰

在书面沟通中，清晰明了的结构非常重要。首先，明确写作目标和主题。其次，组织好文档的结构，按照逻辑顺序进行排列，使读者能够更容易理解。最后，使用标题、段落和重点句子来突出关键信息。

2. 语言简洁明了

书面沟通应该尽量简洁明了。使用简单的句子和常用词汇，避免过多的行业术语、复杂的措辞、俗语、俚语和方言。专注于核心内容，删除不必要的词语和句子，确保表达简明扼要。此外，使用分段和正确的标点符号，让文字更加清晰易懂。还可以使用列表或图表等方式整理和呈现信息，以提高信息的可理解性和吸收性。

3. 仔细校对

书面沟通应该准确无误，写完后一定要仔细校对。检查字词、语法、标点符号、格式是否正确，确保信息的连贯性和准确性。可以请其他人帮助进行审阅，以便发现自己可能忽略的错误。也可以利用语法和拼写检查工具来辅助校对。

4. 多读多写

提高书面沟通能力需要不断练习和学习。阅读高质量的书籍、文章和写作指南，可以帮助扩展词汇量、提高语言表达能力，学习不同的写作风格和写作技巧。同时，勤练笔也是提高书面沟通能力的关键，通过不断练习，可以有效增强书面表达能力。

(四) 注重非语言沟通

非语言沟通是通过非语言途径所呈现的信息，包括肢体语言、声音、面部表情等重要部分。除此之外，沟通环境、沟通距离、时间因素等也属于非语言沟通的范畴。

1. 肢体语言

不同的肢体语言可以传达丰富的含义和信息。握手是一种常见的非语言沟通方式，通常用于问候、表达友好和建立联系。竖起大拇指通常表示赞赏和认同。身体向前微微倾斜通常表示感兴趣，而身体向后倾斜则可能表示冷漠、不信任或抵触。手指敲击桌面通常表示焦虑、不耐烦或紧张，也可能是在等待或思考。手臂交叉通常被解读为防御或保护姿势，也可能表示不悦、不满或不接受。然而，有时人们交叉手臂可能仅是出于习惯，所以需要综合其他肢体语言来进行解读。需要注意的是，肢体语言的含义会受到文化背景、个人习惯以及特定情境的影响。因此，在用肢体语言沟通或解读对方的肢体语言时，应综合考虑多种因素，避免单一解读。在沟通中要注意自己的姿势、手势和身体动作，保持姿态端正、自信并表现出积极的态度，避免咬指甲、摇腿或交叉手臂等消极的肢体语言。

2. 声音

在沟通中要注意音量、语速、语调、语气。高音量通常表示兴奋、愤怒或紧急，而低音量可能表示安静、冷静或秘密。语速可以传达说话者的情绪状态和意图。快速的语速可能表示兴奋、紧张或急切，而缓慢的语速可能表示冷静、沉思或不耐烦。语调的变化可以传达陈述、疑问、命令或感叹等不同类型的句子。例如，上扬的语调表示疑问，下降的语调表示陈述，尖锐的语调表示强调。语气是通过声音和语调传达的情绪色彩。例如，愉快的语气可能表示开心、幽默或友好，而生硬的语气可能表示严肃、不满或不耐烦。在沟通中，要保持清晰、响亮的声音，避免低声慢语、含糊不清或咬字不准确。适当地运用语调和语气，可以增加表达的力度和感染力。

3. 面部表情

面部表情是非语言沟通中极为重要的一部分，它能够传达情感、意图和态度。微笑是最友好和欢快的面部表情之一，通常表示喜悦、友好和愉快。皱起眉头、紧闭嘴唇等表情常常被解读为愤怒、不满或不耐烦。张大眼睛、张开嘴巴的表情通常表示吃惊、震惊或惊讶。眉毛的运动可以传达多种情感。举高眉毛可能表示兴奋、惊奇或好奇；皱眉可能表示疑惑、担忧或不满。不同的嘴部表情可以传达开心、悲伤、愤怒等情感。例如，露齿笑通常表示高兴、幽默或友好；咬紧牙关可能表示痛苦、紧张或压抑。眼神接触可以传递不同的信息。持续的眼神接触可能表示兴趣、关注或亲近，而避开眼神接触则可能表示不自信、不舒服或回避。与他人进行沟通时，保持适度的眼神接触可以显示出对对方的重视和专注，并建立起更紧密的连接。然而，过度的眼神接触可能会让人感到不舒服，所以要注意适度。

4. 沟通环境

沟通环境是指人们进行交流和互动时所处的具体场所和条件，它对沟通有着重要的影响。高噪声的环境可能会干扰听力和理解能力，使沟通变得困难。在这样的环境中，人们可能需要提高音量或者重复信息，才能确保对方能够听清楚。充足的光线和良好的照明条件有助于人们看清对方的面部表情、手势和其他非语言线索，从而更好地理解沟通内容。在一些敏感话题或私人问题上，私密性和安全感非常重要。现代技术设备的使用，如电话、视频会议、文字聊天工具等也在改变沟通环境。这些工具可以使远程沟通成为可能，但是在使用通信工具时可能会遇到技术问题，如网络连接不稳定、语音或视频质量差或软件故障。这些问题可能会导致沟通的中断或影响信息的准确传达。沟通环境中的氛围和情绪状态也会对交流产生深远影响。一个积极、支持和尊重的氛围有助于建立互信和有效沟通，而紧张或冲突的气氛则可能阻碍有效的交流。沟通环境对交流的效果和质量有着重要的影响。为了促进有效的沟通，一定要创造舒适和适宜的沟通环境。

5. 沟通距离

沟通距离是指人们在沟通中所处的物理或情感距离。这种距离可以影响到沟通的效果和互动的方式。在不同文化和关系中，对于个人空间和身体接触的界限会有所不同，违反对方的身体接触距离可能会导致不适和疏离，因此在沟通中需要尊重对方的个人边界，保持一定的距离。

6. 时间因素

时间因素对沟通也有着重要的影响。当人们感到时间紧迫时，他们可能更加急于交流和表达自己的意见，这可能导致沟通变得匆忙和不充分，影响信息的准确传递和理解。人们的沟通效果也会受到他们在日程安排中所处时间的影响。例如，疲劳或饥饿的状态可能降低人们的注意力和专注力，从而影响沟通的质量。选择适当时机进行沟通也很重要。有些话题或问题在某些时间点可能更容易得到关注和合作，而在其他时间点可能会引发困惑或冲突。当涉及跨越多个时区的沟通时，时区差异可能会成为一个挑战。人们需要协调好各方的可用时间，以便进行有效的跨时区交流。考虑到时间因素对沟通的影响，应当重视和尊重他人的时间和日程安排，并根据具体情况选择适当的沟通方式和时机。

 课后思考题

1. 为什么要进行领导授权？
2. 如何进行领导授权？
3. 如何提升口头沟通能力？
4. 非语言沟通包括哪些方式？进行非语言沟通时需要注意些什么？

 案例 12-2

王局长是某市政务服务局新上任的领导，主要负责市民服务部门的工作。她在这个领域有着丰富的经验和卓越的专业知识，并且以她出色的沟通技巧和独特的领导风格而闻名。

王局长走马上任后，开始着手处理市民服务部门的一系列问题。她了解到，市民服务部门一直以来存在多方面的问题，如市民的投诉和建议不能及时得到处理，工作人员的工作态度和服务意识有待提高等。为了解决这些问题，王局长决定运用她的沟通技巧，与市民和工作人员进行深入交流。

首先，王局长安排一场与市民代表的见面会。在会议上，她向市民代表详细介绍了市民服务部门的工作状况和服务改进计划。同时，她也认真听取了市民代表的意见和建议，并承诺将积极处理和回复。

其次，王局长开始与工作人员进行单独交流。在交流过程中，她始终保持亲切、真诚的态度，认真倾听每位工作人员的想法和建议。她鼓励工作人员积极提出对部门发展的建议，并表示将充分考虑他们的意见。

最后，王局长还注重与工作人员建立良好的互动关系。她会定期组织团队建设活动，如外出参观、团队聚餐等，加强工作人员间的沟通与合作。同时，她也鼓励工作人员之间互相学习，分享工作经验和心得，以提高整个部门的工作效率。

经过一段时间的努力，王局长的沟通艺术逐渐显现出成效。市民的投诉和建议得到了及时处理和回复，工作人员的责任感和工作热情得到了提高。市民对市民服务部门的满意度有了显著提升，工作人员之间也形成了默契的协作关系。

 案例你 12-2 思考题

在本案例中，王局长的沟通之所以成功，关键在于她把握了沟通的哪些要素？

参考文献

[1]胡月星．现代领导心理学[M]．太原：山西经济出版社，2005：438.

[2]权锡哲．领导能力培训全案[M]．北京：人民邮电出版社，2014：66.

[3]温毓良．北大领导课[M]．济南：山东文艺出版社，2016：131.

[4]杨国欣．领导理论与实践[M]．北京：中国社会科学出版社，2007：251-252.

第十三章　领导者对冲突和应激的管理

第一节　领导者对冲突的管理

一、冲突的定义

冲突作为一种人类社会中普遍存在的社会现象，伴随社会的发展，冲突的种类和数量也日益增加，冲突的形式也日益复杂与多样化。关于冲突的概念，国内外专家学者从不同的角度给出了定义。

从社会学角度论述，勒温（Lewin，1935）对冲突作出定义：冲突是相对方向相反、强度相等的两种以上力量同时作用在同一点（个体）时的情境而言的。刘易斯·科塞（Lewis A. Coser，1956）把冲突定义为：冲突就是为了价值和对一定的地位、权力、资源的争夺以及对立双方为使对手受损或被消灭的斗争。

从心理学角度冲突被看作一种心理状态，如琼斯（Jones，1976）认为，冲突是一个人被驱动去做两个或更多个互不兼容的反应时所处的状态。俞文钊（1993）认为，冲突是由于工作群体或个人，试图满足自身需要而使另一工作群体或个人受到挫折的社会心理现象。

从行为学角度把冲突看成是一个过程，乔森纳·特纳（Jonatham H. Torner，1995）认为，冲突是两方之间公开与直接的互动，在冲突中每一方的行动都是意在禁止对方达到目标。还有学者从和谐状态的角度定义冲突，如汪明生（2001）认为，冲突是两个（含）以上相关联的主体，因互动行为所导致不和谐的状态。

当代研究冲突问题的专家普林斯顿大学的泰德·古尔（1980）认为，冲突可以从三个方面进行界定：冲突是一种状态，也是一个过程，或者冲突可以被看作事件。斯蒂芬·A. 米切尔（Stephen A. Mitchell，2006）则着眼于冲突的结构分析，指出冲突是由客观形势、行为以及态度三个方面构成。其中，冲突形势是指在任何情况下，两个或两个以上的主体认知到彼此持有互不相容的目标，冲突发生的根源在于目标的不相容，这主要源自价值的差异、资源的稀缺及立场的不同；冲突态度是指伴随冲突形势而来的期望、情绪取向以及认知；冲突行为则是指在任何冲突中，当事方采取针对对方试图使其放弃或修正其目标的行动。

虽然上述定义各不相同，但都着眼于相互作用这个方面，都强调对抗、斗争和分歧。综合上述观点，我们可以把冲突定义为一种过程，即两个或两个以上具有相互依赖关系的主体，由于利益、目标以及手段的分歧而出现不相容、不调和或不一致的一种互动历程。

二、冲突观念的变迁

在组织与群体中冲突的作用是"相互冲突"的。传统观点认为冲突必须避免，因为它的出现表明群体内的功能失调，我们称其为传统观点；人际关系观点认为冲突是任何群体与生俱来的、不可避免的结果，但它并不一定是坏的，它有着对群体工作绩效产生积极影响的潜在可能性，我们称其为人际关系观点；当代思想认为冲突不仅可以成为群体内的积极动力，实际上某些冲突对于有效的群体工作来说是必不可少的，我们把这种思想称为相互作用观点。下面具体介绍这三种观点。

（一）传统观点

冲突的早期观点认为所有的冲突都是负面行为，冲突就是暴力、破坏、不合理以及不合理的同义词，不利于组织的发展，因此必须设法制止冲突的发生。

从19世纪末到20世纪40年代中期，冲突的传统观点在管理学的文献中占据了统治地位，代表着大多数人的态度。它出现的原因主要包括以下三个方面：①人与人之间的不信任；②沟通差异；③员工的需要和抱负不被领导重视。

认为所有冲突都是消极的观点为我们提供了一种简单地去对待引起冲突的个人行为的方式。为了提高组织和群体的工作绩效，并避免冲突，我们需要深入了解冲突的根源，并采取措施来解决组织内的功能失调。尽管许多研究已经反驳了认为降低冲突水平可以提高群体工作绩效的观点，但仍有许多人使用这种过时的标准来评估冲突情况。

（二）人际关系

冲突的人际关系观点认为，冲突是任何组织都无法避免的，但并不一定会给组织造成不利影响，而且可能成为有利于组织工作的踊跃动力。既然冲突是无法避免的，人际关系观点倡导者主张应当接纳冲突，承认冲突存在的合理性。

冲突的人际关系观点在20世纪40~70年代中叶出现，并在此期间占据了冲突理论领域的主导地位。这一观点的产生原因可以追溯到当时社会科学研究的背景和社会环境。在那个时期，管理学和心理学等领域对于组织和人际关系的研究逐渐兴起。传统的劳动者与雇主关系模式开始受到质疑，人们认识到组织内部的冲突是不可忽视的现实。此外，人际关系观点的兴起也受到了社会心理学家埃尔温·赫里奥特（Elton Mayo，1984）在霍桑实验中的研究启示。他的研究表明，组织内的人际关系和团队合作对工作绩效有着重要影响。

因此，人际关系观点的出现是为了更好地理解和应对组织内部的冲突，并通过合理化管理冲突，提高组织和群体的工作绩效。

(三)相互作用

冲突的相互作用观点是新近产生的，不同于人际关系观点的接受冲突，冲突的相互作用观点认为冲突是一种在组织中普遍存在的现象，并且能够对组织产生多重影响。相互作用观点鼓励人们看待冲突为一种正常且必要的组织动力，而非单纯的负面因素。根据相互作用观点，冲突可以促进组织内各种观念、利益和意见的交流与碰撞。通过不同观点的对抗，冲突可以激发创新、推动变革，促进组织的学习和发展。冲突还可以带来更好的决策结果，避免过度的集体思维和群体性错误。同时，相互作用观点认为，冲突也可能导致负面后果，如情绪失控、团队分裂和合作关系恶化等。因此，组织需要适当管理冲突，以确保冲突在积极的方向上发挥作用。相互作用观点的核心思想是，冲突本身并非绝对的好坏之分，而是取决于冲突的程度、管理方式以及组织内部文化和氛围等因素。适度的冲突能够促进组织的创造力和创新能力，但过度的冲突则可能导致破坏性后果。因此，相互作用观点强调在组织中管理冲突，鼓励开放的沟通和协商，培养建设性的合作关系，并提供适当的冲突解决机制，以实现冲突的积极效果。

三、冲突的层面

组织中冲突主要包含四个层面：个体内部(个体自身的)、人际之间(个体之间的)、团体内部(团体中的)以及团体间(团体之间的)。各个冲突之间层次渐增，相互联系。

(一)个体内部冲突

个体内部冲突是指在一个人的心理和情绪层面上发生的冲突。这种冲突通常涉及个体在处理不同的欲望、需求、价值观、目标等方面的冲突。个体内部冲突可以分为三种表现形式：

1. 接近—接近型冲突

接近—接近型冲突是指个体同时要达到两个或两个以上相反的目标，由于目标背道而驰，必须要选择，从而引起内心冲突，也就是常说的"鱼与熊掌不可兼得"。

2. 规避—规避型冲突

规避—规避型冲突是指个体必须在两个或两个以上各自都包含一个消极的结果的选项中做出选择，也就是所谓的"两害相权取其轻"。

3. 接近—规避型冲突

接近—规避型冲突是指个人在对某一件事做选择时难以权衡利弊所产生的内心冲突。

造成个体冲突的可能原因有三个：

(1)认知失调。认知失调是指一个人在思维、态度或信念上的冲突，当个体的行为或观点与其内部的认知冲突时，可能会导致个体冲突。

(2)神经过敏倾向。对于某些个体来说，他们可能更容易受到外界刺激的影响，导致情绪波动较大，对身心健康产生负面影响。这些个体可能更容易感到焦虑、紧张、压力和恐惧，进而加剧了个体与他人之间的冲突。

（3）工作场所暴力。工作场所暴力可能以多种形式出现，包括身体暴力、言语侮辱、恶意欺负、威胁和虐待等。遭受工作场所暴力的个体往往会感到不安和害怕，这可能导致个体产生抵触情绪，进而增加与他人之间的摩擦和冲突。

个体内部冲突可能会导致个人内心的紧张、焦虑和矛盾感。它还可能对个体的情绪状态、自我形象和行为选择产生影响。解决个体内部冲突的关键是提高个人的自我意识和情商，寻求平衡和妥协的方法，并找到满足多个需求和价值观的途径。

（二）人际冲突

在个体之间发生的与关系、需求、利益或价值观有关的冲突，通常涉及双方之间的争执、不满、竞争或矛盾，就会发生人际冲突。人际冲突可能发生在各种环境中，包括家庭、工作场所、学校或社交圈等。

1. 角色冲突

角色这一概念最先由社会心理学家米德（George Herbert Mead，1902）引入社会学理论中，指个体在社会这个扩大了的舞台上的身份与行为。角色理论的另一重要代表人物是美国人类学家林顿（Linton，1943）。他将角色定义为：在任何特定场合作为文化构成部分提供给行为者的一组规范。如今，大多数角色理论的专家认为，角色是指个体在特定的社会关系中的身份以及由此而规定的行为规范和行为模式的总和。

在社会中，角色并非孤立存在，往往都是与其他角色联系在一起的。人们往往承担着不止一种社会角色，且其所承担的多种角色又总是与更多的社会角色相联系。由于人们同时扮演着不同的角色，角色期望之间的矛盾或个体自身的限制导致了内心冲突和困扰，即角色冲突。角色冲突的产生可以是因为不同角色期望对个体有不同的要求，使个体很难同时满足所有角色的期望；也可以是由于个体自身的能力、时间等方面的限制，无法同时兼顾多个角色。角色冲突的程度则取决于角色期望的性质以及个体在扮演角色时的能力和适应性。当个体无法妥善处理角色冲突时，可能会产生焦虑、压力和内心矛盾，对个体的健康和幸福产生负面影响。因此，合理管理角色冲突是重要的，个体可以通过调整和平衡不同角色的期望，提高自身的角色扮演能力以及寻求支持和帮助来减轻角色冲突带来的负面影响。

2. 角色模糊

角色模糊是指缺乏对于一个角色清晰的相关预期。当角色模糊存在时，个体和他人可能会对彼此的角色职责和行为产生误解和不一致的期待，从而引发人际冲突。角色模糊可能导致以下三种情况下的人际冲突：

（1）角色冲突。当个体在同一情境下扮演多个角色，并且这些角色职责和期望之间存在模糊或矛盾时，就会出现角色冲突。例如，一个人在工作场所中既是员工又是领导，但在处理问题时既要考虑团队利益又要履行自己的职责，这可能会导致角色冲突。

（2）资源争夺。当角色模糊时，个体和他人可能会为了争夺特定角色的资源（如权力、地位、资源等）而产生竞争和冲突。例如，由于团队中的成员角色模糊，可能会争夺项目经理的权力和决策权，导致人际冲突。

（3）期望不符。由于角色模糊，个体和他人对彼此的角色行为和职责有不同的期望，可能会引发人际冲突。例如，家庭成员对于家庭中的角色分工和责任有不同的理解，可能会导致沟通不畅、争吵和冲突的发生。

3. 人格差异

人格差异是除角色冲突与角色模糊外引起人际冲突的重要因素，是指在人与人之间，由于不同的立场、态度、价值观等因素而引发的冲突。

（1）外向型与内向型。一些人喜欢社交和人际互动，另一些人更倾向于独处和反思。这种差异可能导致沟通风格的不匹配，以及在社交场合中的误解和不适，可能引发冲突。

（2）控制欲与顺从性。有些人更倾向于掌控情况并主导群体，而其他人更喜欢接受指导和顺从他人的决策。这种差异可能导致权力斗争、意见分歧和冲突。

（3）冲动与谨慎。冲动型个体寻求刺激和冒险，乐于冒风险并迅速采取行动；而谨慎型个体更加谨慎小心，喜欢考虑风险和后果。由于行动方式的差异，冲突可能会在意见冲突、决策制定和资源利用等方面产生。

（4）态度与价值观。人们对事物、观点或行为持有不同的态度和价值观。例如，一个人注重工作和效率，另一个人则更看重工作与生活的平衡。这种态度和价值观的差异可能导致在目标设定、工作风格和价值观冲突等方面产生摩擦。

这些人格差异可能导致不同的期望、沟通方式和行为习惯，从而引发人际冲突。理解、尊重和接受他人的人格差异是减少冲突并建立良好人际关系的关键。通过积极的沟通、提供支持和培训以及共同寻求妥协和解决方案，可以促进团队和谐以及个人发展。

（三）团体内部冲突

团体内部冲突是指在一个团体或群体中，由于成员之间的差异、冲突的利益、个人动机等因素而产生的紧张和冲突。这种冲突可能由不同的观点、价值观、个性特质、角色期望以及资源分配等引发。

尽管团体内冲突可能导致负面后果，但也有一些观点认为，适度的冲突对于团队或部门的发展和改进是有益的。例如，通用电气在变革培训中，韦尔奇充分运用了与广大员工面对面进行研讨的方法，经常参与员工面对面的沟通，与员工进行辩论，通过真诚的沟通直接诱发同员工的良性冲突，培植了通用公司的独特企业文化。

（四）团体间冲突

团体间冲突是指发生在组织中各团体之间的一种冲突行为。当一个团体试图超越其他相关团体时，便出现团体间的冲突。当参与者认同于某一团体并且看到其他团体可能会阻碍自己的团体实现目标或期望值时，也会发生这种行为。组织内部团体间的冲突分为四类：纵向、横向、生产-职能和多元化。

1. 纵向冲突

纵向冲突发生在不同层级的团体之间，通常涉及权力、资源分配和决策等方面。这种冲突经常发生在组织结构中不同层级之间，如员工与管理层之间，不同部门之间；或者上级与下级之间，如省、自治区、直辖市人民政府与所辖市、州、县的行政权限冲突，各部委与省、自治区、直辖市相应职能部门的行政权限冲突。

2. 横向冲突

相同层级的组织成员之间存在的权限冲突即被称为横向冲突。在组织中，如果不同部门之间工作职责界定不清晰，存在严重的职责交叉的现象，那么，如果工作中出现问题或失误，就容易在相关部门之间产生矛盾与冲突。如果一个部门的职责主要是对其他部门进行检查或监督，那么该部门容易成为矛盾的焦点。各部门之间目标不相容、权力分配不均以及沟通不畅等也可能导致冲突。

3. 生产－职能(人员)冲突

在许多组织中，生产部门和职能部门(如人力资源、法律和财务)之间常常存在着权力争议，这可能引发生产－职能冲突。生产领导者负责公司某些或所有产品或服务的创造过程，职能人员则提供专业或技术知识的咨询和控制角色，并可能在资源使用方面起到一定的指导作用。这种冲突通常源于权力分配和角色定义的不清晰以及不同部门之间缺乏有效沟通和合作。为减少生产－职能冲突，组织可以采取以下三项措施：①明确各个部门的角色职责，并建立跨部门合作机制；②促进信息共享和沟通，增强相互理解和信任；③创建激励机制，使不同部门志同道合地追求组织整体目标。通过合理的权力平衡和协调，组织可以达到更高效、和谐的工作环境。

4. 多元化冲突

多元化是指一个社会、组织或团体中存在不同种族、文化、宗教、性别等多种多样的成员。在多元化的基础上，冲突可能发生在不同社会群体、个体之间，这些冲突可以根据不同的维度来分类和描述。

(1)文化冲突。由于不同文化价值观念、习俗和传统的存在，不同文化群体之间可能出现冲突。例如，不同宗教信仰之间的冲突、不同地区的习俗和传统之间的冲突等。

(2)种族冲突。不同种族之间可能因为种族差异而产生冲突。这种冲突可能与种族歧视、社会地位分配不公等问题有关。

(3)经济冲突。不同经济阶层之间可能因为财富分配不公、资源争夺等问题而产生冲突。这种冲突可能体现为不同社会群体之间的贫富差距。

(4)性别冲突。男女之间可能因为性别不平等、性别歧视等问题而产生冲突。例如，男女在工作机会、薪酬待遇等方面的不公平待遇可能引发冲突。

(5)政治冲突。不同政治派别之间可能因为政治观点、权力分配等问题而产生冲突。这种冲突可能导致政治角逐、示威抗议等形式的抵抗。

这些冲突的产生可能源自不同社会群体之间的利益冲突、信仰冲突、地位冲突等。然而，多元化也可以带来互相学习、交流和合作的机会，促进社会的发展和进步。通过建立包容和平等的社会环境，可以减少冲突并推动多元化社会的和谐共处。

四、功能正常和功能失调冲突

相互作用观点并不意味着所有冲突都是有益的。冲突按性质可以分为两大类：功能正常冲突与功能失调冲突。一些冲突支持群体的目标，并能提高群体的工作绩效，我们把这类冲突称为建设性或功能正常的冲突。反之，那些阻碍群体工作绩效的冲突称为破坏性或者功能失调的冲突。

区分冲突是功能正常的还是功能失调的指标是群体的工作绩效，决定功能性质的是对群体的影响，而非对成员的影响。因为群体作为一个系统，其存在是以整体目标的实现为前提条件的。系统地研究和处理有关对象的整体联系，把系统各个要素综合联系起来进行全面的考察和统筹，以求得系统整体功能的最优化，这是把群体当作一个系统必须首先考虑的。冲突的不同表现详见表13-1。

表 13-1 冲突的不同表现

功能正常的冲突	功能失调的冲突
双方关心企业共同目标的实现	双方的争论常转变为人身攻击
乐于了解对方的观点和意见	不愿意听取对方的观点和意见
大家以争论问题为中心	大家最关心的是冲突的胜负
冲突中，注重互相交换情况	冲突中，双方的情况交换减少甚至完全停止

那么，在对比了功能正常与功能失调的冲突之后，我们又该如何界定它们呢？如图13-1所示，如果在某冲突中工作绩效保持在一定的高水平即为功能正常的冲突，反之，则为功能失调的冲突。

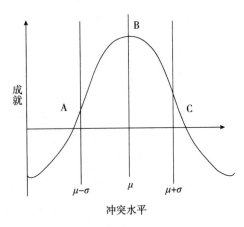

图 13-1 冲突水平与绩效关系

由图 13-1 可知，冲突水平与工作绩效之间的关系呈抛物线状。如果冲突水平过高或者过低都会对工作绩效产生消极影响。唯有在 B 点处，即冲突处于恰当的水平时，对工作绩效的促进作用最大，绩效水平最高。那么对于功能失调的中途，冲突双方可以做些什么来降低冲突水平呢？反过来，当冲突水平过低需要提高时，冲突双方又应采取哪种做法？

（一）减少功能失调的冲突

功能失调的冲突对组织绩效的负面影响是显而易见的，它甚至会导致组织功能停顿。在处理此类冲突时，首先要评估冲突的当事人和冲突源，这样才能从当事双方的角度上认识冲突，为成功处理冲突提供依据；其次是选择适当的策略以减弱冲突。根据不同冲突类型可以选择以下两种冲突减少策略：

（1）缓解由结构因素造成的团体冲突和由沟通因素造成的冲突。具体为：①设置超级目标，即提出须由冲突双方共同努力方能实现的目标，以缓解相互之间的对立情绪；②采取行政手段，如改变结构、行政命令、改变奖惩制度等；③加强冲突双方的沟通，如直接谈判等。

（2）处理好人际关系冲突。美国学者托马斯提出的二维模式现已成为通用的冲突管理模式。主要是将其提出的五种策略——回避（Avoidance）、迁就（Accommodation）、竞争（Forcing）、妥协（Compromise）、合作（Collaboration）的选择技巧和应用场合详细介绍给全组织成员，宣传合作策略和双赢结果的积极作用，使成员在无法根本改变外因的情况下，用积极的内因应对人际冲突，以期取得良好效果。

（二）激发功能正常的冲突

只有适度的冲突和不满才能刺激个人的创造力，成员能自我批评，接纳新鲜事物，组织就具有革新能力。因此，管理者有必要激发功能正常的冲突。

（1）运用沟通。可以利用模棱两可或具有威胁性的信息来提高冲突水平。

（2）引入外人。在组织中补充一些在背景、价值观、态度和管理风格方面均与当前群体成员不同的人，即运用"鲶鱼效应"能提高冲突的建设性功能。

（3）重建组织，鼓励竞争。管理者可以通过调整工作群体、变革结构、改变规章制度、提高相互依赖性等方法，以打破原有状态。另外，调整奖励制度、激励竞争等手段均能激发有积极意义的冲突。

五、人际冲突处理方式

不同的个体有不同处理人际冲突的手段。布莱克和莫顿基于"管理方格"模式，设计出一个"冲突方格模式"（Conflict Grid），这个模式主要用来分析管理者在处理冲突时的态度与风格。当管理者面对组织的冲突问题时，大多数要考虑面对冲突事件中的人的问题和工作的问题两个方面，从而寻求适当解决冲突的方法与策略。

（一）回避方式

回避方式是一种通过避免或推迟冲突的发生来解决问题的方法。当个人采用回避方式时，他们通常倾向于回避与他人交流和对立的情况。回避方式一般有以下三个表现方式：

（1）逃避。个人可能会选择远离冲突的场景，不参与争论或与冲突方迅速分隔开来。

（2）拖延。个人可能会故意延迟解决冲突的时间，以让事情自行解决或因为他们没有兴趣或资源来解决问题。

（3）否认。个人可能会否认冲突的存在，并试图忽视或掩饰问题的存在。

回避冲突并不等于忽视或遗忘冲突的存在，而是选择推迟争议的解决，以便管理者能够在更合适的时间和地点进行妥善处理。逃避冲突可以提供一个缓冲期，使管理者有时间收集更多的信息、寻求建设性的解决方案、寻求第三方介入等，从而更好地面对冲突的根本问题和实现长期的解决方案。

（二）压制方式

压制方式常见于处于权力不平衡的状态下，即一方利用强势地位、控制手段或威胁恐吓等方式来解决冲突。

（三）妥协方式

妥协方式是一种相对妥协和退让的策略，即通过放弃自己的利益和立场，而顺应对方的诉求，以平息冲突和维护关系。运用妥协方式的个体是典型的被他人给予积极评价的人，但是他们也会被认为是软弱和顺从的。它作为主要解决冲突的方式基本上是无效的。妥协方式的表现形式有以下四个：

（1）让步。在妥协方式中，一方主动做出让步，即接受对方的意见或需求，放弃自己的权益。这种方式通常用于维护和改善关系，减少冲突的紧张度。让步可能涉及牺牲个人利益、调整自己的目标和行为，以满足对方的期望。

（2）忍让。忍让是指在冲突中保持冷静和克制，不坚持自己的观点和诉求，刻意放下争执，表示妥协或退让。

（3）理解与支持。妥协方式还可以通过理解和支持对方的立场和需求来缓解冲突。表达尊重和关心的态度，积极倾听对方的观点和感受，体现出合作的意愿和团队精神。

（4）积极合作。采取积极的合作态度，与对方共同探讨解决方案，寻找双赢的机会。通过相互让步和协商，尽量满足双方的需求和利益，并尽量减少对方的不满和矛盾。

在人际冲突处理中，采取妥协方式是一种灵活应对的方法，可以缓解紧张情绪、维护关系，并为双方寻找共同的解决方案。在大多数情况下，虽然这种方式不能说是最理想的解决方式，但仍可视为较为切实可行的方式。需要注意的是，妥协通常不能用在解决冲突过程的早期，因为早期的争端往往不是真正的争端。妥协没有使双方的满意最大化，没有明确的赢家和输家。在以下三个情境中，妥协是可取的：①达成一致使双方觉得至少强于没有达成一致的情况；②达到一个全部双赢协定完全不可能时；③冲突的目标阻止了按一方提议达成一致时。

（四）缓和方式

管理者采用这种方式，是认为冲突双方的分歧可以通过缓和紧张气氛，或者维持表面的和谐关系使矛盾双方和平共存。同样，冲突的双方根源问题仍未彻底解决。

(五)正视方式

该方法强调直接面对冲突，并以坦诚、开放和建设性的方式解决冲突。管理者采用此种方式，大多数认为可以通过积极面对的方式来解决冲突问题。例如，经过客观的讨论和分析，各方面的意见和观念都已经深入分析思考，从而提出与达成冲突双方皆同意或接受的解决问题的方法。以下五点是有关正视方式的详细介绍。

(1)面对问题。正视方式强调直面冲突的核心问题，而不是回避或掩盖它们。这意味着要识别并理解冲突的根本原因和涉及的利益冲突。通过把问题置于桌面上，可以建立一个更清晰的共识和目标，为冲突的解决提供基础。

(2)坦诚沟通。在正视方式中，坦率、诚实和开放的沟通是至关重要的。这意味着表达自己的观点、需求和感受，同时倾听并尊重他人的意见和感受。通过有效的沟通，可以增进相互理解和信任，从而为解决冲突创造良好的条件。

(3)寻找共同点。正视方式强调寻找双方的共同利益和目标，以便达成共识和和解。这要求双方在冲突解决过程中共同努力，寻找能够满足各自需求的可行解决方案。通过发现和强调共同点，可以建立合作和共赢的氛围，从而促进冲突的解决。

(4)解决问题的导向。正视方式鼓励寻找解决问题的方法和策略，而不是陷入指责、攻击或个人攀比的态度。这种方式强调将精力集中在解决冲突所涉及的实际问题上，并寻求切实可行的解决方案。

(5)建设性反馈。正视方式强调建设性的反馈和回应。在解决冲突的过程中，提供积极的反馈和意见，以促进双方的成长和改进，并增进合作和相互信任。

第二节　领导者对工作应激的管理

随着经济全球化的步伐加快，组织所面临的市场竞争越来越激烈，作为组织的核心人物的领导者在组织发展过程中也深感压力。领导者能否正确认识工作应激的本质，调节应激状态，处理好家庭与工作的关系，保持健康而积极的生理及心理状态，是新时代领导者的基本素质，也直接影响着组织发展过程中的各种活动。

一、工作应激的本质

20世纪60年代晚期兴起了有关工作职业的结构及其相关问题的激烈讨论。低效的工作、较低的工作满意度、上升的疾病数和死亡率被认为同不良的工作设计及工作中的其他相关因素有关，这些现象不仅对工作是一种威胁，对生活质量更是如此。

曾有学者在"二战"时期做过一项调查，试图来探寻哪些因素使人易于患神经过敏症。结果表明，相关因素包括过长的工作时间、不充分的进食、休息时间的缩短、责任过度、技能与工作的不匹配、工作缺乏创造性和多样性以及工作的环境因素（如照明）等，这些因素之间存在着相互的影响作用，且很多因素和上升的疾病率及离职率有关。虽然调查是在二战时期进行的，但遗憾的是，以后的研究却和它有相似的结论。

（一）工作应激的定义

应激的概念是由加拿大学者泽利（Selye）在 1950 年首次提出的，最初用以说明有机生命体受到外界威逼、强迫时，内在身体产生的缓解这种刺激的反应机制，即严重胁迫有机体使其内在稳态动因改变所造成的影响，其中诱发的原因称为应激源，有机体对威胁刺激物的反应称为应激反应。我国学者梁宝勇将应激定义为：应激是一种身体以及精神上表现出的重要紧张状态，它通过各种生理、心理反应展现，是人类为了适应现实以及认识上的内外部生活环境所必须引起的。

工作应激作为一种特殊的应激，与员工的工作内容以及工作相关的组成部分有关。当前学术界有很多研究学者认为工作应激是消极的，即人们在工作过程中由于个体的才能、素质达不到客观环境要求的标准，在受到工作应激源刺激后产生一系列身心压力，进而造成人体内在系统的紊乱[①]。

（二）工作应激的理论模式

1. 刺激学说——仅研究应激源

这类学说认为，工作应激是外界环境作用于员工身上，使员工产生身心变化的刺激因素，所以应当研究应激的来源是什么。

2. 反应学说——仅研究应激反应

这类学说将工作应激视为个体在接受应激源刺激后所产生的生理、心理上的变化，所以应当研究应激造成的结果是什么。例如，当今人类在面对各种挫折压力时，会产生诸如头晕、头痛、胃痛、恶心、焦虑、暴躁等一系列生理、心理反应。

3. 刺激—反应学说——同时研究应激源与应激反应

这类学说认为，应激是应激源与个体受到刺激后作出的应激反应之间彼此作用的效果，强调人与周围环境相互联动的关系。

二、工作应激的效应

（一）生理表现症状

大量研究已表明，工作应激容易导致某些生理指标的异常和一些疾病——心血管疾病、

---

① 梁宝勇. 精神压力、应对与健康——应激与应对的临床心理学研究［M］. 北京：教育科学出版社，2006.

胃肠疾病、呼吸系统疾病、关节炎、癌症以及生理上的疲劳都有可能是工作应激的后果①。

在一些飞行员的研究结果中发现：一般飞行员的心跳速率比常人要高，而战斗机的飞行员在飞机起飞和降落时血压有升高的现象。处在企业生产线上的员工由于无法控制流程快慢，也会出现心跳和血压的增高。也有研究发现心跳的速率随时间而变化，在星期一时最高，因为这一天必须回到工作情景中去，而在周五时落到最低点。

（二）心理表现症状

工作应激的心理反应性质上属于负面的情绪反应，如焦虑、沮丧、不满、厌倦、疲惫、孤独、生气、受约束感等。

有研究提出：如果个人采用行为手段不能解决应激问题，这将导致个人认知上的转变，个人会认为自己在通向目的地的过程中是无助的，这种无助感会给个人带来沮丧。同样，倦怠是一种由长期工作压力引发的极度应激，可能出现在任何职业中，是个体与职业的关系中出现的危机。

（三）行为表现症状

当个体感受到心理应激后，通常会采用斗争或逃避策略。消极的退缩行为表现为冲动、冒险、滥用药物、暴饮暴食、人际关系恶化、破坏公物、自杀等。在企业活动中，由于人们工作应激的缘故导致决策失误，带来不必要的经济损失；而在过度工作负担下，工伤事故率会有上升的趋势；工作的压力经常是导致职业病的根源。另外，人们在工作中感到应激时，有可能采取逃避工作情境的行为，试图减轻应激情绪，这在一定程度上解释了现代企业中的离职和缺勤问题。

三、工作应激的来源

工作应激源是工作应激发生的必要前置条件，是指在工作中影响员工身体、精神系统稳定状态的刺激来源构成，包括外部环境应激源以及个体内环境应激源两部分。

对于工作应激源的构成要素，已有了不少研究成果。有学者认为工作应激源包括五点外部环境因素，即人际关系因素、职业未来发展因素、工作角色因素、工作任务本身的因素以及组织结构因素；也有学者将工作应激源分为三种类型：个人应激因素、组织因素和环境因素。

由于个体内环境的应激源在测量方面与应激后续产生的应激反应无法得到明确区分，一些身心变化既可以被当作应激源，也可以被当作应激反应。所以在先前学者的研究中，工作应激源通常仅指应激源在企业组织中的客观工作环境构成，并较多关注消极应激的影响。目前，学者对于工作应激的测量一般采用问卷调查的方式，测评量表主要包括以下三个：①职业应激指征量表；②职业紧张量表；③一般工作应激量表②。

---

① Hans, Selye. Stress in Health and Disease [M]. Butterworths, 1936.

② French, J., Caplan, R., Harrison, V. The Mechanisms of Job Stress and Strain[M]. Chichester, England：Wiley, 1982.

四、应激处理的个体差异

(一) 性别

弗里曼(Freeman)等在1989年列出了女性在工作中会比男性经历到更多应激的理由，主要表现在以下五个方面：①工作情境中存在性别差异的偏见；②女性在工作中所承担角色责任的增加却得不到家人的支持；③女性个人发展困惑；④处理角色冲突时受先前经验的影响；⑤夫妻双方关于女性是否要工作的一致性程度，以及女性在工作、家庭中的时间分配。男性通常把工作之外的家庭生活作为他身心放松的时刻，而由于女性在家庭中充当传统角色的缘故，工作之后，女性仍需全力以赴完成传统角色赋予的任务，因此，女性几乎得不到完全属于她个人调整的时空。

(二) 控制点

控制点的概念最初出现于朱利安·罗特(Julian Bernard Rotter，1954)的社会学习理论中。他认为人的行为潜能受到个人的期望和强化值的影响。如果一个人感觉到强化是伴随自己的行为或相对恒常的个性出现的，他就具有内部倾向的控制点。而如果个体感觉到强化由外在的机会、命运等因素控制，就具有外部倾向的控制点。

(三) 认知能力

有学者提出应激过程中有初级评估、二级评估和处理行为三个阶段。不论应激是突如其来还是长年积累的后果，这三个阶段都将一一发生，如何顺利度过每个阶段，取决于个体面对刺激情境处理信息的方式，具体指个体是否具有良好的问题解决能力、语言能力和社会交往能力。

五、应激管理策略

随着应激造成的损害越来越广为人知，组织和个人帮助领导者和员工应对应激的计划已越来越盛行，个人或组织可采用方法来管理应激和降低应激的有害影响。

(一) 个体方法

个体应激管理包括设计活动和行为以消除或控制应激源，使个体更能抗拒应激或能处理应激。首先，个体应激管理第一步就是认识到应激物正影响人的生活。其次，个体需要决定如何处理这些应激物。对个体应激管理的实际建议有五点：①提前计划并做好时间管理；②大量锻炼、饮食均衡、足够的休息、关心自己；③培养和保持积极态度；④注意工作和个人生活的平衡，留有时间去娱乐；⑤学习放松技术。

处理应激的放松方式有五个：①选择舒适的位置；②闭上眼睛；③放松肌肉；④调节呼吸；⑤保持积极乐观的思维。

（二）组织方法

组织设计应激管理目的是减少应激的有害影响，方法有三个：①确定并修正或消除工作应激物；②帮助员工应对工作应激的知觉和理解力；③帮助员工更有效地处理应激带来的后果。

应激管理计划的目的是消除或修正工作应激物。应激管理计划包括：①工作环境的改善；②重新设计以消除应激物；③改变工作负荷和最后期限；④重新组织结构；⑤工作日程的改变，更有弹性的工作时间和休假；⑥目标管理或其他设定目标的管理；⑦让更多的员工参与，特别是在设计影响他们的变革时；⑧处理澄清角色和分析角色的研讨会。

以应激知觉、应激体验、应激结果为目的的应激管理计划包括以下六个：①团队建设；②行为修正；③职业生涯咨询和其他员工辅助计划；④开展对时间管理的研讨会去帮助员工理解它的本质和症状；⑤放松技术的训练；⑥身体健康和健身计划。

将应激管理计划分为这些类别并不是说它们在实际中并无关系，而是彼此相互重叠。例如，处理角色问题的研讨会可能明晰工作描述和职责，降低潜在应激物的数量；通过掌握更多有关角色问题的知识和洞察力，员工能够更有效地处理这种应激源；职业生涯咨询可以降低与职业生涯问题有关的应激源，同时增进员工处理职业生涯问题的能力。

（三）健身计划

健身计划是组织发起的活动，目的是促进良好的健康习惯或确认和纠正健康问题。有三个主要类型的健身计划①：

第一种计划的目的是了解和提供信息，通过设计来告诉员工们不关心健康的行为的后果。例如，强生公司利用午餐时间举办处理应激的技术专题研讨会。公司常用这些计划去培养更积极锻炼身体的兴趣和促使生活风格的改变。

第二种计划的目的是使员工不懈地努力去修正其生活风格，主要涉及身体健康计划、吸烟终止计划、体重控制计划等类似的计划。

第三种计划的目的是创造一个环境，帮助员工保持在其他计划中发展起来的生活风格。

 课后思考题

1. 思考冲突对组织有哪些影响。

2. 领导者需要具备的处理冲突的能力有哪些？

3. 思考良性冲突的适用情形。

4. 如何应对工作过激？

---

① Lazarus, R. S. Psychological Stress and the Coping Process [M]. New York：Mc Graw，1966.

案例 13-1

陈处长是某政府部门负责人，政府招商引资的大型活动今天终于拉开帷幕了。陈处长的下属小樊负责活动策划，小李负责形象宣传。

这次的活动，陈处长让小樊负责活动的整体安排和总协调，包括晚宴和记者会两个会场，而小李专注记者发布会的准备和现场工作。

小李比小樊有经验，但感觉到陈处长在重用小樊，心中有些不平。就在下午 2 点的记者招待会开始前四个小时，小樊突然接到小李的电话，电话刚刚接通就听到小李暴怒的吼声："小樊，你赶快到我的互动现场来，你们做的背景板尺寸太大，这个会场放背景板的这一边有一个吊顶，这个背景板根本就放不下！你让我怎么办？你必须亲自过来处理！……"

小樊都无法将电话放在耳边，因为怒吼的声音实在有点震得耳朵嗡嗡响，而此时小樊已经熬了几个晚上准备晚宴的各类活动，正在与其他同事进行最后一次重要彩排，小樊很生气地挂了小李电话，委屈得哭了。

这段时间小樊实在太不容易了，因为是个新人，这个活动的协调又涉及方方面面的很多部门，经常是召开一个多部门会议，一半的部门都推说有事没来参加，制作宣传板是部门的另一个科员负责，经常不来参加会议，这是导致这个宣传板和会议场地不匹配的最重要原因。

这时，陈处长正和小樊坐在会议室参加彩排，听到了他们谈话的内容。

 案例 13-1 思考题

1. 如果你是陈处长，该如何处理这场下属之间的冲突呢？
2. 了解了五种冲突处理的模型，请你分析一下小李和小樊分别是什么类型。

参考文献

[1]梁宝勇. 精神压力、应对与健康——应激与应对的临床心理学研究 [M]. 北京：教育科学出版社，2006.

[2]Hans, Selye. Stress in Health and Disease [M]. Butterworths, 1936.

[3]French, J., Caplan, R., Harrison, V. The Mechanisms of Job Stress and Strain[M]. Chichester, England：Wiley, 1982.

[4]Lazarus, R. S. Psychological Stress and the Coping Process [M]. New York：Mc Graw, 1966.

[5]Lewin K. A Dynamic Theory of Personality：Selected Papers[J]. The Journal of Nervous and Mental Disease，1936(84).

［6］Lewis A. Coser. The Functions of Social Conflict［M］. London：Routledge and Kegan Paul，1956：188.

［7］［美］谢默霍恩二世．组织行为学（第8版）［M］．刘丽娟译．北京：清华大学出版社．2006：69.

［8］俞文钊．管理心理学［M］．台北：三民书局印行，1993：78.

［9］Ted R Gurr. Handbook of political conflict［M］. New York：The Free Press，1980：46.

［10］Stephen A. Mitchell. Relational Concepts in Psychoanalysis－An Integration［M］. London：Harvard University Press. 1988：239.

［11］Elton Mayo. Human Problems of an Industrial Civilization［M］. London：Routledge，Year：2003：145.

第十四章　如何建设领导班子

在组织与领导的复杂世界里，领导班子的构建与发展扮演着重要角色。在公共管理领域，领导班子建设不仅对政府组织的自身发展具有深远的意义，还直接关系到党和国家各项事业的顺利推进。在本章中，我们将探讨领导班子建设的意义、目标以及具体内容，以及为实现这些目标所需的推进路径，以期为建设更高效的领导班子提供建议和启示。

第一节　领导班子建设的意义和目标

领导班子配置决定着领导班子的领导力与执行力，在行政管理、领导人才与领导科学领域研究中备受瞩目（萧鸣政、赵源，2013）。[①] 为什么要加强领导班子建设、建设什么样的领导班子以及怎样建设领导班子，这是在领导班子建设中必须要首先搞清楚的基本问题，也是指导领导工作，特别是指导主要领导者在开展领导班子建设工作时，必须有清醒认识的核心问题。

一、领导班子建设的意义

加强领导班子建设，不仅关系到领导干部和领导班子自身的提高，而且关系到党领导的各项事业的发展。深入地讲，它关系到社会主义上层建筑整体功能的发挥，关系到社会主义经济基础的巩固和发展，关系到社会主义事业的前途命运。政治路线确定之后，干部就是决定因素。正如习近平总书记在第十九届中央政治局第十次集体学习时的讲话中说道：“历史和现实都表明，一个政党、一个国家能不能不断培养出优秀领导人才，在很大程度上决定着这个政党、这个国家的兴衰存亡。”

（一）领导班子建设是保证国家发展和社会稳定的关键

一个国家能否长治久安，特别是在世界风云变幻的背景下能否保持稳定，屹立于世界民族之林，是由多种因素决定的。但历史和现实都一再证明，这与执政党的干部队伍有着

[①]　萧鸣政，赵源. 领导班子配置模型及其优化策略研究[J]. 中国行政管理，2013(8)：67-71.

极其密切的关系。在中国共产党执政的条件下，党的各级领导干部不仅是政策的制定者和执行者，而且是党和国家政治和社会生活的直接组织者和领导者。干部队伍的好坏直接影响着党和国家的长治久安。如果干部队伍建设得好，领导权掌握在具有坚定共产主义信念和理想的人手中，就能把党和国家治理好，就能卓有成效地组织和领导人民群众改革开放，把各项事业办好；反之，如果干部队伍建设得不好，领导权不是掌握在具有坚定共产主义信念和理想的人手中，那就不可能制定和贯彻正确的政治路线，就不可能正确地领导好党和国家的各项事业。同时，如果我们的领导干部不是廉洁自律、在群众中享有较高威望的人，而是贪污腐化、以权谋私，甚至横行霸道，欺压群众，那就会引起人民群众的不满和愤慨。在这种情形下，一旦有风吹草动，就会造成社会动荡、政局不稳。

邓小平同志始终把领导班子建设看作是关系到国家发展和社会稳定的战略问题，他始终认为，在中国，坚持四项基本原则，坚持改革开放，保持国家的稳定，关键在于执政党是否有一个坚强有力、团结进取的领导班子。他曾讲道："中国问题的关键在于共产党要有一个好的政治局，特别是好的政治局常委会。只要这个环节不发生问题，中国就稳如泰山，国际上不可小视我们，来中国投资的人会越来越多……最紧要的是有一个团结的领导核心。这样保持五十、六十年，社会主义中国将是不可战胜的。"江泽民同志也指出，中国社会主义事业能不能巩固发展下去，中国能不能在激烈的国际竞争中始终强盛不衰，关键看我们能不能培养造就一大批高素质的领导人才。党的十六大报告强调指出，建设高素质的领导干部队伍，培养适应大批善于治党治国治军的优秀领导人才，是党和国家长治久安的根本大计。习近平总书记也在第十九届中央政治局第十次集体学习时说道："新时代，我们党要团结带领人民实现'两个一百年'奋斗目标、实现中华民族伟大复兴的中国梦，必须贯彻新时代党的组织路线，努力造就一支忠诚干净担当的高素质干部队伍。"

（二）领导班子建设的目标是实现党的根本宗旨、贯彻党的基本路线

党的根本宗旨是全心全意为人民服务，而实现这一根本宗旨的重任，只能落在优秀的领导者身上，因为只有好的领导集体才能使人民满意，才能带领人民进行改革和建设。而那种思想僵化、作风保守、能力平庸的领导班子，是无益于改革开放和事业发展的。在中共十三届四中全会形成以江泽民为总书记的中央领导集体之后，邓小平曾语重心长地讲过："新的中央领导机构要使人民感到面貌一新，感到是一个实行改革的、有希望的领导班子。这是最重要的一条。这是向人民亮相啊！人民是看实际的。如果我们摆一个阵容，使人民感到是一个僵化的班子，保守的班子，或者人民认为是个平平庸庸体现不出中国前途的班子，将来闹事的情形就还会很多很多，那就真正永无宁日……有一个新的改革的面貌，是确定新班子成员的一个十分重要的问题，不是九分九，而是十分重要的问题，我们要看到这个大局。"这实际上就是要求领导集体要取信于民，主要体现在以下两个方面：一是要具有改革开放的形象，干出令群众满意的实绩，取信于民；二是要整顿作风，惩治腐败，使人民放心，取信于民。只有这样才能实现全心全意为人民服务的宗旨。

只有建设好各级各类组织的领导班子，只有领导者对党的基本路线坚定不移，人民群

众才不会动摇。领导者的坚定信仰和坚决执行党的路线是党和群众联系的纽带，是确保党的基本路线贯彻到底的关键。当领导者表现出怀疑或犹豫的情绪时，群众容易感到困惑，不知道应该如何行动，人民事业的推进也会受到阻碍。只有领导者创造性地贯彻执行党的基本路线，群众才能把党的路线、方针、政策变为自己的实际行动。当领导者积极参与并付诸实践党的基本路线时，鼓舞了群众的信心，激发了他们的积极性，使党的路线在广大群众中得以真正贯彻执行。如果遇到一点风浪和困难，领导者不应怀疑，而应坚定地引导群众，寻找解决问题的创新途径。在面对困难时，领导者的自信和决心能够鼓舞群众，稳定局势，推动事业前进。因此，为确保党的基本路线得到贯彻执行，领导干部核心胜任能力的培养和提升至关重要。

(三) 领导班子建设是各级各类组织事业发展的核心问题

领导班子的结构化是保证党的各项事业健康发展的基础(李松林，2004)。[①] 任何一个组织或部门，都是一列行驶的火车，那么领导班子就是它的火车头，发挥着导航、驱动、控制等关键性的作用。在现代社会中，各种组织之间的竞争日益加剧，各种利益冲突和矛盾也越来越多，特别是改革、发展和稳定的任务都很重，在这种情况下，建设一个什么样的领导班子、怎样建设领导班子的问题，已经成了影响组织生死存亡的大问题。如果一个组织的班子建设问题解决不好，那么它就不能适应社会竞争和快速发展的需要，就不能很好地处理改革、发展、稳定的关系，就不能确保组织的健康运行与发展。

从目前的实际来看，许多组织的领导班子与现实要求之间还存在着较大差距，还存在着不适应和难以驾驭组织发展的现象。特别存在以下四个问题亟待解决：一是一些领导班子的整体素质不高，班子成员的科学文化知识水平、马克思主义理论水平、驾驭社会主义市场经济的能力、参与竞争的能力等，与新的形势要求不相适应；二是班子团结和谐问题，特别是正确执行民主集中制方面还需要进一步改进和完善；三是新老领导干部的交替与合作困局仍未有效破解，需要科学、合理地推进领导干部年轻化，持续优化干部队伍结构；四是干部制度问题，特别是选拔问题、教育问题和能上能下的问题，要有新的举措等。基于这些问题的存在，加强领导班子的建设已经成为时代的呼唤。

二、领导班子建设的目标

党和国家领导人历来都十分重视领导班子建设问题，对于建设什么样的领导班子，怎样建设领导班子都作过诸多论述。邓小平同志多次强调，领导班子建设要有核心，没有核心的领导是靠不住的；领导班子要是一个实行改革开放的有希望的领导集体；领导班子要有一个好的形象；领导班子要加强团结，消除派性，增强党性；领导班子要实行集体领导，坚持民主集中制原则；领导班子要能够分工合作，注重效率；领导班子要敢于负责，

有所作为等。江泽民同志指出："按照干部队伍革命化、年轻化、知识化、专业化的方针和德才兼备的原则，把各级领导班子建设成为忠诚于马克思主义，坚持走中国特色社会主义道路的坚强领导集体，是保证党的路线的连续性和国家长治久安的根本大计。"进入新时期，以习近平同志为核心的党中央关于领导队伍建设提出了新规划和新目标。2019 年，中共中央办公厅印发了《2019-2023 年全国党政领导班子建设规划纲要》(以下简称《规划纲要》)。《规划纲要》以习近平新时代中国特色社会主义思想为指导，适应"两个一百年"奋斗目标历史交汇期的新形势新任务，对 2019~2023 年全国各级党政领导班子建设作出全面规划，是落实新时代党的建设总要求和新时代党的组织路线、加强新时代党政领导班子建设的指导性文件。《规划纲要》指出，要着眼进行伟大斗争、建设伟大工程、推进伟大事业、实现伟大梦想，围绕推进国家治理体系和治理能力现代化，坚持和加强党的全面领导，坚持全面从严治党，贯彻落实新时代党的组织路线，以党的政治建设为统领，聚焦"两个维护"强化政治忠诚，着眼坚定信仰深化理论武装，适应时代发展需要配强领导班子，不断提升能力素质，持续改进作风，激励担当作为，努力锻造忠实践行习近平新时代中国特色社会主义思想的坚强领导集体，为决胜全面建成小康社会、夺取新时代中国特色社会主义伟大胜利、实现中华民族伟大复兴的中国梦提供有力的组织保证。所有这些观点和论述，对我们认识和明确领导班子建设的目标问题都具有极其重要的指导价值。

第二节　领导班子建设的内容

领导班子建设是干部队伍建设中最为重要的一个环节，其内容涉及诸多方面，其中最主要的内容包括政治建设、思想建设、组织建设、作风建设、执政能力建设等。

一、政治建设

领导班子的政治建设是为保证领导干部能够始终保持高度的政治觉悟、坚定的政治立场、正确的政治方向而进行的一系列工作，加强领导班子政治建设的内容很多，但重点要放在使各级领导班子坚持党的政治立场、政治纲领和基本路线，保持政治坚定性上。习近平总书记的"我将无我，不负人民"的国家情怀是我们党员领导干部的楷模。党的十九大明确将习近平新时代中国特色社会主义思想确立为党的指导思想，这反映了全党全国人民的共同认知和根本利益。因此，加强党的政治建设就意味着要将维护习近平总书记的核心地位和党中央集中统一领导作为第一政治任务。这要求党政干部不断增强自身的政治意识、大局意识、核心意识和看齐意识，时刻在政治立场、政治方向、政治原则和政治道路上与以习近平同志为核心的党中央保持高度一致，并将之根植于思想自觉、党性观念、纪律要求和实际行动中。此外，领导干部还应养成积极向上的生活方式，倡导忠诚老实、公道正派、实事求是、清正廉洁等价值观，坚决防止和反对个人主义、本位主义、好人主义，以及宗派主义、圈子文化和码头文化等不良现象，为构建良好的政治环境做出贡献。政治建设不仅是思想自觉和党性观念的问题，更是纪律要求和实际行动的问题，它对党的政治建设具有关键性作用。因此，应将良好政治生态的建立与党的政治建设相互配合，以确保党的事业健康、稳定发展。

二、思想建设

习近平总书记指出："我们党之所以能够不断历经艰难困苦创造新的辉煌，很重要的一条就是我们党始终重视思想建党、理论强党。"思想建设是党的基础性建设，也是党的建设的灵魂性工程。在党的建设中，思想建设具有至关重要的地位，因为它为党的意识形态提供了根本支撑，为党员干部的精神境界提供了内在滋养。思想建设不仅是党的基础性建设，更是党的立党之本。在这个过程中，坚定的理想信念和宗旨是至关重要的基石。共产主义远大理想和中国特色社会主义共同理想，构成了中国共产党人的精神支柱和政治灵魂，也是党的团结统一的思想基础。回顾建党近百年的光辉历程，马克思主义信仰、共产主义远大理想对国家、民族和人民的责任始终贯穿其中，它们是中国共产党人坚定不移的初心和使命。将理想信念的红色基因代代相传，教育引导党员干部不断补充精神之钙，巩固思想之元，培养政治之本，练就"金刚不坏之身"，是加强党的建设的永恒课题。为加强党的建设，我们应积极响应建设学习型、服务型、创新型马克思主义执政党的要求。这包括紧密结合改革开放和现代化建设的实际情况，深入学习贯彻习近平总书记系列重要讲话精神，特别是在保持党的先进性和纯洁性方面，要巩固党的群众路线教育实践活动所取得的成果。此外，深入进行"三严三实"专题教育，坚持用不断发展的马克思主义理论指导我们对客观世界和主观世界的改造。这也包括深刻理解共产党执政规律、社会主义建设规律、人类社会发展规律，以提高我们运用科学理论分析和解决实际问题的能力。

三、组织建设

要坚持党管干部的原则，强调在任用领导干部时，五湖四海，主张以人才为重要衡量标准，强调干部需具备德才兼备的特质，强调注重干部的实际表现，要有广泛群众的认可。在深化领导干部人事制度改革方面，应全面、准确地贯彻民主、公开、竞争、择优的原则，不断拓宽干部工作的民主化程度，确保各类杰出干部有更多的成长和发展机会，让每位干部都发挥其所长。此外，我们还需要改进竞争性选拔干部的方式，以增强选人用人的公信力，以防老实人吃亏，同时遏制投机钻营者为自身谋利。通过完善干部考核评价体系，可以帮助领导干部树立正确的政绩观，同时需要建立更加健全的干部管理机制，严格管理和监督干部，特别是党政正职和关键岗位的干部，不断完善干部管理运行机制。为了优化领导班子的配置和干部队伍的结构，需要重视基层一线干部的培养和选拔，拓宽社会优秀人才进入党政干部队伍的渠道。在推进干部人事制度改革的同时，要加强和改进干部培训，积极培养和选拔杰出优秀年轻干部，也要重视和鼓励年轻干部到基层和艰苦地区接受锻炼和成长。

四、作风建设

作风建设对于领导干部至关重要，习近平总书记明确指出，作风问题的根本在于党性问题。因此，解决作风问题必须从根本出发，着眼于党性修养和锻炼，培养坚定纯粹的党性。只有通过党性修养，才能形成奋发有为、开拓进取、求真务实、敢于担当等优良品质和过硬作风。要加强作风建设，首先需要聚焦问题，将解决存在的突出问题作为突破口。这不仅包括聚焦群众反映强烈的"四风"问题，还要关注普遍性的具体问题，甚至勇于直面自身和党的建设中存在的问题。通过解决问题的实际行动，推动整体作风的好转。作风建设必须以高压态势对待，保持常抓不懈的韧劲和严抓不放的耐心。党员干部应始终坚持有什么问题就解决什么问题的原则，重点解决党员干部安于现状不愿干、不推动工作甚至推动了也不积极的问题，激励他们敢于担当、只争朝夕、埋头苦干。警示教育也是关键，必须早发现、早提醒苗头性、倾向性问题。作风教育应当贯彻党的优良传统，弘扬延安精神和其他伟大精神，使党员干部深刻认识党的根基在人民，与人民群众保持紧密联系，把知民情、懂民心、化民怨作为必修课和基本功。政德教育也同样重要，引导党员干部明大德、守公德、严私德。这包括常修政德之德、常思贪欲之害、常怀律己之心，树立正确的权力观、地位观、利益观，坚守道德底线、追求高尚情操、远离低级趣味、自觉修身用权。总之，作风建设是保持党员干部纯粹党性、高尚道德、过硬作风的重要途径。通过聚焦问题、高压态势、警示教育和政德教育，可以不断提升领导干部的作风，确保他们始终紧密团结人民，履行党的宗旨，为实现党的事业不懈努力。

五、执政能力建设

领导干部在履行领导职责时需要增强多种关键能力本领，以适应复杂多变的社会和政治环境，推动国家的高质量发展。应采取以下七项措施：①领导干部应不断增强学习本领和知识素养。这包括深入学习党的指导思想，积极参与各类培训和教育活动，自觉筑牢理论之基、补足精神之钙、淬炼忠诚之魂。学习不仅要求广度，还要求深度，不仅要了解党的历史和文化，还要关注当前国内外的重大问题。领导干部要将学习贯彻党的指导思想作为常态，不断提高学习能力和专业素养。②领导干部应增强政治领导本领。领导干部需要具备大局观，能够从政治的角度看待问题，坚持以人民为中心，保持政治坚定性，善于分析经济问题并提出解决方案。政治领导本领要求领导干部始终将人民的利益置于首位，坚决维护党中央权威和集中统一领导，确保党的政策和决策能够切实服务于人民群众。③领导干部要增强改革创新本领。高质量发展需要不断改进政府管理，推动大数据、人工智能等现代信息技术的应用，提高政府公共服务的效率和质量。领导干部需要创新思维，适应经济社会发展的要求，深化改革，协调好改革、发展、稳定三者之间的关系，以促进国家的发展和进步。④领导干部应增强依法执政本领。领导干部要严守党的政治纪律和政治规矩，不允许徇私枉法，坚决避免"打擦边球"，确保法律的平等执行，维护社会的公平和正义。⑤领导干部要增强群众工作本领。领导干部需要关注民众的需求和意愿，与社会公众保持良好的沟通，建立高效的互动机制，确保政府提供的公共服务能够切实满足公众需求。⑥领导干部要增强狠抓落实本领。这意味着领导干部需要高效推动政府工作，处理好各种事务的关系，要将大事和小事分清楚，不仅关注政治管理和经济发展，还要注重社会管理和公共服务，以实现对民众利益负责为出发点，提高政府运行的效能。可以将这些领导能力与领导干部的政绩结合起来，通过建立科学、可行的考核指标体系和评价方法，客观、系统、公正地评价他们的政绩，并通过增强横向和纵向的可比性，找出本届政府的进步和差距，激发领导干部的事业心和进取心，增强领导班子的凝聚力，为那些政绩突出的班子和德才兼备的成员脱颖而出创造出良好的制度环境（吴志澄，2002）。① ⑦领导干部要增强科学发展本领和驾驭风险本领。这不仅需要领导干部及时了解市场经济规律，适时调整政策，协调好改革、发展、稳定的关系，确保国家的高质量发展，还需要加强对外部风险的预判和应对，时刻保持警惕，有能力采取有效应对措施，确保国家各层级各领域治理体系的稳步运行。

总之，领导干部在履行领导职责时需要不断增强关键能力和本领，以推动国家的高质量发展，提高政府工作的效能和质量。唯有夯实这些能力本领，领导干部才能更好地应对复杂多变的挑战和风险，实现国家的长远发展目标。

第三节　领导班子建设的推进路径

随着社会的不断发展和党的事业的不断壮大，领导干部队伍建设显得尤为关键。为此，需要寻求有效的推进路径，以确保领导班子在不断提升中能够更好地履行党的使命和职责，更好地促使领导干部养成更高的政治觉悟、更强的使命意识、更严的自律要求，以及更强的服务意识，从而确保党和国家事业的不断发展和前进。推进民主集中制建设有利于促进党内生活的严格规范、促进党性原则基础上的团结，切实提高领导班子发现和解决

---

① 吴志澄. 论县级政府领导班子政绩考核指标体系和评价方法［J］. 中共中央党校学报，2002（3）：65-69.

自身问题的能力(习近平，2013)。①

一、强化领导班子的民主集中制建设

民主集中制作为一种政治制度，其内涵和作用是通过将民主和集中两个要素有机结合起来实现党的领导和决策。在民主集中制中，民主体现为党员和党组织的意愿得以充分表达，以及积极性和创造性得到有效发挥。集中则体现为全党的智慧和力量的汇聚，以及一致的行动。民主集中制是我党的根本组织原则和领导制度，也是中国国家组织形式的基本原则，它是正确处理党的领导与国家治理体系各部分关系的根本原则。民主集中制并不仅是将民主制和集中制简单相加的结果，它是民主和集中这两个要素的有机统一体。一方面，集中是以民主为基础的，没有广泛的民主参与，就无法实现正确的集中。只有充分发挥民主，才能汇聚各方的智慧，形成正确的决策，最终实现真正的集中统一。另一方面，民主则需要在集中的条件下实现，没有正确的集中，就无法真正实现民主。所有发展民主的措施，并不是为了削弱必要的集中，而是为了实现正确的集中。如果将民主与集中分离开来，就会导致极端的民主化和无政府主义，从而破坏政治的稳定和团结。

领导班子在实行民主集中制时，尽管各级领导干部都熟知其基本道理和要求，然而，一些问题仍然存在。首先，一些领导班子存在家长制和一言堂的问题。这意味着一些领导干部过于集权，决策和决策实施主要由个人或极少数人掌握，导致了领导干部个人凌驾于组织之上。这种集权和权力过于集中的现象不仅违背了民主集中制的原则，还容易导致滥用权力、腐败问题的滋生，严重损害了党的形象和群众的利益。其次，存在议而不决、决而不行的问题。这种现象表明，一些领导班子在决策过程中存在犹豫不决、拖延的情况，导致决策不能及时出台和执行。这可能是因为领导干部之间意见不统一，也可能是由于担心决策的风险。然而，这种情况不仅浪费了宝贵的时间，也可能使问题逐渐加剧，影响了工作的顺利推进。这些问题的根本原因在于党内民主得不到充分保障，领导干部特别是一把手的权力受不到有效制约。这使一些领导干部在决策和执行过程中不受制约，导致了问题的出现。总的来说，党内民主集中制的贯彻执行面临着发扬民主不够、正确集中不够、开展批评不够、严肃纪律不够等问题。这些问题需要通过强化组织纪律、促进民主参与、建立有效的监督机制等一系列措施来解决，以确保民主集中制的有效实施，促进党的事业的持续健康发展。

首先，强化贯彻民主集中制的思想意识。民主集中制囊括了民主与集中两大要素，这两者相互依赖、相辅相成，缺一不可。作为领导者，需要灵活运用党内民主和正确的集中原则，巧妙地将二者结合起来。一方面，要积极展示平等亲和的态度，依托各级党组织和

---

① 习近平. 批评和自我批评是解决党内矛盾的有力武器[J]. 党建，2013(10)：1.

广大党员干部的调查研究，广泛倾听民声，汇聚各方的积极性、主动性和创造性，确保各种意见充分表达。另一方面，必须正确实施集中，善于协调不同意见，将符合事物发展规律和广大人民群众根本利益的正确观点有机地汇聚在一起，以提高决策的科学性和高效性。正确处理集体领导与分工负责的关系也至关重要。一方面，坚守集体领导的原则，按照原则和程序行事，充分发挥党委集体领导的作用，特别是对于"三重一大"等关键问题，必须提交党委集体讨论决定，以防止个人凌驾于组织之上。在研究和决策问题时，要遵循少数服从多数的原则，积极听取和吸纳不同的意见，将各种分散的观点中的精华提炼出来，做出科学和明智的决策。另一方面，要认真执行个人分工责任制，领导者需要善于扮演班长的角色，处理好与班子成员的关系，鼓励班子成员增强全局意识和责任感，确保在研究工作时充分发表意见，并在决策形成后坚定不移地执行，不得违反集体决定，也不能采取各行其是的行动。同时，要科学明确和严格规范班子成员的职责，为责任的贯彻提供明确的标准和要求，以便更好地传导压力，确保每个班子成员都能够明确自己的职责，承担责任并全力履行。

其次，夯实民主集中制的执行基础。健康的政治氛围是确保民主集中制有效实施的关键要素，它有助于激发党内的创造潜力，振奋干部和群众的工作热情。领导者们都应积极推进民主集中制的执行，将其作为增强领导班子思想政治建设的核心内容。各级领导者都应自觉坚持集体领导，积极倡导党内民主，坚定按规定和纪律办事。这需要进一步使党内政治生活更加规范、制度化、常态化，以提升组织生活的质量，切实防止党内政治生活流于形式、敷衍了事。同时，将民主集中制贯彻纳入各级党委理论学习中心组和主要领导班子的重要议程，确保每一位领导者深刻理解民主集中制的核心原则、基本内涵和要求，并严格遵循相应的规定。加强监督检查，确保贯彻执行民主集中制和党内民主原则成为巡视巡察的重要内容，也是领导班子和领导干部年度考核和换届考察的核心内容。因此，必须不断加大监督检查力度，逐级传导监督压力，以确保党内民主各项制度真正落地生根，推动民主集中制得以切实贯彻和执行。

最后，全面完善民主集中制的规则和制度。要贯彻民主集中制，必须深化制度建设，将其视为一项根本性措施来推进。一方面，必须完善党内法规制度体系。在制定准则、条例、规章等文件时，务必充分体现民主集中制的原则和核心价值，同时发挥党作为全局领导核心的协调和领导作用，妥善处理党委、人大、政府、政协、司法机构以及人民团体之间的关系，以确保党对国家政权和国家事务的领导地位得以维护。另一方面，需要健全党员的民主权利保障制度。这包括畅通党员参与党内事务的途径，推行党员议事会等机制，并完善党务公开、党内选举、党内监督等具体制度，保障党员的知情权、参与权、选举权和监督权得以切实落实。此外，还需建立健全社情民意反映机制，从制度层面保证广大党员干部能够经常深入基层、深入了解群众的真实情况，为群众参与决策提供更多渠道。同时，应建立社会公示制度和社会听证制度，健全专家咨询机制，以确保群众在决策过程中拥有充分的知情权和建议权。

二、强化领导班子的自我监督机制

权力在没有有效监督的情况下，必然会发生滥用，这是权力运作的一个基本规律。在新时代，从监督意识、自我监督机制、实际监督途径、贯彻群众路线以及标志性案例警示机制等多个角度来扩展监督思维和途径，是提升党政干部自我监督效力的方向和内容(林云飞，2023)。[①]

(一)增强领导干部的法治意识

中国共产党的百年历程是党的领导干部通过坚韧品质和崇高理念，引领人民克服重重挑战，取得了卓越的成就。这段历史凸显了中国共产党具备根据特定时代要求持续自我反思的能力。为了更好地履行党和国家赋予的历史使命，领导干部应强化法治观念，自觉使自己的行为与党的纪律和法律规范保持一致。为实现这一目标，可采取以下两项措施：一是深入学习党内法规。中国共产党已初步确立了以党章为核心的党内法规体系，涵盖组织、领导、党内建设以及监督等诸多方面。党内法规对党员行为做出了明确的规定，深入学习党内法规不仅能使领导干部在思想上认识到党纪和国家法律对其行为的约束和限制，更重要的是培养对自身职责的敬畏之情。因此对于领导干部而言，全方位深入学习党内法规，保持对中国共产党和党员的历史使命和宗旨的清醒认知显得尤为重要。二是应将对中国共产党历史和中国传统文化的精髓灵活应用于管理实践过程中。中国共产党高度重视对自身历史的研究和学习，积淀了丰富的自我革新经验，这一宝贵的历史传统应传承下去，并与领导干部的实际工作相结合，从党的历史中汲取有益经验，规范自己的言行，依法合规履职。

(二)强化领导干部的自我监督意识

众所周知，领导干部所行使的公权力的最终目标是为人民谋幸福，这源自他们职责的本质。因此，通过贯彻群众路线，强化对领导干部的监督，使其能够回归党的初心和使命，摒弃特权思想，自觉避免和纠正履行职责过程中可能出现的行为偏差。首先，领导干部的职责应向社会公众公开，让群众了解主要领导干部的职责范围、程序，以及相关政策法规的依据，逐步将领导干部的职责履行过程作为贯彻群众路线的重要方向。这需要完善程序性的权力行使机制，确保公权力的合法合理运用，提高公共权力行使透明度，明晰权力规则和边界。其次，可以利用领导干部的述职工作制度贯彻群众路线，通过制度安排倒逼和培养领导干部践行群众路线的能力，提升自我监督觉悟。其运作机制可以是，在主要领导干部述职之后设立提问环节，领导干部回答群众提出的问题，对于那些引发争议的问题，应给予及时反馈，以确保群众路线的贯彻和实施能够推动公权力的合理合法运行。

---

① 林云飞. 强化"一把手"和领导班子自我监督机制路径探究[J]. 许昌学院学报，2023，42(3)：101-104.

(三)提升领导干部自我监督效能

相比于外部监督，建构有效的自我监督机制能够取得更好的监督效果，但其实施难度也相对更高。不仅如此，外部监督能否起到应有的效果也依赖于被监督者的自我监督意愿。如果没有健全的自我监督机制，就好像在内心筑起了一堵铜墙铁壁，任何外部监督都将无济于事。没有自我监督，对领导干部监督的制度设计也很难释放其应有效能。因此，应该想方设法强化领导干部的自我监督机制，充分发挥自我监督的潜力，以更好地实现监督的目标。自我监督机制的深化可以通过以下途径实现：首先，领导干部应该将自己的履职情况与中国共产党的宗旨和方针政策进行对照。领导干部需要深刻学习和理解党的宗旨、方针和政策，并且要时刻审视自己的职责履行是否将党的宗旨、方针和政策作为精神引导，一旦发现行为偏离，即刻进行调整。领导干部除了要进行自我反思、自我监督之外，也要相互提醒、彼此关照，帮助同侪发现问题并及时解决。其次，领导干部应积极参与党内政治生活，通过党内政治生活的参与，让自己静下心来踏实工作，克服表面和内心的浮躁，不断增强自身的时代责任感，认真回顾和反思自己的履职情况和取得的工作成效，发现其中的不足与待改善之处，并进行积极改正。最后，通过协同治理措施，拓宽领导干部自我监督的价值功用。自我监督要达到的目标绝不只是自我反思和自我反省，更重要的是要帮助领导干部发现问题和解决问题，核心目标是提升领导干部的工作效能。一个比较可行的办法是建立自我监督展示墙，既可以公开呈现自我监督中发现的问题和解决方案，同时也可以向社会公众征集解决问题的建议，在增强自我监督实际效果的同时，还有利于实现领导干部与群众之间的良性互动。

(四)深化典型案例的宣传与预警作用

监督机制的构建涵盖了多个层面和多种方向，不仅包括内部和外部的监督，还包括积极促进监督和反面的预警监督。在实际操作中，我们不可否认存在一些领导干部偏离正道，越过权力的边界，在私欲的驱使下，触犯了纪律甚至法律，给社会造成了不良影响，严重损害了党群关系。一方面，我们对这些领导干部感到痛心；另一方面，我们必须将这些违纪违法案例纳入监督预警机制的重要组成部分。前文所述的方法侧重于正面的监督和引导，即如何指导领导干部的行为和方式。而典型案例的学习和预警机制则是从反面角度提供提醒和教育，以确保领导干部遵守党的纪律和国家法律，忠实履行职责。典型案例涉及的主要问题与领导干部的行为不当有关，其背后是由于领导干部没有规范行使权力，私欲膨胀，将公权力滥用于私人领域。对于领导干部而言，典型案例的宣传能够达到提醒和警示作用，可以帮助领导干部在面对各种利益冲突时，仍应不忘初心、保持清醒。这种警示作用能够让他们更加自觉地坚守党的原则和党纪国法，规避道德风险，加强自身的纪律意识，进一步巩固党性原则，为党和人民事业的发展提供更为坚实的支持。

三、推动学习型领导班子建设

(一) 打造常态化学习

学习型领导班子指的是能够树立符合时代要求的学习理念，具有健全的学习机制，浓厚的学习氛围，以学习力推动创新力和凝聚力，不断增强生机活力的领导集体(王炳林，2010)。① 在打造学习型领导班子的过程中，常态化学习是至关重要的一环。领导干部必须将理论学习融入日常工作中，认识到理论学习不仅是一蹴而就的任务，更不是仅知其一不知其二。理论应该在实践中得以深刻领悟，实践中得以灵活运用，不仅是理论的理论，更是理论的实践。这种活学活用的方法应该贯穿于工作中，以辩证唯物主义的历史观为指导，坚定掌握马克思主义的立场和方法，以此不断提升领导干部的思想觉悟。常态化学习不仅是单纯地参加培训或研讨班，更要求领导干部将所学理论渗透到日常工作实践之中。这意味着在面对各种问题和挑战时，领导干部要有能力运用所学的理论知识，深刻领悟问题的本质，提出科学有效的解决方案。这需要领导干部时刻保持对党的宗旨和政策的敏感性，将这些理论武装内化为自己的思维方式，用以指导工作和决策。此外，要在常态化学习中注重对辩证唯物主义历史观的理解和运用。历史观不仅可以帮助领导干部深刻领悟历史的发展规律，还可以帮助他们更好地分析和解决当下的问题。领导干部应该通过学习历史，吸取宝贵的经验教训，用以指导当前工作中的决策和行动。总之，常态化学习是打造学习型领导班子的关键步骤之一，它要求领导干部不断学习、不断实践、不断提高，以确保他们始终具备应对复杂挑战的能力和智慧。这不仅有助于个人的成长，也为领导班子的整体素质提供了坚实的基础。

(二) 坚持集体化学习

在构建学习型领导干部队伍时，集体学习扮演着至关重要的角色。通过建设学习型党组织，提升行政能力和领导水平，可实现集体学习的目标。集体学习的力量远大于个人学习，因为在集体学习中，不仅有个体的智慧，还有众多观点和思维的碰撞，从而更有可能迸发出创新的火花。学习型领导干部要充分利用党委中心组集体学习的示范作用，将其视作充实学习内容的平台。此外，还应积极探索不同形式的学习方式，如以建设共商、共建、共享的学习平台为目标(郜良，2004)。② 这样的学习平台不仅能促进领导干部之间的交流与合作，还有助于打破思维的局限，引领创新思维的涌现。集体学习也有助于将学到的理论知识与实际工作相结合。领导干部应当充分运用集体学习的成果，将理论转化为行动，指导和推动实际工作。这不仅有助于提高工作的科学性和效率，还有助于加深对理论的理解和运用。通过将学到的知识付诸实践，领导干部能够更好地贯彻党的方针政策，推

①　王炳林. 建设学习型领导班子的要求和原则[J]. 新视野，2010(3)：7-9，70.

②　郜良. 党政领导班子能力建设若干问题研究[J]. 中共中央党校学报，2004(4)：116-121.

动工作的顺利开展。集体化学习是建设学习型领导干部队伍的重要环节，它能够汇聚众多智慧，促进创新，将理论与实践相结合，有助于领导干部更好地履行党的使命和职责。通过集体学习，领导干部可以形成更加团结协作、富有创新精神的领导团队，为党的事业发展注入持续动力。

(三)形成制度化学习

在推动学习型领导干部队伍建设过程中，制度化学习的支持至关重要。这需要我们积极推动党政领导干部学习的制度化，建立一套完善的激励、考核、监督和评估等学习制度。制度化学习有助于确保学习的连续性和深入性，使学习不再是一时的行为，而是融入工作生活的常态。党校作为集中学习的平台应该充分发挥作用，提供高质量的学习资源和环境，以提高领导干部的学习效果。但制度化学习并不仅是提供学习机会，也是要建立一套科学合理的激励机制，把学习效果与领导干部的评优评先、工作考核和职能晋升挂钩，将其作为考核领导班子和干部选拔任用的重要依据，不断激发领导干部的内在学习动力。(刘晓江，2010)。[1] 这可以通过树立终身学习理念来实现，使领导干部认识到学习不仅是一种任务，更是一种态度，一种追求卓越的信念。此外，制度化学习也有助于提高领导干部的科学理论素养，使他们能够更好地理解党的方针政策，将理论知识与实际工作相互融合。这不仅有助于工作的科学决策和高效执行，还有助于培养领导干部的创新思维，使他们在应对复杂问题和挑战时能够更具见地。通过制度化学习，领导干部的理论水平与能力能够取得更大的提升，从而更好地履行党的使命和职责，服务人民，推动党和国家事业不断前进。

 课后思考题

1. 领导能力建设包括哪些内容？

2. 政治建设对于一个组织的发展起到了怎样的关键作用？

3. 在推进领导班子的民主集中制建设中，如何平衡团队成员之间的民主参与和决策的高效性？

 **案例 14-1**

县级党政领导班子建设[2]

县级党政领导班子能力与区域发展的成效紧密相关。南方某市党委紧扣中心大局，着力把县级党政领导班子锻造成为坚强有力抓党建促发展保稳定的"一线指挥部"，培养"求

① 刘晓江. 把建设学习型党组织、学习型领导班子作为重大战略任务[J]. 求是，2010(6)：28-30.
② 南通持续强化县级党政领导班子建设[N]. 新华日报，2023-09-27(018).

真务实、敢为善为"的优秀干部，不断引领全市上下充分焕发敢为、敢闯、敢干、敢首创的精神，已经在学以促干方面取得实质性成效。

发展比的是成效，拼的是"敢为"。2022年年中，该市通过全面分析地方班子的现实情况以及地区发展的差异，将思想政治建设作为首要任务，提出"政治素质强、结构功能强、担当精神强，履职本领过硬、工作实绩过硬、作风形象过硬"的班子建设目标，出台15条针对性的实践举措，形成了《建设"三强三过硬"县级党政领导班子的意见》，有效激发了县级领导干部队伍的整体工作效能。

思想淬炼、政治历练、实践锻炼、专业训练是领导干部成长的必经之路。该市坚持以解决难题和问题作为培训的出发点和落脚点，采用线上和线下相结合的方式以及研学和研讨相结合的方法，围绕着经济金融、城建交通规划、农业农村等主题，组织了小班化、拉练式培训，帮助县级干部提高了整体谋划和工作落实的能力。2023年1月以来，县级党政领导班子的成员总计参与培训达到249人次，覆盖率100%。

充分激发县级执政骨干队伍的整体效能，离不开组织的激励和关怀。该市制定了《关于进一步发挥组织优势　树立"四敢"鲜明导向的实施意见》，启动了争当"求真务实、勇于创新、勇于担当好干部"活动，明确了好干部的标准和要求，引导广大干部树立正确的政绩观，愿意承担责任和敢于创新。同时，该市还推出了"考、评、奖"的三位一体激励模式，鼓励在项目建设、乡村振兴、污染防治等重大任务和重点工作中表现优异的干部，使敢谋事、愿干事、能干事、干成事在干部队伍中蔚然成风。

 案例 14-1 思考题

1. 为什么县级党政领导班子的能力对于地方区域经济社会发展的意义重大？

2. 案例中提到了激励和奖励机制，对于干部队伍的整体效能起到了什么作用？

3. 除了案例中提到的培训方式，您认为还有哪些其他培训方法或策略可以帮助干部提升工作效能？

参考文献

[1]郜良．党政领导班子能力建设若干问题研究[J]．中共中央党校学报，2004（4）：116-121．

[2]李松林．领导班子的结构优化与心理互补[J]．云南师范大学学报（哲学社会科学版），2004（4）：16-19．

[3]刘晓江．把建设学习型党组织、学习型领导班子作为重大战略任务[J]．求是，2010（6）：28-30．

[4]林云飞．强化"一把手"和领导班子自我监督机制路径探究[J]．许昌学院学报，

2023，42（3）：101-104.

　　［5］吴志澄．论县级政府领导班子政绩考核指标体系和评价方法［J］．中共中央党校学报，2002（3）：65-69.

　　［6］王炳林．建设学习型领导班子的要求和原则［J］．新视野，2010（3）：7-9，70.

　　［7］习近平．批评和自我批评是解决党内矛盾的有力武器［J］．党建，2013（10）：1.

　　［8］萧鸣政，赵源．领导班子配置模型及其优化策略研究［J］．中国行政管理，2013（8）：67-71.

后　记

党的二十大报告指出："建设堪当民族复兴重任的高素质干部队伍。全面建设社会主义现代化国家，必须有一支政治过硬、适应新时代要求、具备领导现代化建设能力的干部队伍"。新时代对高素质干部队伍建设提出了新要求，尤其在国际局势复杂多变，国家发展面临重大挑战、风险与机遇的背景下，如何提升领导干部的领导力，关系到国家治理能力的提升，更影响到国家长治久安和人民幸福。在此命题下，领导心理学可以作为洞察领导行为和决策的窗口，成为提升领导干部领导力的研究路径。

为了培养具有公共精神、家国情怀与社会责任感的复合型行政管理人才，需要结合中国实际与新时代特征，更新领导心理学的内容体系，补充实践案例，关注当前在治理现代化背景下领导力研究的焦点，这是本书编写的初衷和动力。

本书从确定编写意向到终稿付梓历时 8 个月，得到了公共管理学院领导和全体教师的帮助与支持。编写团队由 8 位行政管理学系的专业课任课教师和 15 位行政管理专业的硕士生、优秀毕业生与本科生组成，在编写过程中，夯实了学生的理论基础，也锻炼了学生的综合能力。

此外，本书的顺利出版要特别感谢经济管理出版社任爱清等编校人员，他们认真高效的工作作风、严谨专业的工作能力使得本书编写质量进一步提升，在此谨向他们表示衷心的感谢。

站在新征程的起点，具有中国特色的领导心理学教材编写工作需要不断推进，这是一个逐渐成长的过程，也是一个不断需要得到各方关注、帮助与支持的过程，书中不足之处，盼大家多提意见！优质教材建设任重道远，本书编写组愿与各位同仁一道将树人目标厚植于心，持续耕耘！

编　者
2023 年 11 月